1 fr. 25 le volume

ŒUVRES COMPLÈTES D'HECTOR MALOT

LES
BESOIGNEUX

I

PARIS

ERNEST FLAMMARION, ÉDITEUR

26, RUE RACINE, PRÈS L'ODÉON

EN VENTE A LA MÊME LIBRAIRIE

EN COURS DE PUBLICATION
ŒUVRES COMPLÈTES D'HECTOR MALOT
à 1 fr. 25 le volume

Le Lieutenant Bonnet.	1 vol.
Suzanne.	2 vol.
Miss Cliftor.	1 vol.
Clotilde Martory.	1 vol.
Pompon.	1 vol.
Marichette.	2 vol.
Un Curé de Province.	1 vol.
Un Miracle.	1 vol.
Rom. de Kalbris.	1 vol.
La Fille de la Comédienne.	1 vol.
L'Héritage d'Arthur.	1 vol.
Le Colonel Chamberlain.	1 vol.
La Marquise de Lucillière.	1 vol.
Ida et Carmelita.	1 vol.
Thérèse.	1 vol.
Le Mariage de Juliette.	1 vol.
Une Belle-Mère.	1 vol.
Séduction.	1 vol.
Paulette.	1 vol.
Bon Jeune homme.	1 vol.
Comte du Pape.	1 vol.
Marié par les Prêtres.	1 vol.
Cara.	1 vol.
Vices Français.	1 vol.
Raphaelle.	1 vol.
Duchesse d'Arvernes.	1 vol.
Corysandre.	1 vol.
Anie.	1 vol.
Les Millions Honteux.	1 vol.
Le docteur Claude.	2 vol.
Le Mari de Charlotte.	1 vol.
Conscience.	1 vol.
Justice.	1 vol.
Les Amants.	1 vol.
Les Epoux.	1 vol.
Les Enfants.	1 vol.
Les Amours de Jacques.	1 vol.

LES BESOIGNEUX

TOME PREMIER

OUVRAGES DE HECTOR MALOT

COLLECTION GRAND IN-18 JÉSUS

LES VICTIMES D'AMOUR : LES AMANTS, LES ÉPOUX, LES ENFANTS	3 vol.	SANS FAMILLE	2 vol.
LES AMOURS DE JACQUES	1 —	LE DOCTEUR CLAUDE	1 —
ROMAIN KALBRIS	1 —	LA BOHÈME TAPAGEUSE	3 —
UN BEAU-FRÈRE	1 —	UNE FEMME D'ARGENT	1 —
MADAME OBERNIN	1 —	POMPON	1 —
UNE BONNE AFFAIRE	1 —	SÉDUCTION	1 —
UN CURÉ DE PROVINCE	1 —	LES MILLIONS HONTEUX	1 —
UN MIRACLE	1 —	LA PETITE SŒUR	2 —
SOUVENIRS D'UN BLESSÉ : SUZANNE	1 —	PAULETTE	1 —
		LES BESOIGNEUX	2 —
SOUVENIRS D'UN BLESSÉ : MISS CLIFTON	1 —	MARICHETTE	2 —
		MICHELINE	1 —
LA BELLE MADAME DONIS	1 —	LE SANG BLEU	1 —
CLOTILDE MARTORY	1 —	LE LIEUTENANT BONNET	1 —
UNE BELLE MÈRE	1 —	BACCARA	1 —
LE MARI DE CHARLOTTE	1 —	ZYTE	1 —
L'HÉRITAGE D'ARTHUR	1 —	VICES FRANÇAIS	1 —
L'AUBERGE DU MONDE : LE COLONEL CHAMBERLAIN, LA MARQUISE DE LUCIL-LIÈRE	2 —	GHISLAINE	1 —
		CONSCIENCE	1 —
		JUSTICE	1 —
		MARIAGE RICHE	1 —
L'AUBERGE DU MONDE : IDA CARMELITA, THÉRÈSE	2 —	MONDAINE	1 —
		MÈRE	1 —
MADAME PRÉTAVOINE	2 —	ANIE	1 —
CARA	1 —	COMPLICES	1 —
		EN FAMILLE	2 —

Mme HECTOR MALOT

FOLIE D'AMOUR	1 vol.	LE PRINCE	1 vol.

ÉMILE COLIN — IMPRIMERIE DE LAGNY

LES
BESOIGNEUX

PAR

HECTOR MALOT

TOME PREMIER

PARIS

ERNEST FLAMMARION, LIBRAIRE-ÉDITEUR

26, RUE RACINE, PRÈS L'ODÉON

Tous droits réservés.

LES BESOIGNEUX

PREMIÈRE PARTIE

I

Le soir tombait. Dans un chemin creux qui longeait les grasses prairies qu'arrose l'Andon, un prêtre marchait à grands pas, la queue de sa soutane retroussée haut, tenant d'une main son chapeau de paille brune, et de l'autre portant avec soin un immense parapluie d'alpaga, grossi encore par une sorte de rembourrage intérieur, comme si on l'avait fourré de quelque corps étrange. C'était un homme de quarante ans environ, au teint fleuri, à l'air simple, ouvert et bienveillant. Mais ce n'était pas seulement dans la physionomie et la tournure que se montrait cette simplicité, c'était aussi dans la tenue : le chapeau de paille, la soutane roussie par les pluies et le soleil, les souliers noués avec des cordons de cuir.

De temps en temps il relevait les yeux pour regarder autour de lui ; mais ce qui l'intéressait, ce n'était point le pays qu'il traversait, ni ses haies vives plantées de chênes et de hêtres à hautes tiges, ni ses prairies où paissaient des bœufs gras, au pelage truité, enfonçant jusqu'au poitrail dans les herbes que la faux ne coupait jamais, — c'était l'état du ciel où il semblait suivre la marche du soleil couchant.

Il était arrivé à un chemin de traverse, qui descendait des champs et, coupant celui qu'il suivait, formait un carrefour où le couvert des grands arbres était moins épais. Son regard, jusque-là rabattu par le feuillage qui l'enfermait de chaque côté comme un double mur, et au-dessus comme un plafond, put s'étendre au loin plus librement : sur le fond jaune du couchant montaient les nuages de fumée noire que vomissaient les usines d'Hannebault, groupées dans la vallée ; et au-dessus des arbres, au sommet de la colline, émergeant de la verdure sombre du parc de la Haga, rayonnait la croix dorée de l'église.

A ce moment, un paysan revenant du labourage descendait le chemin de traverse, conduisant deux chevaux, assis, les jambes ballantes, sur celui de tête.

— Bonsoir, mon ami, dit le prêtre, savez-vous quelle heure il est ?

— A peu près sept heures, ou aux environs pour sûr.

Cette réponse normande parut le satisfaire. Laissant passer le paysan et les chevaux, il s'arrêta ; puis se parlant à lui-même :

— Je crois que j'ai le temps de repasser mes trilles, dit-il.

En dénouant avec précaution le cordon qui serrait le ventre de son parapluie, il en tira l'objet qui le fourrait : c'était une flûte enveloppée d'une serge verte. Alors il s'assit au pied d'un arbre, et après avoir posé devant lui son chapeau et son parapluie, il se mit à souffler dans sa flûte. Les oiseaux, qui étaient déjà perchés dans les cépées pour y passer la nuit, s'envolèrent effrayés, tandis que les bœufs traversant leurs herbages vinrent curieusement regarder celui qui leur donnait ce concert, appuyant leurs grosses têtes sur la barre supérieure de l'échalier, tout en continuant de remuer les mâchoires d'un mouvement lent et régulier.

Cinq ou six fois, il reprit le même passage, s'appliquant, se donnant tout entier, cherchant évidemment la perfection.

— Allons, allons, dit-il enfin avec un sourire de satisfaction, je crois que cela ira.

Et, ayant réintégré dans son parapluie sa flûte soigneusement enveloppée, il reprit sa route vers Hannebault, où il arriva avant que la nuit fût tout à fait tombée, le crépuscule d'une belle soirée d'automne se maintenant longtemps dans le ciel clair.

Il avait traversé la ville neuve, c'est-à-dire le quartier industriel, celui des usines et des maisons d'ouvriers, et il allait entrer dans le vieux village, c'est-à-dire dans le quartier des rentiers et des paysans, lorsqu'il s'entendit appeler.

— Monsieur l'abbé Commolet !

Il se retourna ; la voix partait d'une boutique dont la devanture était garnie d'affiches de librairie, et sur les volets de laquelle on lisait : *Imprimerie ;* le NARRATEUR, *journal du canton d'Hannebault et de l'arrondissement de Condé-le-Châtel ; Librairie, Papeterie ; Billets de mariage et de décès en deux heures.*

— Ah ! c'est vous, monsieur Badoulleau, dit l'abbé en allant vers celui qui l'avait appelé, — un homme d'une quarantaine d'années coiffé d'un chapeau marin, vêtu d'un veston bleu, à la physionomie joviale et bon enfant.

— Entrez donc, monsieur le curé, dit Badoulleau.

— Excusez-moi, je ne peux pas ; je vais chez madame La Guillaumie ; il ne faut pas que je sois en retard pour notre concert.

— C'est justement pour votre concert que je vous appelle ; pour une surprise.

Disant cela, il lui donna un petit carré de papier imprimé d'un seul côté.

— Le programme de votre concert que j'ai fait imprimer pour vous l'offrir.

— Ah ! ce bon monsieur Badoulleau, toujours plein d'aimables attentions ! s'écria le curé en entrant.

— Débarrassez-vous donc de votre parapluie.

— Oh ! non, non ! dit vivement l'abbé Commolet en caressant sa flûte de la main gauche.

Puis, prenant le programme, il s'approcha de la porte pour le lire à la clarté du crépuscule, car il n'y avait pas encore de lumière dans le magasin, ce qui ne portait pas un bien grave préjudice à son étalage, composé surtout de nombreuses bouteilles d'encre, de quelques boîtes de plumes, d'encriers magiques, de cartons.

L'abbé Commolet lisait :

Programme du concert du jeudi 5 septembre.

Beethoven : Sonate pathétique, piano et violon, mademoiselle Marianne La Guillaumie et M. François Néel.

Weber : Air du *Freyschütz*, mademoiselle Berthe d'Escoran.

Mozart : 3° quatuor en *mi* bémol, piano, flûte, alto et violoncelle ; mademoiselle Marianne La Guillaumie, M. l'abbé Commolet, MM. François Néel et Malaquin.

Hervé : Air de la *Femme à papa*, mademoiselle Berthe d'Escoran.

— Quel programme, monsieur Badoulleau ! s'écria l'abbé Commolet. Je ne connais pas cette *Femme à papa* ; mais la sonate pathétique, monsieur Badoulleau ! et le quatuor de Mozart en *mi* bémol...

Il eut un regard d'extase qui disait sa passion pour la musique.

— Et quelle bonne idée vous avez eue de nous imprimer ce programme ! Si vous aviez commencé avec nous il y a un an, cela nous ferait des archives.

En ce moment entra dans le magasin une femme

en robe de chambre très lâche, portant un enfant dans ses bras et en tirant trois autres tout jeunes pendus à sa jupe.

— Ah! madame Badoulleau, s'écria le curé, j'ai bien l'honneur d'être votre très humble serviteur. J'espère que nous aurons le plaisir de vous voir ce soir et que vous nous ferez la grâce de venir nous entendre. Un si beau concert! Le quatuor en *mi* bémol! Pas d'élèves, cette fois; elles sont en vacances.

— Je voudrais bien, répondit madame Badoulleau d'une voix dolente; mais je ne sais pas si je pourrai sortir. Vous savez, les enfants; je n'ai pas encore eu le temps de m'habiller.

— Il y a treize ans que ma femme n'a pas le temps de s'habiller, dit Badoulleau en riant.

— Oh! Auguste, est-ce juste ce que tu dis là? répliqua madame Badoulleau sans se fâcher. J'ai Jacques, j'ai Philippe, j'ai mon petit Michel, j'ai ma petite Sophie, ma petite Rose.

— Tout le monde sait que vous êtes une bonne mère, dit le curé d'un ton conciliant; mais ce ne serait pas se montrer mauvaise mère que de quitter ces enfants quand ils dormiront; seulement, il faudrait les coucher, l'heure marche.

— Oh! rien ne presse, dit madame Badoulleau, qui ne s'était pas pressée une seule fois dans sa vie.

— Pourtant...

— Vous ne savez donc pas que M. La Guillaumie est arrivé ce matin. Le dîner va traîner en longueur. Il a amené avec lui un peintre de ses amis...

— Glorient, le père Glorient, interrompit Badoulleau, le grand Glorient, comme on devrait dire ; un vrai maître, contesté quand il était jeune, mais qui a toujours été en progressant et qui maintenant est acclamé par tout le monde. Le *Narrateur* annoncera samedi son séjour parmi nous; c'est un honneur pour le pays.

— Je ne dis pas que ce ne soit pas un honneur pour Hannebault, continua madame Badoulleau ; mais c'est un grand embarras et une grande charge pour cette pauvre madame La Guillaumie. On ne gagne pas des mille et des cents à être maîtresse de pension à Hannebault. C'était bon du temps de M. l'abbé Guillemittes ; mais maintenant, toutes les élèves riches de la contrée vont au couvent de Sainte-Rutilie, à Rudemont, et c'est une dépense d'avoir pendant un mois chez soi un gros personnage comme le père Glorient. L'année dernière, c'était Falco le musicien, et l'année précédente un autre encore. Est-ce drôle que M. La Guillaumie ne comprenne pas ça et qu'il ne puisse jamais venir voir sa femme qu'accompagné de ses amis. Ce n'est déjà pas trop agréable, quand on est mariée, de n'avoir son mari qu'un mois par an. Cela ne ferait pas mon affaire...

— Veux-tu que La Guillaumie écrive ses articles de journal à Hannebault? interrompit Badoulleau. Il faut bien qu'il habite Paris.

— Je ne dis pas cela, mais je dis que quand on n'a pas ce qu'il faut pour être mari et père, on ne se marie pas et l'on n'a pas d'enfant. Certainement c'est un excellent homme que M. La Guillaumie ; mais comme père, ne m'en parle pas, Auguste. Comment a-t-il pu consentir à ce que sa femme vînt en province tandis que lui restait à Paris? J'aurais tout fait pour garder ma femme, surtout une femme comme madame La Guillaumie.

— A tout à l'heure, interrompit l'abbé Commolet, qui jugea prudent de ne pas prendre part à cette discussion; un effort, madame Badoulleau, un effort. Je crois que vous serez contente du quatuor.

II

En sortant des bureaux du *Narrateur* (c'était Badoulleau qui disait *les bureaux*), l'abbé Commolet se dirigea vers la pension de madame La Guillaumie, en montant à pas pressés la grande rue du vieux village : il ne fallait pas être en retard. Qui pouvait savoir si vraiment le dîner avait traîné en longueur ?

Autrefois, au temps où l'abbé Guillemittes était curé d'Hannebault, il avait créé une maison d'éducation appelée le couvent de Sainte-Rutilie, du nom de la vierge et martyre, dont il avait reçu de Rome les ossements sacrés (1). Mais plus tard, le couvent de Sainte-Rutilie, mis en possession de la fortune du marquis de Rudemont (2), avait abandonné Hannebault pour s'installer dans le château même de Rudemont, et c'était alors que madame La Guillaumie, cherchant à acheter une pension en province, s'était décidée à en fonder une à Hannebault. Fille d'un magistrat qui avait laissé un nom honoré à Condé, elle était dans les meilleures conditions

(1) Voir *Un Miracle*.
(2) Voir *l'Héritage d'Arthur*.

pour s'établir à Hannebault, où elle n'arrivait point en inconnue; et puisque les nécessités de la vie l'obligeaient à tirer parti des brevets que son père avait voulu qu'elle obtînt, autant valait Hannebault qu'une autre ville. Ce ne serait point certainement une position brillante où elle pourrait faire fortune, car le couvent de Sainte-Rutilie, installé dans un superbe château, au milieu d'un parc considérable, adopté par les familles riches de la noblesse et de la haute bourgeoisie, dirigé par un prêtre tout-puissant, ne lui laisserait que les enfants qu'il ne voudrait pas, c'est-à-dire les filles des petits bourgeois, des cultivateurs, des paysans indignes de figurer dans son aristocratique clientèle; mais enfin, si elle réunissait un nombre suffisant de ces enfants, elle pourrait encore se tirer d'affaire. Ce n'était point la fortune qu'elle voulait: une vie honorable pour elle et sa fille suffisait à son ambition; et il lui avait semblé qu'elle pouvait la trouver à Hannebault. Justement on lui offrait une maison propre plus qu'aucune autre à l'établissement d'un pensionnat. C'était une habitation de belle apparence, moitié ferme, moitié maison bourgeoise, qui avait appartenu à un original, le père Thomé, qu'on appelait un savant parce qu'il avait publié un livre d'archéologie que jamais personne n'avait pu lire. Cette habitation se trouvait dans la partie tranquille de la ville, celle qui avait été le vieux village; une belle cour plantée de pommiers l'entourait de tous côtés et descendait jusqu'à la rivière. Bien que vaste, la maison était trop petite cependant pour un pensionnat avec classes et dortoirs ; mais la propriétaire, qui ne pouvait pas la louer depuis plusieurs années et qui ne voulait plus l'habiter, parce qu'on l'avait vue à Hannebault servante-maîtresse du bonhomme Thomé, avait proposé de construire des classes et des dortoirs, ainsi que tout ce qui était indispensable, et madame La Guillaumie s'était décidée. Trois mois après l'installation du couvent de Sainte-Rutilie au château de Rudemont elle avait ouvert son pensionnat dans la maison du bonhomme Thomé. Les commencements avaient été durs, très durs ; mais comme c'était une excellente femme, pleine d'activité et de courage, intelligente et instruite, douée de deux qualités qu'on trouve rarement réunies, bien qu'elles soient indispensables à ceux qui ont charge d'enfants, — la douceur du caractère et la fermeté de la volonté, — elle avait fini par réussir, non à faire fortune, mais à vivre, sans un sou d'économie il est vrai, mais aussi sans dettes.

Lorsque l'abbé Commolet entra dans la cour, il vit que le dîner avait traîné en longueur, tandis que de la salle à manger partaient des éclats de voix et des rires, le salon où devait se donner le concert était encore sans lumières. Pour ne déranger personne, il allait s'asseoir sous une tonnelle de rosiers qui se trouvait devant la salle à manger, lorsqu'une grande jeune fille parut dans le cadre lumineux de la fenêtre ouverte, regardant dans la cour, et cherchant à voir quelle était la personne dont elle avait entendu les pas sur le pavé sonore de l'allée.

— Ah! c'est vous, monsieur le curé de Goulaine! dit-elle en finissant par le reconnaître dans l'ombre.

— Moi-même. Ne vous dérangez pas, mademoiselle Marianne.

— Comment, le curé de Goulaine! s'écria une voix d'homme dans la salle à manger, celle de La Guillaumie, mais qu'il entre. Entrez donc, mon cher curé!

Il fallut bien que l'abbé Commolet se décidât à se rendre à cette invitation.

Cinq personnes étaient à table : madame La Guillaumie, son mari, leur fille Marianne, une vieille fille appelée mademoiselle Eurydice, le type de la sous-maîtresse ; enfin un vieillard à cheveux blancs, haut en couleur, le peintre Glorient.

La Guillaumie s'était levé pour venir au-devant de l'abbé Commolet.

— Vous serez heureux, j'en suis sûr, mon cher monsieur le curé, que je vous présente au grand maître de la peinture française, M. Glorient.

— C'est beaucoup d'honneur pour moi, balbutia le curé.

— Mon cher maître, continua La Guillaumie, je vous présente un musicien passionné qui ne redoute pas de faire quatre lieues, aller et retour, pour venir jouer un quatuor avec ma fille et quelques amis.

— J'en ferais dix, dit l'abbé.

— Et par quels chemins! poursuivit La Guillaumie, le plus souvent à travers les herbages, par-dessus les échaliers, au milieu des bœufs. Et notez qu'il fait cette route tous les mois, été comme hiver.

— Ce n'est rien, en vérité, ce n'est rien.

— Et vous allez retourner ce soir chez vous, monsieur le curé? demanda Glorient.

— Mais certainement, et je vous assure avec le plus grand plaisir, sans me presser, en me rappelant ma soirée. Je ne dis pas que je ne m'arrêterai même pas un moment pour me rejouer à moi-même quelques passages de notre quatuor. Vous ne sauriez vous imaginer combien est douce la flûte, dans le silence de la nuit, quand tout dort, la campagne et les bêtes.

— Voilà un tableau pour vous, maître, interrompit La Guillaumie.

— Je le vois, dit Glorient : M. le curé, sous le couvert d'un vieux chêne, jouant de la flûte, éclairé par la lune, et autour de lui, dans les herbages à demi noyés au milieu des vapeurs blanches, les bœufs couchés.

— Vous devriez bien faire cela ? dit La Guillaumie.

— Peut-être ! il faudrait surprendre monsieur le curé.

— Cela ne serait pas très difficile, dit l'abbé Commolet en riant.

— A quelle heure êtes-vous parti de chez vous, monsieur le curé? demanda La Guillaumie.

— A cinq heures.

— Mais vous devez mourir de faim? s'écria La Guillaumie.

Et s'adressant à sa fille :

— Une assiette, une serviette, un verre pour M. le curé.

C'était l'idée fixe de La Guillaumie, une sorte de manie, lorsqu'il était chez sa femme, de s'imaginer que tous ceux qui arrivaient étaient morts de faim ; à moins cependant qu'il ne les vît morts de soif. L'un ou l'autre, et souvent même l'un et l'autre. Cela était obligé. Et alors son cri habituel était : « Vite une assiette, vite un verre. » Ce n'était pas que, toujours altéré ou toujours affamé, il ne pensât lui-même qu'à boire et à manger, mais il aimait à offrir et, par-dessus tout, il aimait à voir ceux qu'il avait invités faire honneur à ce qu'il avait offert. Pendant le mois de vacances qu'il passait tous les ans chez sa femme, il n'avait pas de plus grand plaisir que de tenir table ouverte du matin au soir, sans jamais s'inquiéter de savoir si le garde-manger ou la cave étaient en état de fournir à ses générosités, et surtout si la bourse de sa femme ne se vidait pas sans se remplir. C'étaient là des détails dont il n'avait pas souci. Ne venant la voir qu'une fois par an, il ne pouvait pas lui faire l'injure de lui parler de ces choses-là. Puisqu'elle l'attendait, elle avait dû prendre ses précautions. Il gagnait sa vie à Paris, elle gagnait la sienne à Hannebault. Si elle avait pu quitter sa pension et venir chez lui, il eût été heureux de lui offrir tous les plaisirs de Paris. Mais le malheur voulait qu'elle ne fût libre qu'en septembre ; alors, tout naturellement, il accourait à la campagne, et sa femme faisait pour lui à Hannebault ce qu'il aurait eu plaisir à faire pour elle, si elle avait pu venir à Paris.

Il fallut des instances pour décider le curé à se mettre à table et aussi pour l'obliger à se débarrasser de son parapluie. Encore ne s'y résigna-t-il que parce qu'il put le confier à Marianne, après avoir dit tout bas à l'oreille de la jeune fille :

— Prenez garde, elle est dedans.

Mais Marianne n'avait pas besoin de recommandations, elle savait quelle était cette « elle » mystérieuse dont il fallait prendre soin.

Si l'abbé Commolet avait voulu céder aux instances de La Guillaumie, on lui eût servi le dîner complet, depuis le potage jusqu'au rôti ; mais il n'accepta qu'un morceau de fromage et un verre de cidre, et cela autant par discrétion que pour ne pas retarder le concert.

— On va arriver, disait-il.

— Cela ne fait rien, répliquait La Guillaumie, on vous attendra : on ne peut pas commencer sans vous.

Mais l'abbé Commolet ne l'entendait pas ainsi : il mangeait rapidement, en regardant de temps en temps Marianne, qui allait souvent à la fenêtre lorsqu'on entendait des bruits de pas.

— On arrive, n'est-ce pas, mademoiselle ? disait-il.

— Oui, quelques personnes.

Tout à coup elle fit un mouvement plus prononcé en se penchant en avant :

— Ah ! M. François Néel, dit-elle.

— Fais-le entrer, dit La Guillaumie.

Puis s'adressant à Glorient :

— Mon cher maître, vous allez voir l'homme probablement le plus intelligent d'Hannebault et celui qui a le plus bel avenir devant lui : François Néel, le chimiste de la fabrique d'indienne Dubuquois frères, ainsi appelée parce qu'elle est dirigée par deux sœurs, — qui à la vérité sont les veuves des frères Dubuquois.

III

Marianne était sortie ; elle rentra presque aussitôt, suivie d'un grand jeune homme, maigre et souple, au visage osseux, entouré d'une barbe noire frisée, à l'œil énergique, mais avec le sourire doux et enfantin des forts.

La présentation se fit en règle, car La Guillaumie tenait à ce que Glorient fût reçu avec honneur, et il comptait sur François Néel pour racheter la froideur de l'abbé Commolet, qui n'entendait rien à la peinture. Cette espérance ne fut pas déçue : François Néel répondit en homme qui connaissait Glorient et ses œuvres, et avec assez d'admiration, assez d'émotion pour que le vieux peintre vît qu'en venant à Hannebault, il n'était pas tombé en pleine Huronie.

Cependant, si satisfait qu'il fût de ces compliments, La Guillaumie les interrompit.

— Marianne, dit-il à sa fille, sers le café à M. Glorient sous la tonnelle ; nous aurons ainsi le plaisir de voir passer devant nous votre public. A propos, avez-vous des liqueurs Badoulleau ?

— Mais il y en a toujours.

— Eh bien, donne les meilleures.

— Vous avez un fabricant de liqueurs à Hannebault ? demanda Glorient.

La Guillaumie se mit à rire :

— M. Badoulleau n'est point fabricant de liqueurs, il est le rédacteur en chef et le seul d'ailleurs du *Narrateur*, journal du canton d'Hannebault, paraissant une fois par semaine, le samedi. Il fait des annonces, le *Narrateur*, dont quelques-unes lui sont payées en nature. C'est ainsi que notre ami Badoulleau est accablé de parapluies inusables, de farines alimentaires et médicinales étonnantes pour le sang, les humeurs et les nerfs, de liqueurs de toutes sortes des Carmélites, des Ursulines, des Oblats, des Cordeliers, de punch du Mont-Carmel, de parfumeries miraculeuses, d'encres de toutes les vertus, et comme il ne peut pas user lui-même tous ces parapluies, consommer toutes ces farines et toutes ces liqueurs, il s'adresse généreusement à ses connaissances pour les prier de le débarrasser d'une partie de son stock ; de là nos liqueurs Badoulleau.

Glorient et La Guillaumie s'installèrent seuls sous la tonnelle, et pendant qu'ils prenaient leur café, madame La Guillaumie, Marianne, François Noël et l'abbé Commolet passèrent dans le salon, où mademoiselle Eurydice était en train d'allumer les bougies.

Une lanterne placée dans le jardin, à la porte d'entrée, permettait à Glorient et à La Guillaumie de voir les invités qui défilaient devant eux.

Un des premiers qui se présenta fut Badoulleau, portant une boîte sous son bras. La Guillaumie l'appela et le présenta à Glorient. Badoulleau manifesta aussi assez d'émotion admirative en serrant la main du vieux peintre pour satisfaire La Guillaumie.

— Qu'est-ce donc que vous portez sous le bras, mon cher confrère? demanda La Guillaumie.

— Une boîte de gaufres que je veux offrir à madame La Guillaumie, car présentement nous en sommes au régime des gaufres ; une pâtisserie française que le *Narrateur* protège et qui doit raser radicalement les *Albert*, les *Huntley* et autres drogues anglaises qui dédaignent les annonces du *Narrateur*. Ah! mon cher, vous êtes heureux, vous autres, journalistes de Paris!

— Faut-il donc vous nommer les directeurs des journaux de Paris, répliqua La Guillaumie, qui paient leur mobilier, les toilettes de leur femme et le vin de leur maîtresse avec des réclames?

— Ils ont des mobiliers, des toilettes, du vin, dit Badoulleau piteusement; moi, j'ai... des gaufres.

Un bruit de pas les interrompit : sous leur tonnelle, ils étaient dans l'ombre, et ceux qui venaient du dehors ne pouvaient deviner qu'il y avait quelqu'un là qu'en apercevant dans la nuit un petit point rouge, la pipe de Glorient ou le cigare de La Guillaumie; mais s'il n'étaient pas vus, ils voyaient au contraire très bien les nouveaux venus que la lumière de la lanterne, projetée en avant par le réflecteur, frappait en plein.

— Cette belle fille brune, dit La Guillaumie, à

mi-voix, c'est notre chanteuse, Berthe d'Escoran ; le petit bonhomme sec et râpé qui l'accompagne en marchant le corps penché en avant et les coudes ramenés aux hanches comme un coureur de profession, est son père haut et puissant seigneur messire d'Escoran.

— Il a plutôt l'air d'un seigneur de théâtre... dans les chœurs, dit Glorient.

— Bien jugé, cher maître, car ce haut et puissant seigneur, qui appartient réellement à une famille noble du Midi, est présentement porteur de contraintes à Hannebault.

— Ah! le pauvre vieux! dit Glorient avec compassion, c'est donc pour cela qu'il marche comme un facteur rural.

— Pauvre, il l'est plus encore que vous ne pouvez le penser, continua Badoulleau, se mêlant à la conversation ; quatre cents francs par an, et il lui est interdit de recevoir aucune gratification de sa clientèle.

— Est-ce possible ? s'écria Glorient.

— Non, certes ; cependant cela est ainsi. Encore n'est-il pas assuré de l'inamovibilité dans cette brillante position, car, nommé par le préfet, il peut être révoqué demain ; ce n'est pas un métier dans lequel on gagne la sympathie de ceux avec qui on se trouve en contact, et les pauvres gens chez lesquels il opère le traitent en ennemi ; pour un peu, on le lapiderait.

— Est-il donc possible de vivre avec quatre cents francs ? Au moins la fille travaille-t-elle ?

— Le père fait de temps en temps des rôles pour les notaires, mais pas toujours, car il y a des moments où il dédaigne tout travail. C'est à l'approche des tirages des loteries. A toutes les loteries qu'on autorise, et vous savez si elles sont nombreuses, il prend deux billets, un pour sa fille, un pour lui. Tant que le tirage est éloigné il continue ses expéditions ; mais quand les journaux annoncent que le tirage est prochain, il refuse tout travail. A quoi bon, non pas de prendre de la peine, il n'économise pas sa peine, mais à quoi bon gagner quelques sous quand le lendemain le gros lot le fera riche ? La fièvre de la loterie lui montre tout en rose : enfin sa misère va finir, il est le plus heureux homme du monde, et aussi le plus généreux, car il ne pense pas qu'à lui : il fait aussi des projets pour ses amis.

— Et la fille ? demanda Glorient.

— La fille met de son côté à une autre loterie, celle du mariage, qui doit lui faire gagner un lot autrement beau que celui de son père.

— Elle me paraît assez jolie pour le gagner, et assez bien née, ce qui ne gâte rien.

— C'est justement la naissance et la beauté qui l'ont empêchée de se marier, et aussi son intelligence, son éducation, sa fierté surtout. Certainement, si elle avait voulu faire un mariage médiocre, elle l'aurait trouvé comme sa sœur aînée, qui, moins belle qu'elle et moins fière, a accepté pour mari un fils de paysans, un herbager...

— Qu'est-ce que c'est que ça, un herbager? demanda Glorient.

— Un cultivateur qui fait valoir des herbages, dans lesquels il engraisse des bœufs, dit La Guillaumie.

— Enfin, poursuivit Badoulleau, la sœur aînée, qui n'a pas la même nature que sa cadette, a consenti à déroger et à épouser un paysan, le grand Halbout, bien qu'il ne fût ni beau, ni intelligent, ni bien riche, et elle a commencé par en faire le maire de notre ville... et autre chose aussi; mais cela, peu importe.

— Comment le maire de notre ville laisse-t-il son beau-père simple porteur de contraintes? demanda Glorient.

— Vous ne connaissez pas nos paysans, dit La Guillaumie, vous ne savez pas comme ils sont durs, et, d'autre part, comme leur vanité est peu chatouilleuse.

— Si dur que soit Halbout, continua Badoulleau, il aurait peut-être consenti, poussé par sa femme, à faire un sacrifice pour se débarrasser de sa belle-sœur, mais ce n'eût jamais été qu'un petit, qu'un tout petit sacrifice, et ce n'est pas avec quelques milliers de francs que Berthe peut pêcher le mari qu'elle a rêvé et qu'elle veut.

— Alors avec quoi le pêchera-t-elle?

— Cela, je n'en sais rien; mais le certain, c'est que si elle ne trouve pas celui que son ambition exige, c'est-à-dire un homme qui soit quelqu'un par le rang, la position ou la fortune, elle ne se mariera pas; elle a déjà vingt-trois ans, et elle a refusé plus d'un mari, non en ces derniers temps, car elle effraie les épouseurs, mais quand elle était plus jeune et qu'on pouvait croire qu'elle céderait à la nécessité comme sa sœur.

— La misère fait faire bien des choses, dit Glorient.

— Elle ne plie pas tous les caractères; depuis qu'elle est née, Berthe a souffert de la misère; depuis cinq ou six ans, elle aurait pu y échapper en acceptant un mariage tel quel, et elle n'a pas voulu.

— Alors qu'elle travaille !

— C'est là justement le difficile, expliqua La Guillaumie. Comme elle est instruite, ma femme lui a proposé de la prendre dans la pension; on lui ferait passer ses examens et elle serait sous-maîtresse; mais une fille comme elle ne s'abaisse pas à être sous-maîtresse, elle a refusé avec mépris. L'année dernière, vous savez que je suis venu aux vacances ici avec Falco, qui, soit dit en passant, a achevé dans cette maison l'opéra qu'on répète en ce moment. Falco l'a fait chanter, il lui a trouvé une bonne voix et une excellente méthode. Elle pourrait donc donner des leçons de chant. Mais elle ne veut pas plus être maîtresse de chant que maîtresse de langue.

— Le père est bien porteur de contraintes.

— Le père est un homme, elle est une femme; le père croit à la loterie; elle, elle croit au mariage.

IV

Pendant qu'ils s'occupaient ainsi de Berthe d'Escoran, quelques invités avaient passé devant la tonnelle ; mais La Guillaumie n'avait pas jugé à propos de parler d'eux ; sans doute ce qu'il aurait pu en dire n'aurait pas intéressé Glorient, et il tenait beaucoup à intéresser le vieux maître et à l'amuser, comme l'année précédente il avait tenu à amuser Falco ; s'il mettait une certaine vanité à montrer aux gens d'Hannebault qu'il avait des amis célèbres, au moins tenait-il à ce que ceux-ci fussent de belle humeur.

Mais un nouveau venu fut digne d'une notice :

— Celui qui arrive, dit La Guillaumie, est un de nos exécutants, le violoncelliste Malaquin, notre receveur des contributions indirectes. Situation intéressante aussi, je vous assure : deux mille quatre cents francs de traitement, une femme toujours malade et cinq enfants ; avec cela cependant toujours gai. C'est que lui aussi est soutenu dans sa pénible existence par l'espérance d'un gros lot. Seulement c'est à la loterie politique qu'il a pris son billet. Il est le camarade d'enfance et l'ami d'un député qui doit être un jour ou l'autre ministre des finances. Son ami ministre, Malaquin devient inspecteur et bientôt après directeur, cela est obligé. Alors plus de misère ; on peut soigner la pauvre femme comme il convient, la mener aux eaux ; on peut élever convenablement les enfants. Vous vous représentez avec quelle angoisse, n'est-ce pas, on attend un changement de ministère.

— Toutes les fois qu'il y a une crise, interrompit Badoulleau, Malaquin me fait deux ou trois visites par jour pour savoir si j'ai des nouvelles ; malheureusement, le *Narrateur* n'a pas de fil télégraphique.

— Et, plus grand malheur encore, l'ami n'arrive pas au ministère ; souvent il est dans quelques combinaisons, mais jamais celles-là ne réussissent, et Malaquin attend toujours ; ce n'est pas lui, je vous assure, qui demande la stabilité ministérielle.

— Ah ! voici justement madame Halbout, dont nous parlions tout à l'heure, interrompit Badoulleau.

C'était une petite femme alerte et sautillante, qui ne ressemblait en rien à sa sœur Berthe, ni pour les traits du visage, ni pour la tournure, ni pour la toilette ; autant Berthe était simplement habillée, autant madame Halbout l'était coquettement. En passant devant la tonnelle, elle ralentit le pas et regarda à plusieurs reprises pour tâcher d'apercevoir quelles étaient les personnes qui fumaient là ; mais si elle ne put rien distinguer, elle se fit, par contre, très bien voir elle-même.

— Quel regard ! dit Glorient à voix basse, quand elle fut entrée dans la maison, des braises sous la cendre.

— Puisque vous allez vous trouver avec la personne dont il s'agit, dit La Guillaumie en évitant prudemment de la nommer, je dois compléter ce que Badoulleau nous racontait d'elle tout à l'heure. Il est vrai qu'elle a fait son mari maire, car le pauvre garçon, qui n'est pas malin, n'aurait jamais décroché son écharpe tout seul, et il est vrai aussi qu'elle l'a fait autre chose ; au moins cela est-il notoire. Mais c'est une personne pratique et avisée ; au lieu de chercher dans les aventures l'aventure toute simple, la distraction ou le plaisir, elle a voulu y trouver l'utile en même temps. De sorte que les amis dont elle s'est entourée...

— Entourée ! interrompit Glorient en riant.

— Le mot n'a rien d'exagéré : ces amis dont elle s'est entourée s'occupent très activement des intérêts d'Halbout. L'un lui a fait vendre dix fois plus qu'elle ne vaut une prairie dont il ne tirait rien ; un autre lui a fait adjuger une coupe de bois qui est une petite fortune ; un autre travaille pour lui obtenir la décoration. Jamais homme n'a été plus heureux. Tout lui sourit. Lui-même le reconnaît, et à chaque instant il vous lâche son mot favori : « Depuis que je suis marié, tout me réussit. Ce que c'est que la chance ! »

— Est-ce que celui-là est un des porte-veine de

notre maire? demanda Glorient en désignant d'un coup de tête un nouvel arrivant plein d'importance, de suffisance, aussi prétentieux dans sa toilette que dans sa tournure ; dandinement en marchant ; gilet blanc à boutons dorés ; large cravate bleu de roi qui donnait à son teint quelque chose de cireux et, au lieu de rajeunir ses trente ans, les vieillissait.

— Aussi pratique et aussi avisé comme homme, notre ami Toussaint, dit Badoulleau en riant, que la personne dont nous parlions est pratique et avisée comme femme, et il ne s'attacherait pas à quelqu'un au profit de qui il devrait faire quoi que ce fût. Quand il fait quelque chose, c'est à son profit exclusif. Un type, ce Toussaint, au moins dans notre pays et pour nous autres. Fils d'un brave industriel qui, parti de rien, a fait une belle fortune dans la clouterie et la tréfilerie, qui étaient l'industrie d'Hannebault avant que les frères Dubuquois eussent transformé notre pays, Toussaint était trop fier pour continuer son père ; l'industrie, cela manquait de chic ; faire des clous ou du fil de fer, pourquoi pas tout de suite vendre de la quincaillerie ? A dix-huit ans, Toussaint qui n'avait de croyances d'aucune sorte, s'est engagé dans les zouaves pontificaux simplement par chic, pour se trouver avec des gens bien nés, et il n'est revenu dans le pays qu'à la mort de son père. Il était alors chevalier de je ne sais quel ordre, officier de je ne sais quel autre. Comment voulez-vous qu'un garçon dont la boutonnière était fleurie d'un chou multicolore devînt fabricant de clous! Il avait d'autres visées, et plus hautes et plus nobles, dignes de la société dans laquelle il avait vécu. Il commença par vendre à vil prix l'usine paternelle, puis il s'établit dans la maison que le père avait achetée, et qui est un vieux manoir normand. Là, pendant trois ans, il mena si joyeuse existence que de la belle fortune qu'il avait recueillie il ne lui resta que ce manoir chargé de moitié plus d'hypothèques qu'il n'en peut porter.

— Alors de quoi vit-il, votre zouave ?

— Justement de sa qualité de zouave qui lui a créé quelques relations. Il les exploite en se présentant chez ses anciens camarades ou dans les familles, ou chez les amis de ceux-ci. A l'un, il vend une pièce de bordeaux ; à un autre il propose une assurance sur la vie ; et quand il a ainsi gagné quelque argent, il revient le dépenser ici, se montrant à toutes les courses des environs, promenant partout ses gilets merveilleux et ses cravates éblouissantes en attendant que quelque fille riche veuille bien se laisser séduire par le chic de ses toilettes aussi bien que par celui de ses principes. Vous voyez donc qu'il ne peut pas s'occuper de celle dont nous parlions, ni porter bonheur au mari de celle-ci.

— Il est joli votre type, dit Glorient.

— Pendant votre séjour à Hannebault, répliqua La Guillaumie, vous verrez qu'il n'est pas unique. Nous avons ici et dans les environs une collection de fils de famille tout à fait remarquable : tous plus nuls et plus incapables les uns que les autres, ces fils de bourgeois enrichis. Malheureusement le plus remarquable de tous manque à la collection en ce moment, c'est l'héritier des Dubuquois enfermé présentement à New-York dans un de ces établissements que les Anglais et les Américains appellent *Habitual Drunkard's homes*, c'est-à-dire dans un hôpital pour les ivrognes ; il reste là pour se faire soigner pendant que sa mère et sa tante dirigent la fabrique et lui gagnent une grosse, une très grosse fortune.

— On dit qu'il va revenir.

— Guéri ?

— Ah ! dame ! je n'en sais rien, mais on le prétend ; pourtant cela me paraît peu probable. Quand on est fils d'ivrogne, les chances de guérison doivent être bien faibles, il me semble.

— Quand vous aurez vu ces fils de bourgeois, mon cher maître, continua La Guillaumie, vous serez frappé d'un fait curieux au point de vue social, que vous avez peut-être remarqué ailleurs, mais qui, ici, se présente dans tout son épanouissement. Les pères ont été intelligents, pleins de volonté, de persévérance, de courage ; mais il semble qu'ils se sont épuisés dans leur effort pour faire fortune et qu'ils n'ont pu avoir pour fils que des avortons sans intelligence, sans volonté, sans courage et même sans santé. C'est à croire que la race bourgeoise, au moins celle de ce pays, est une race sans fond, incapable de se reproduire en transmettant ses qualités à sa descendance. Nos nobles ont duré des centaines d'années ; à la deuxième, à la troisième génération nos bourgeois sont finis comme si la richesse les séchait.

2.

— Il n'y a pas besoin d'attendre à la troisième génération, dit Badoulleau, ni même à la seconde. Ainsi...

Il regarda autour de lui et, ne voyant personne qui pût les écouter, il continua, mais en baissant la voix :

— ... Ainsi, tant que nos bourgeois travaillent, ils ne se laissent pas nommer au conseil municipal, ils ont mieux à faire que de s'occuper des affaires des autres ; mais une fois la fortune acquise, ils n'ont plus les mêmes raisons de refuser d'être conseillers ; c'est alors qu'il se passe une chose curieuse qui vient à l'appui de ce que disait M. La Guillaumie. Notre conseil municipal est composé de trois ordres, à peu près comme les anciens États généraux : bourgeois, artisans, paysans. Eh bien, ce sont les paysans qui sont les maîtres et qui mènent tout ; il semble que seuls ils aient le sens politique. Avec cela avisés, prudents, malins, comprenant à demi-mot, ne se livrant jamais.

— Et pourquoi vous laissez-vous mener ? dit La Guillaumie.

— Nous ? répliqua Badoulleau. Et que voulez-vous que nous fassions, petits marchands, boutiquiers ou fonctionnaires que nous sommes ? Pris entre les bourgeois d'un côté et les paysans de l'autre, nous ne pouvons être qu'écrasés. Ils ont l'argent ; nous avons la misère ; nous sommes les besoigneux, travaillant pour le pain quotidien, luttant contre les dettes ou la faillite, et le boulet est assez dur à traîner pour nous donner une pauvre dégaine dans le monde, — à nous et aux nôtres, à nos femmes, à nos enfants.

Et Badoulleau se frotta les mains, car c'était son habitude de parler des choses les plus tristes en souriant, sans plainte comme sans amertume.

V

Marianne, en paraissant à l'entrée de la tonnelle, les interrompit :

— Vous venez nous chercher, mon enfant ? demanda Glorient. Nous sommes à vous.

Et, se levant aussitôt, Glorient lui offrit le bras.

— Vous allez me conduire à ma place, dit-il gracieusement, une bonne place où je puisse bien vous voir en vous écoutant : ce sera double plaisir.

Elle balbutia quelques mots, en s'excusant d'infliger la corvée d'entendre de pauvres amateurs de province, à un abonné du Conservatoire.

— Au Conservatoire, on ne nous montre pas de belles filles comme vous, mon enfant, et, d'autre part, je sais que vous avez du talent.

La Guillaumie avait pris les devants, car il tenait à faire à « son cher maître » une entrée qu'il avait eu soin d'ailleurs de préparer. A chaque arrivant, madame La Guillaumie, Marianne et mademoiselle Eurydice avaient dit le même mot :

— Vous allez voir ce soir le maître de la peinture

française, le célèbre Glorient, que M. La Guillaumie a amené avec lui ; il sera sûrement très heureux si vous lui témoignez votre admiration.

Et tout le monde s'était montré prêt à témoigner la plus vive admiration au célèbre Glorient, même ceux qui n'avaient jamais entendu parler de lui.

Seul, Toussaint avait rechigné, et à la phrase de Marianne il ne s'était pas gêné pour répondre :

— Glorient, le père Glorient, vieille baderne.

Mais madame Halbout, qui l'avait entendu, l'avait vertement remis à sa place. Si elle était devenue madame Halbout elle n'oubliait pas qu'elle était née d'Escoran, et cela l'empêchait de subir l'influence des services militaires de Toussaint et de ses décorations, qui paralysaient tant de gens à Hannebault. De plus elle se regardait comme l'autorité la plus haute du pays, à juste raison d'ailleurs, puisque son mari, M. le maire, ne parlait et n'agissait que d'après elle, et en cette qualité de maire, elle se croyait obligée de recevoir dignement une gloire artistique qui faisait à sa commune l'honneur de la visiter.

— Mon cher, dit-elle d'une voix de tête, ce n'est pas l'âge qui fait les badernes, et à soixante-dix ans Glorient est moins baderne que des gens plus jeunes.

Toussaint la regarda rageusement, et il eut envie de lui répliquer raide ; malheureusement il était de ceux qui ne trouvent que le lendemain ce qu'ils auraient voulu répondre la veille,— ce qu'ils regrettent d'autant plus que cette réponse leur paraît alors tout à fait réussie : — Si je lui avais dit cela, comme je le collais ! — seulement ils n'ont pas dit cela.

L'entrée de Glorient le tira par bonheur d'embarras. Tous les regards, fixés sur lui, le quittèrent pour se tourner vers la porte, où La Guillaumie venait d'apparaître.

— M. Glorient ! annonça La Guillaumie, d'une voix retentissante, comme s'il avait dit : « Le roi ! »

Tout le monde se leva et salua, même Toussaint qui, après un moment d'hésitation, n'osa pas ne pas faire ce que faisaient ses voisins.

Glorient répondit avec une satisfaction émue, qu'il ne chercha même pas à dissimuler.

— Ils sont bien gentils, dit-il en se penchant à l'oreille de Marianne.

Et il se laissa conduire au fauteuil qui lui avait été préparé comme une sorte de trône, en avant des autres sièges ; mais il ne garda pas cette place et repoussa son fauteuil dans le rang, n'étant pas de ceux à qui le succès fait perdre tout à fait la tête ; il était heureux qu'on ne le reçût point comme le premier venu, lui, le père Glorient, mais il ne demandait point qu'on l'adorât.

D'ailleurs un plus orgueilleux que lui eût été satisfait des marques de respectueuse admiration dont on l'entourait, et il n'avait qu'à promener les yeux autour de lui pour voir que ce salon même avait pris un air de fête pour être digne de l'hôte qu'il recevait. Il était, en effet, des plus simples, ce salon qui, à vrai dire, était plutôt un parloir de pension. Aux murs, des tableaux à la plume : *Androclès et son lion*, *Bélisaire* ; des pastels représentant des fruits et des fleurs ; des têtes d'études au fusain et au crayon rouge, la femme des *Sabines*, des Vierges, des figures académiques; sur la cheminée et sur les consoles, d'assez beaux vases en faïence ou en porcelaine qui étaient des cadeaux faits par les élèves à l'occasion de la fête de « Madame »; de chaque côté, des flambeaux et des candélabres d'un dessin compliqué, en métal doré et argenté, qui étaient aussi des cadeaux. C'étaient ces vases, ces candélabres et ces flambeaux qui donnaient au salon son air de fête; dans les flambeaux et les candélabres brûlaient des bougies, ce qui ne se voyait pas ordinairement les jours de concert, deux lampes à essence suffisant pour un éclairage économique; dans les vases avaient été disposées avec profusion des gerbes de fleurs de la saison, des reines-marguerites, des glaïeuls, des roses que Marianne avait arrangées gracieusement en les entourant de houppes légères d'herbes et de roseaux.

C'était l'habitude qu'on donnât un concert tous les premiers jeudis du mois à la pension La Guillaumie; mais dans ce concert, les élèves de Marianne tenaient la principale place, au moins par leur nombre et par la quantité de morceaux qu'elles exécutaient ou qu'elles chantaient, et c'était à peine si, sur ce programme très chargé, on pouvait glisser un quatuor pour Marianne, François Néel, l'abbé Commolet et Malaquin. Il fallait produire les enfants pour montrer leurs progrès. D'ailleurs les parents aimaient beaucoup mieux l'air varié d'*Ah! vous dirai-je, maman?* ou le *Tambourin*, de Rameau, joués par leurs gamines tant bien que mal, que la meilleure musique exécutée par François Néel ou par le curé de Goulaine. Les enfants, on les écoutait avec le cœur; le curé ou François Néel, on les écoutait avec les oreilles. Le cœur était bon, les oreilles étaient mauvaises.

Si, ce soir-là, le concert avait été composé de cette manière, La Guillaumie n'eût pas voulu que le père Glorient y assistât; sous un prétexte quelconque il l'eût emmené promener. Mais justement on était débarrassé des élèves, et si ridicule que puisse être un concert d'amateurs, celui-là pouvait être entendu, semblait-il : Marianne avait du talent, Berthe d'Escoran en avait plus encore; l'abbé Commolet, qui passait sa vie à souffler dans sa flûte, était arrivé à une exécution très suffisante; quant à François Néel et à Malaquin, qui avaient autre chose à faire que travailler la musique, ils s'acquittaient cependant de leur partie convenablement.

Mais c'était pour La Guillaumie qu'un concert d'amateurs pouvait être ridicule, pour les gens d'Hannebault, celui dont Badoulleau avait imprimé le programme était plein de promesses; il y avait un peu trop de noms sérieux, mais il y avait aussi la *Femme à papa*, et cela émoustillait les curiosités.

Aussi l'assistance était-elle nombreuse : on n'y trouvait point, il est vrai, les riches industriels de la vallée, ni les riches herbagers du canton, mais on y voyait le pharmacien, M. Brou, bien qu'il fût l'ennemi professionnel du curé de Goulaine, — c'était lui qui disait professionnel, parce que, vous comprenez, la science et la religion sont incompatibles; — étaient venus aussi M. Girouard, l'agent voyer accompagné de sa *dame* et de ses *demoiselles;* M. Nointot, le conducteur des ponts et chaussées, un vieux garçon, et tout le clan de ce que Badoulleau appelait les besoigneux, les petits marchands, les petits rentiers qui auraient volontiers chanté le chœur de la *Dame blanche :* « Car un concert, c'est une fête. »

Il commença, le concert : quand Marianne se fut assise devant le piano et que François Néel eut pris place près d'elle, le violon à la main, l'abbé Commolet lança deux ou trois « chut ! » énergiques et discrets à la fois, comme les ecclésiastiques savent seuls en moduler, qui établirent presque instantanément le silence.

Bien que l'abbé Commolet fût encore assez éloigné du moment où il devait jouer, il avait sorti sa flûte de son parapluie, et il la tenait sur ses genoux, la flattant de temps en temps tendrement comme pour lui faire prendre patience, lui disant de douces paroles comme à un enfant : « Tout à l'heure ce sera ton tour. » Et n'était-elle pas réellement un être vivant pour lui, son enfant, sa fille et sa femme à la fois, sa confidente et sa consolatrice, l'inspiratrice de son cœur et de son esprit ?

Mais cette passion pour sa maîtresse ne le rendait ni injuste, ni jaloux ; il fut le premier à applaudir le duo, et il le fit de tout cœur ; seulement il ne put pas retenir un mot qu'il confia à son voisin, qui était le père d'Escoran :

— Si vous entendiez cette sonate exécutée par la flûte ! Certainement M. Néel a très bien joué, mais le violon n'est pas la flûte; le violon se joue avec les doigts, la flûte avec l'âme.

— Pour moi, dit le père d'Escoran, il m'a semblé en écoutant cette musique que le numéro de mon billet sortait.

On avait entouré Marianne et on la félicitait : Glorient, Toussaint, Badoulleau ; Toussaint se montrait le plus enthousiaste, répétant :

— Divine, la musique ! divine, la pianiste !

Mais ce qui aurait gâté ces éloges de Toussaint, si Marianne en avait été touchée, ce fut qu'il les répéta pour Berthe d'Escoran quand celle-ci eut chanté son grand air. Elle aussi était divine, plus que divine.

Le concert continua par le quatuor, et il finit par l'air de la *Femme à papa*, qui fut incontestablement le grand succès de la soirée.

Seul, l'abbé Commolet n'applaudissait pas, et comme Badoulleau s'en étonnait.

— Je n'aime pas beaucoup cette musique, dit le curé de Goulaine ; je ne la comprends pas.

— Elle est cependant d'un organiste, répondit Badoulleau.

Cela jeta l'abbé Commolet dans d'étranges réflexions. Organiste, organiste ! Comme la musique avait changé depuis que les musiciens avaient perdu la piété d'Haydn et de Mozart !

VI

Une nouvelle surprise attendait les invités de madame La Guillaumie. Pendant le concert, une table avait été dressée dans la cour, sous la direction de mademoiselle Eurydice, qui, avec deux belles galettes cuites à la maison, avait servi les gaufres de Badoulleau, ainsi que des bouteilles de punch de Notre-Dame du Mont-Carmel, et de liqueur des Cordeliers reçues en paiement d'annonces et offertes par lui à ses amis.

Sur la table était posée une lampe qui l'éclairait bien suffisamment, mais qui n'étendait pas le rayonnement de sa lumière très loin, de sorte que ceux qui se trouvaient à une certaine distance de cette table restaient dans l'ombre.

Chacun s'était groupé selon ses préférences et avait pris ses aises ; on ne se touchait pas les coudes, et tandis que l'abbé Commolet, ayant tiré Badoulleau à l'écart, tâchait de se faire expliquer comment un organiste avait pu écrire la musique de la *Femme à papa*, madame Badoulleau, qui n'était arrivée que pour le dernier morceau, racontait à madame Halbout et à madame La Guillaumie comment elle avait été retardée.

— J'allais partir, quand ma petite Sophie s'est réveillée ; il a fallu la rendormir ; mais elle avait réveillé ma petite Rose et mon petit Michel.

— Oui, dit Badoulleau survenant, c'est le coq qui a réveillé le chien, qui a réveillé le chat.

Toussaint circulait entre les groupes, tenant un gros morceau de galette dans chaque main ; mais bien qu'il fût occupé à mordre, tantôt dans l'un, tantôt dans l'autre, il paraissait chercher quelqu'un et, son carreau dans l'œil, il se penchait à droite et à gauche.

Allant ainsi, il finit par se trouver face à face avec Berthe, qui sortait de la maison.

— Enfin, dit-il la bouche pleine, ce n'est pas malheureux, je vous trouve ; il y a une heure que je vous cherche.

— Ah ! dit-elle en le regardant, surprise de ce ton de mauvaise humeur.

— Il faut que je vous parle ; il n'y a donc pas un endroit où l'on puisse vous voir seule ?

On s'approchait d'eux.

— Demain, dit-elle en sifflant ses paroles, mon père sortira, je serai seule à la maison de deux à cinq heures.

— Divine, divine, dit Toussaint à haute voix, comme s'il continuait une conversation sur la musique.

Puis, s'éloignant, il murmura entre ses dents :

— Chez elle, quel toupet !

Madame La Guillaumie se tenait à côté de la table pour servir ses invités, et Marianne allait de groupe en groupe, offrant un morceau de galette ou un verre de punch.

Ce fut ainsi qu'elle arriva à François Néel, qui se tenait à l'écart, en dehors du rayon lumineux, appuyé contre le tronc d'un gros pommier.

— Pourquoi donc restez-vous là ? dit-elle d'un ton de gronderie amicale.

— Parce que... j'espérais que vous viendriez jusqu'ici, répondit-il en hésitant.

En voyant cette hésitation, elle eut un mouvement de surprise, mais tout de suite prenant un ton enjoué :

— Eh bien, me voici, dit-elle, que voulez-vous que je vous offre ?

— Je vous en prie, ne riez pas, répondit-il. Rien n'est plus sérieux. Il faut que je vous parle, il faut que je vous voie seule.

— Mais c'est impossible, dit-elle avec trouble.

— Justement je vous demande de rendre possible ce qui serait impossible sans votre concours ; vous voyez bien que je ne peux pas vous parler ici : on nous regarde, on nous écoute. Dites-moi où, demain, après-demain, je pourrai vous rencontrer. M. La Guillaumie disait que demain vous devez l'accompagner, lui et son peintre.

— Nous devons aller au Champ-d'Oisel.

— Eh bien, prenez un prétexte pour revenir avant eux ; je vous attendrai dans le chemin du clos de l'étang.

Elle ne put pas répondre, l'abbé Commolet, son parapluie à la main, s'approchait d'eux pour faire ses adieux à Marianne.

— — N'est-ce pas que ça a bien été? dit-il; il y a eu un moment où M. Malaquin ralentissait le mouvement, mais vous l'avez enlevé. Et vous, mon cher monsieur Néel, combien je vous suis reconnaissant de renoncer à la partie de violon dans nos quatuors, et de vous résigner à l'alto. C'est moins brillant; heureusement vous avez eu la sonate pathétique où vous avez déployé une qualité de son, une sûreté d'attaque admirables. Ah! quel beau concert! quel beau concert! mais il y a cette *Femme à papa*, et il paraît que c'est d'un organiste.

Tout le monde partait; il fallait que Marianne allât recevoir les adieux des invités de sa mère, on l'appelait.

Il y eut des manteaux à trouver, des lanternes à allumer; puis il fallut monter un verre d'eau sucrée à Glorient, enfin elle se trouva seule dans sa chambre qui joignait celle de sa mère, et elle put réfléchir.

Car ce n'était point pour dormir qu'elle avait hâte d'être chez elle, c'était pour se reconnaître; aussi ne se déshabilla-t-elle point aussitôt, mais ouvrant doucement sa fenêtre, elle s'accouda sur l'appui et resta là à rêver.

La nuit était douce, et du ciel sans lune, mais plein d'étoiles, tombait une clarté bleue qui laissait la vue se perdre au loin dans des profondeurs vagues. Devant elle et en bas se déroulait la rivière, dont le cours sinueux était tracé par des vapeurs blanches qui flottaient sans s'élever. Le silence s'était fait dans la vallée si bruyante pendant le jour; les marteaux s'étaient arrêtés, les volants ne tournaient plus, partout le ronflement des machines en marche avait cessé, comme partout les lumières s'étaient éteintes. Seule, une fabrique montrait dans l'obscurité ses fenêtres rouges du haut en bas de ses quatre étages, c'était la filature et le tissage Dubuquois qui travaillaient jour et nuit. C'était là que demeurait François Néel, non dans la filature, ni même dans la fabrique d'indienne située à quelques centaines de mètres en amont, mais dans un chalet bâti sur la pente du coteau, au milieu d'un bouquet de grands arbres. Elle ne voyait pas la maison, mais elle reconnaissait confusément la masse épaisse des arbres qui se détachait en noir au milieu des prés et des champs pâles.

Bien qu'elle ne pût pas le voir, elle le suivait des yeux; il avait dépassé la fabrique d'épingles, la tréfilerie anglaise, traversé la rivière dont il longeait le cours; le concierge qui gardait l'entrée des établissements Dubuquois venait de lui ouvrir la petite grille en fer, et les deux grands chiens danois, au pelage noir et blanc, postés de chaque côté de la porte, sortaient de la niche pour lui faire bon accueil en tirant sur leur chaîne. Laissant la filature derrière lui, il montait l'allée boisée qui, par un raccourci, conduisait à son logement; il entrait dans la première pièce, qui était une cuisine transformée en un laboratoire avec un fourneau à hotte tout plein de bassines, de fioles, de bouteilles, de bocaux, de touries, de pots, de baquets; une petite bibliothèque garnissait un pan de mur et sur les tables, sur les chaises traînaient des bandes de calicot teintes en toutes sortes de couleurs, les essais des derniers jours. Il traversait cette pièce sans s'arrêter, montait à sa chambre située au-dessus, et ouvrant sa fenêtre comme elle avait ouvert la sienne, il regardait vers elle comme elle regardait vers lui, la voyant comme elle le voyait elle-même en ce moment, malgré la distance et la nuit.

Ils pouvaient donc reprendre leur entretien où l'abbé Commolet l'avait interrompu.

« Il faut que je vous parle, il faut que je vous voie seule. »

Il l'aimait donc ?

Ce n'était point la première fois qu'elle se posait cette question, mais jamais dans de pareilles conditions.

Il y avait dix-huit mois qu'elle le connaissait, et un an que la musique avait établi entre eux des relations amicales qui de jour en jour étaient devenues plus étroites et telles qu'ils se ne voyaient jamais moins de deux ou trois fois par semaine.

Bien souvent, dans cette intimité, elle avait été frappée de la douceur de sa voix lorsqu'il s'adressait à elle et du charme ému qu'il y avait dans ses intonations, même pour dire les choses les plus simples. Bien souvent elle avait remarqué la tendresse de ses yeux lorsqu'il la regardait. Et souvent aussi elle avait été surprise de son embarras et de ses longs silences lorsque par hasard ils se trouvaient seuls ensemble, ce qui semblait autrement caractéristique que l'émotion de la voix ou le trouble du regard.

Mais de là à se dire avec certitude qu'il l'aimait, il y avait loin. Qu'il eût du goût pour elle, de la sympathie, de l'amitié, qu'elle lui plût, cela, elle le voyait; mais de l'amour?

Qu'était-elle pour inspirer de l'amour? Une pauvre fille qui n'avait même plus la séduction de la première jeunesse, puisqu'elle avait dépassé cet âge, terrible pour une femme, de la majorité. Pauvre, sans présent, sans avenir. Était-elle jolie seulement? Elle n'en savait rien ; elle l'avait cru quelquefois. Mais son père en venant aux vacances ne manquait jamais de rabattre durement le peu de satisfaction qu'elle avait d'elle. Une année, ayant peur qu'elle devînt boiteuse; l'année suivante, lui disant à chaque instant : « Tu sais que tu deviens bossue, ça fait des progrès. »

Lui, au contraire, avait un bel avenir et si certain qu'en ce moment même on lui offrait cent mille francs par an pour aller en Russie diriger une fabrique d'indienne; avec cela intelligent, instruit, beau garçon, jeune, ayant tout pour plaire et se faire aimer.

Comme elle rêvait ainsi, elle entendit tout au loin, par delà les vapeurs de la vallée, le son d'une flûte à peine perceptible, qu'elle reconnut cependant. C'était l'abbé Commolet qui jouait la partie de la sonate pathétique qu'il n'avait pas pu jouer dans le concert.

VII

Bien que Marianne ne se fût couchée qu'en entendant une heure sonner au clocher de l'église, elle était levée le lendemain matin de bonne heure pour être prête à partir avec Glorient, quand le vieux maître voudrait se mettre en route.

Mais si matineuse qu'elle eût été, elle trouva son père déjà levé et en conférence dans la cour avec plusieurs entrepreneurs : maçon, charpentier, menuisier, couvreur, peintre.

En effet, il avait la fierté de la pension de sa femme, M. La Guillaumie, et il ne voulait pas venir à Hannebault, sans contribuer par son initiative, son goût, et ses idées à la mettre sur un bon pied. On se rouille volontiers en province ; on s'endort dans la routine, faisant aujourd'hui ce qu'on a fait hier, sans s'inquiéter du mieux. Lui, au contraire, s'inquiétait du progrès, et comme il voyait les choses de haut, il inventait des améliorations dont sa pauvre femme ne soupçonnait même pas le besoin. C'était ainsi que l'année précédente il avait trouvé que la cour herbée et plantée de pommiers, qui s'étendait de la barrière d'entrée à la maison, n'était pas digne d'une pension qui se respecte, qu'il fallait qu'elle fût égayée, éclairée par des fleurs, et, en conséquence de ce plan, il avait fait tracer une double plate-bande, bordant l'allée principale, qui avait été plantée de rosiers à tiges et de plantes vivaces. Comme la dépense n'était pas grosse, madame la Guillaumie avait accepté « ce progrès », et sans en discuter le plus ou moins d'utilité, elle avait payé les notes du jardinier et du pépiniériste.

Mais cette année La Guillaumie voulait mieux que des travaux d'embellissement ; pendant les onze mois qu'il avait passés loin de sa femme, il avait plus d'une fois pensé à elle et à sa pension, et il lui était venu une idée dont il jugeait l'exécution indispensable : c'était la construction d'un laboratoire de chimie et d'un cabinet de physique, dont il avait esquissé les plans. François Néel ferait la classe de chimie et un professeur du lycée de Condé celle de physique. L'instruction des filles est une des nécessités du temps présent ; tout le monde s'impose des sacrifices pour sortir de la routine ; il fallait faire comme tout le monde. La pension verrait assurément doubler, tripler le nombre de ses élèves, lorsqu'on saurait dans la contrée quels soins elle donnait à l'instruction.

Quand Marianne arriva dans la cour, La Guillaumie, une feuille de papier à la main, était précisément en train d'expliquer son plan aux entrepreneurs rangés en cercle autour de lui, sous un pommier qui leur versait sur la tête les grosses gouttes de la rosée de la nuit :

— Vous comprenez ce que je veux : un bâtiment en retour d'équerre, quinze mètres de long, sur sept de profondeur, divisé en deux par une cloison mobile ; au-dessus, un dortoir. Pas de luxe dans la construction, mais cependant une certaine élégance ; de la brique, de l'ardoise, du sapin ; donnez-moi vos devis demain ; il faut que notre bâtiment soit prêt pour la rentrée des classes.

Ce n'était pas la première fois que Marianne entendait parler de cet agrandissement dont le besoin ne s'était jamais fait sentir ; mais elle n'avait jamais cru que c'était là un projet sérieux. Elle écouta les explications données aux entrepreneurs, avec une curiosité inquiète, car c'était entre sa mère et elle un sujet de fréquente conversation, « les plans et projets de M. La Guillaumie », comme elles disaient. Mais, bien entendu, elle ne se permit pas la plus légère observation ; seulement, quand les entrepreneurs furent partis, elle demanda à son père si M. Glorient était bientôt prêt à se mettre en route.

— Il s'habille, et il va descendre manger sa soupe.

Alors elle monta vivement auprès de sa mère pour lui raconter ce qu'elle venait d'apprendre.

Madame la Guillaumie fut atterrée.

— Est-ce possible ?

— Je ne te répète que ce que j'ai entendu.

— M. La Guillaumie, — elle appelait son mari monsieur La Guillaumie, — m'avait parlé de classes de chimie et de physique, avec François Néel pour professeur, mais je croyais que c'était une idée en l'air.

— Il a demandé les devis pour demain.

— Mais avec quoi veut-il que nous payions ?

— Il veut que tout soit terminé pour la rentrée des classes.

— Mon Dieu ! mon Dieu ! murmura madame La Guillaumie.

— Mais ne peux-tu pas expliquer que nous n'avons pas besoin de classes de chimie et de physique ? dit Marianne.

— Je l'ai expliqué à ton père quand il m'a parlé de ce projet, et il m'a répondu que j'étais la femme de la routine.

— Pauvre maman ! dit Marianne en embrassant sa mère tendrement.

— Il ne faut pas accuser ton père, mon enfant.

— Je ne l'accuse pas ; je te plains.

— Ton père est un homme intelligent, plein d'idées, il voit grand ; nous ne sommes que de pauvres femmes.

— C'est bien là ce qui est inquiétant de n'être que de pauvres femmes ; comment feras-tu pour payer ?

— Ça été le mot que j'ai répondu à ton père.

— Parce que tu as pu payer l'année dernière les dépenses du jardinage, cela ne prouve pas que tu pourrais cette année payer les dépenses d'une construction qui seraient autrement considérables. Et encore, au prix de quels sacrifices es-tu arrivée à les payer? Quand je pense que tu n'as pas pu seulement t'acheter un manteau cet hiver et que tu as été réduite à aller à la messe enveloppée dans cette vieille pelisse qui date de dix ans, et que, depuis quatre ans au moins, nous condamnons tous les étés à ne pas voir l'hiver suivant. Je t'assure que cette idée m'a gâté le plaisir des roses au printemps.

Ce fut madame La Guillaumie cette fois qui prit sa fille dans ses bras et qui l'embrassa.

— On ne souffre pas de ces choses-là pour soi-même, mon enfant, on en souffre pour ceux qu'on aime. Quand tu étais malheureuse de me voir avec ma vieille pelisse, plus ridicule encore que misérable, moi je me désolais de ne pas pouvoir te donner une robe dont tu avais si grand besoin

— Qu'importait?

— Quand on est une belle fille comme toi, la coquetterie est permise, elle n'est que l'accompagnement de la beauté.

— Qu'elle me soit permise ou défendue, dit Marianne en souriant, c'est tout un.

— J'espère bien qu'il n'en sera pas toujours ainsi, et pour ces constructions je ne peux pas croire que M. La Guillaumie réalise son idée.

— Et les entrepreneurs?

— C'est justement la réunion des entrepreneurs qui me rassure un peu; quand il verra le total de leurs différents devis, il s'arrêtera.

— Mais voudra-t-il le voir? et puis les entrepreneurs feront-ils ces devis exacts? Si je tâchais, moi aussi, de lui expliquer que tu n'as pas besoin de ces classes de chimie et de physique ? Dans notre promenade, il me serait peut-être possible d'amener la conversation sur ce sujet.

— Ne fais pas cela, je te prie. Tu contrarierais ton père, tu le blesserais peut-être.

— Oh ! maman...

— On se blesse soi-même quand on rencontre de la contradiction dans les siens. En somme, c'est pour nous que ton père a eu cette idée, c'est dans notre intérêt ; ce serait l'en mal récompenser que de lui faire une opposition trop vive ou plutôt trop raide.

— Mais les entrepreneurs doivent revenir demain.

— D'ici demain j'aurai agi. D'ailleurs, si ton père est blessé, il vaut mieux que ce soit par moi que par toi. Ne te tourmente pas, j'espère que ton père entendra raison.

A ce moment la voix de La Guillaumie résonna dans l'escalier :

— Marianne, Marianne !

Elle dut quitter sa mère et descendre l'escalier en courant pour être prête à accompagner Glorient, qui, un peu plus, aurait failli attendre. Déjà La Guillaumie s'était chargé du parasol et de la toile du peintre ; elle eut à prendre le pliant et la boîte à couleurs.

VIII

Situé à environ deux kilomètres d'Hannebault, au sommet de la colline, le Champ-d'Oisel est un chaos de roches granitiques et schisteuses culbutées sur la pente du coteau et dont quelques-unes ont roulé jusqu'au commencement de la vallée ; entre leurs masses sombres ont poussé des sapins, des bouleaux, des aulnes, et dans leurs fentes, sur leurs flancs même, des genévriers, des genêts et des ajoncs. L'endroit est sauvage, abrupt, et par là c'est une des curiosités de ce pays dont le caractère général est la douceur et la régularité : de grands prés et de petits champs entourés de haies et de hauts arbres forestiers, et toujours la continuité infinie des grands prés et des petits champs ; dans les prés des troupes de bœufs en liberté paissant l'herbe grasse ; dans les champs une ou deux vaches allant de çà de là à travers les chaumes, embricolées court pour ne pas pouvoir atteindre les branches des pommiers chargées de fruits qui leur caressent le dos.

Le soleil levant n'avait point encore séché la rosée de la nuit, et quand les bœufs et les vaches levaient la tête pour regarder ceux qui passaient près d'eux, on voyait l'eau couler de leurs mufles noirs ou roses en petits filets.

Glorient et La Guillaumie marchaient en avant et Marianne venait la dernière chargée de son attirail, qu'elle trouvait un peu lourd à mesure que la route s'allongeait.

Mais ni l'un ni l'autre ne pensait à s'inquiéter d'elle ; La Guillaumie expliquait le caractère de la contrée à Glorient, et celui-ci n'avait d'yeux que pour le paysage qu'ils traversaient.

— Quelle belle nature, disait-il de temps en temps, et comme je vous remercie de m'avoir amené ici ; c'est le pays de la verdure, du vert, du vert, et toujours du vert.

La Guillaumie se redressait fièrement, et répétait :

— C'est le pays du vert.

Parfois Glorient s'arrêtait pour admirer un bœuf et, s'adressant à lui comme si la bête pouvait le comprendre :

— Es-tu assez beau, animal ! je te ferai ton portrait ; seras-tu content, hein !

Et le bœuf clignait de la paupière, sans qu'on pût savoir si de ses gros yeux doux il regardait son portraitiste futur, ou bien s'il regardait dans le vague, hébété par l'excès de la nourriture dont il s'était gavé et qu'il ruminait béatement.

Marianne les suivait sans rien dire, marchant quand ils marchaient, s'arrêtant quand ils s'arrêtaient, pour la première fois peut-être ne s'intéressant pas à ce qui se passait autour d'elle, ni aux accidents du chemin qu'ils avaient pris.

Elle avait bien autre chose en tête vraiment que les bœufs, si beaux qu'ils fussent, et que le paysage : ils arrivaient au chemin de l'étang, et les paroles de François Noël lui revenaient avec une intensité qui lui serrait le cœur.

Toute la nuit, éveillée ou endormie, elle se les était répétées, ces paroles : « Prenez un prétexte pour revenir avant eux, je vous attendrai dans le chemin du clos de l'étang. » Et si elle avait pu s'en laisser distraire un court instant en entendant son père expliquer ses plans de construction aux entrepreneurs, elles sonnaient à ses oreilles maintenant qu'elle apercevait le chemin où il lui avait dit qu'il l'attendrait.

Les infiltrations descendant du Champ-d'Oisel stagnaient là dans un herbage qu'elles avaient transformé en un étang; et comme cet herbage appartenait à un propriétaire qui dédaignait l'invention du drainage, bon tout au plus à entraîner les braves gens à des dépenses ruineuses, les eaux, après avoir formé trois ou quatre petites mares entourées d'aulnes et de roseaux, n'avaient d'autre égout que le chemin même où elles couraient sur les cailloux et dans les ornières.

Glorient s'était arrêté :

— Ah! le joli coin! dit-il, comme il est frais aux yeux et doux à l'esprit! Si nous restions là.

Marianne eut un soupir de soulagement; c'était le hasard lui-même qui l'arrachait à ses irrésolutions et décidait nettement les choses : Glorient s'installant là, elle n'avait plus à agiter la question de savoir si elle ferait ou ne ferait point ce que François Noël lui avait demandé.

Mais La Guillaumie ne voulut pas de cet arrangement ; il avait décidé de montrer ce jour-là le Champ-d'Oisel à Glorient, et il tenait à l'accomplissement du programme qu'il avait tracé :

— Profitons de ce qu'il fait beau aujourd'hui et de ce que nous sommes en avance, pour monter au Champ-d'Oisel, dit-il ; un jour qu'il fera mauvais ou que nous serons en retard, nous nous arrêterons ici.

— Je vois que je vous appartiens, dit Glorient en riant ; quand vous voudrez que je m'arrête, vous me le direz ; quand vous voudrez que je commence mon étude, vous me le direz ; vous voulez que je marche, marchons.

Et retrouvant une gaminerie de sa jeunesse :

— Tout ce que je demande, si j'ose formuler un désir, c'est que ce ne soit pas à quatre pattes.

Ils se remirent en route par une cavée assez raide, et au bout de dix minutes environ ils arrivèrent au Champ-d'Oisel, La Guillaumie tenant toujours la tête, mais ne parlant plus.

— Voici le Champ-d'Oisel, dit-il sèchement, lorsqu'ils furent entrés au milieu du chaos des roches culbutées.

Alors Glorient craignant de l'avoir fâché, voulut se faire pardonner sa plaisanterie.

— Merci, cher ami, dit-il, c'est superbe.

— N'est-ce pas ? répondit La Guillaumie radouci.

— Vite ce qu'il faut pour écrire, s'écria Glorient.

Et le père Glorient, ce bon homme de soixante-dix ans, se prépara au travail avec l'entrain et la vivacité d'un rapin de vingt ans ; car l'âge n'avait point refroidi son amour pour la peinture, et c'était là sa force, c'était là le meilleur de son talent. Il peignait parce qu'il aimait à peindre, et dans la plus petite de ses toiles, dans la plus insignifiante, on retrouvait la tendresse d'amoureux avec laquelle il l'avait caressée.

— Surtout ne trouble pas M. Glorient, dit La Guillaumie à sa fille.

Marianne ne pensait pas le moins du monde à troubler le vieux maître, ni à le déranger ; elle s'était assise sur une roche moussue, à l'abri d'une touffe de hauts genêts qui la protégeait des rayons obliques du soleil du matin ; là elle avait repris ses réflexions, pendant que Glorient travaillait et que son père, couché dans l'herbe, expliquait au vieux maître, qui dans sa longue vie avait peint cinquante effets du matin, la poésie du matin.

Comme tous les irrésolus, elle était disposée à accorder aux indications du hasard une importance exagérée, et pour elle c'était une indication que le hasard lui avait donnée en ne voulant pas qu'ils s'arrêtassent au chemin de l'étang.

Elle ne verrait donc pas François Néel ; elle ne devait pas le voir. Ce qu'il voulait lui dire, elle n'avait pas besoin de l'entendre, elle le savait : il l'aimait, et c'était de son amour qu'il voulait l'entretenir ;

une honnête fille n'accepte pas un pareil entretien.

Elle n'irait donc pas, et il comprendrait les raisons auxquelles elle avait obéi : la pudeur, la réserve, l'émoi d'une fille qui se respecte.

Mais ne comprendrait-il que cela? Ne pouvait-il pas aussi croire à de la défiance, à de l'indifférence, à de la coquetterie, à du mépris? N'était-ce pas humiliant que, le connaissant comme elle le connaissait, elle se tînt sur ses gardes avec lui? Depuis qu'ils se voyaient intimement, n'était-il pas toujours resté dans les termes d'une discrétion respectueuse? S'il avait voulu lui parler d'amour, les occasions ne lui auraient pas manqué; elles s'étaient présentées à chaque instant.

Pourquoi ferait-il maintenant ce qu'il n'avait pas fait jusqu'à présent? Pourquoi serait-il, dans le chemin de l'étang, ce qu'il n'avait pas été dans le salon de la pension, lorsqu'ils étudiaient leurs duos en tête-à-tête?

Elle irait donc.

D'ailleurs, pourquoi le soupçonner? Pourquoi ne pas admettre qu'il avait réellement besoin de la voir seule? Parce qu'elle ne devinait pas ce qu'il pouvait avoir à lui dire de grave, il n'en résultait pas qu'il n'y avait point nécessité à ce qu'il lui parlât.

Elle-même n'avait-elle point à lui parler, n'était-il pas d'une importance décisive qu'elle l'amenât à ne pas accepter le cours de chimie? car, s'il n'y avait pas de professeur, il n'y avait pas de classes à construire.

Si bonnes que lui parussent ces raisons pour accepter cet entretien, elle en cherchait d'autres toutes différentes et meilleures pour l'éviter, lorsque son père l'appela.

— Il faut que tu descendes tout de suite à la maison, dit-il.

— Ah !

— J'ai oublié de dire à ta mère de nous faire faire, pour déjeuner, une truite à la crème.

— Nous en mangerons une demain, dit Glorient.

— Pas du tout, c'est le mets national ; je veux que vous le goûtiez dès votre arrivée, afin que, si vous le trouvez bon, nous vous le servions tous les jours.

— Mais je ne veux pas que cette belle enfant redescende pour cela, dit Glorient.

— Qu'importe qu'elle redescende tout de suite ou plus tard? Elle sera heureuse de faire cela pour vous.

— Mais certainement.

Décidément c'était le sort qui voulait qu'elle allât seule au chemin de l'étang.

IX

Bien qu'elle s'arrêtât à chaque instant et qu'elle marchât avec une extrême lenteur, elle avait quitté la cavée et elle longeait l'étang. Le chemin étant droit, la vue courait librement jusqu'à son extrémité. Elle n'aperçut pas François Néel. Cela la soulagea. Sans doute il avait cru qu'elle ne descendrait que plus tard du Champ-d'Oisel, et il n'était pas encore arrivé. En se hâtant, elle pouvait peut-être gagner les premières maisons de la ville avant de le rencontrer; et alors ou il ne l'aborderait pas, ou s'il l'abordait, leur entretien ne se présenterait pas dans les mêmes conditions qu'au milieu de ce chemin toujours désert.

Elle se hâta donc.

Mais comme elle arrivait à peu près au milieu du chemin, elle entendit un bruit de pas derrière elle. Sans trop savoir ce qu'elle faisait, elle se retourna.

C'était lui, il la rejoignait.

Avant qu'elle eût pu se rendre compte de ce qui se passait, il lui avait pris les deux mains dans les siennes.

— Vous êtes venue ! s'écria-t-il.

Il avait un accent de joie triomphante dans la voix qui la blessa.

— Vous êtes venue ! vous êtes venue ! répétait-il en la regardant et en lui pressant les mains.

— C'est mon père qui a voulu que je redescende à la maison, dit-elle.

— Pourquoi me dites-vous cela ? s'écria-t-il. Trouvez-vous donc quelque chose de blessant dans ma joie ? Ne dois-je pas être heureux de voir que vous avez eu assez confiance en moi pour m'accorder cet entretien ?

Précisément parce qu'elle était bouleversée, elle voulait réagir contre son émotion.

— Je vous écoute, dit-elle.

Il ne lui avait point abandonné les mains que dans son trouble, elle n'avait pas pensé à lui retirer; il voulut l'attirer doucement pour la faire entrer dans le pré de l'étang, où le taillis des saules et des aulnes les mettrait à l'abri des gens qui pouvaient passer dans le chemin, mais elle résista.

— Non, dit-elle, ici.

— Mais on peut survenir.

— Cela serait fâcheux pour moi, mais moins encore d'être vue avec vous en tête-à-tête dans ce chemin, que cachés derrière ces arbres.

— Vous avez raison, pardonnez-moi; mais si je suis moins que vous touché des conséquences fâcheuses de ce tête-à-tête, et si je vous ai demandé de vous y exposer...

Il entassait les mots les uns par-dessus les autres comme il arrive souvent lorsqu'on a quelque chose de grave à dire.

— ... C'est que ces conséquences, au cas où elles se produiraient, pourraient être atténuées et perdre même toute gravité.

Elle le regardait indécise, se demandant ce qu'elle devait comprendre ; il continua :

— Qu'une jeune fille soit vue dans un chemin désert en tête-à-tête avec un jeune homme, cela doit avoir des conséquences fâcheuses aux yeux du monde, j'en conviens ; mais si elle peut répondre que celui avec qui elle s'entretenait... est son fiancé, et sera bientôt son mari, quel danger court-elle ?

Elle murmura quelques mots qu'il n'entendit pas et voulut dégager ses mains, il les retint.

— Depuis un an, n'avez-vous donc pas compris, s'écria-t-il, que je vous aime et que je ne vis que pour vous, chère Marianne ? Quand, hier, je vous ai priée de venir ici, n'avez-vous donc pas compris que c'était pour vous demander d'être ma femme ? Mais oui, oui, vous l'avez compris, au moins vous l'avez pressenti, puisque vous êtes venue, assurée à l'avance de n'entendre sortir de mes lèvres que des paroles de respect. Si vous saviez avec quelle angoisse je vous attendais, me demandant si, depuis que notre intimité s'est formée, je m'étais assez fait connaître pour que vous ayez confiance en moi ! Si vous saviez quelle joie j'ai ressentie en vous apercevant tout à l'heure paraître dans ce chemin !

Cette fois elle ne pensa pas à dire que c'était son

père qui avait voulu qu'elle redescendît, pas plus qu'elle ne pensa à réagir contre l'émotion qui la soulevait. Il l'aimait, c'était vrai ; il la voulait pour femme. Ces deux mots : « Je vous aime » et « ma femme » emplissaient sa tête et son cœur. Et ce qu'il disait encore, ce qu'il ajoutait, elle ne l'entendait que vaguement. Elle avait tout oublié, et l'endroit où ils étaient, et les passants qui pouvaient les rencontrer, et les curieux, et les propos du monde. « Je vous aime. — Ma femme. »

Il ne lui avait pas abandonné les mains, les serrant au contraire plus étroitement, plus passionnément dans les siennes.

— Ah ! Marianne ! chère Marianne ! disait-il.

Et penché vers elle, lui effleurant presque le visage de sa barbe frisée, il la regardait dans une longue extase, répétant toujours :

— Marianne ! chère Marianne ! ah ! laissez-moi répéter votre nom, pour moi la musique la plus douce et la plus troublante, celle qui m'enivre le cœur. Vous n'avez peut-être jamais été frappée des moyens plus ou moins maladroits que j'employais pour le prononcer haut : « Où est mademoiselle Marianne ? Il faut dire cela à mademoiselle Marianne. C'est mademoiselle Marianne qui m'a dit cela. » Et toujours mademoiselle Marianne, son nom dans ma bouche, comme son image devant mes yeux, et sa pensée dans mon cœur. Quand nous aurons le temps de nous entretenir librement, j'aurai bien d'autres enfantillages de ce genre à vous raconter. Mais ce n'est pas pour vous parler de cela que je vous ai demandé ce tête-à-tête qui vous a si fort troublée. Vous dire que je vous aime, vous le répéter toujours, cela serait le bonheur pour moi ; mais nous aurons l'éternité pour cela ; aujourd'hui, il me faut refouler les paroles qui, du cœur, me montent aux lèvres.

Il fit encore une pause pour la regarder.

— Si je ne vous aimais pas comme je vous aime, c'est à votre mère, c'est à votre père que je vous aurais demandée. Dans un mariage ordinaire, dans un mariage de raison, quand on se marie pour se marier, avec celle-ci ou avec celle-là, au hasard, on s'adresse aux parents ; il ne s'agit que d'une affaire et on la traite avec ceux qui peuvent la discuter. Mais le mariage que je veux, c'est un mariage d'amour, c'est l'accord de deux sentiments et de deux cœurs. Si vous ne m'aimez pas, je ne veux pas de vous pour femme, car je vous aime trop passionnément, trop profondément pour être heureux avec une femme qui ne répondrait pas à ma passion et qui m'accepterait pour faire plaisir à ses parents. Ce n'est pas de vos parents que je veux vous tenir, c'est de vous, de vous seule, et voilà pourquoi je vous ai demandé cette entrevue, pour que vous me répondiez franchement.

— Oh ! monsieur Noël, murmura-t-elle faiblement.

— Si je n'avais pas eu bon espoir, il est probable que je ne me serais jamais décidé à une si périlleuse aventure. Mais depuis un an, il m'a semblé plus d'une fois que je ne vous étais pas indifférent, que j'étais plus pour vous que le premier venu. Je ne veux pas dire que je me sois jamais imaginé que vous m'encouragiez, je ne veux même pas dire que je me sois jamais imaginé que vous aviez deviné mon amour. Mais il y avait dans vos regards, dans vos intonations, dans la manière dont vous preniez ma main quand je vous la tendais, quelque chose de mystérieux qui me parlait au cœur et qui m'entretenait dans mon espérance. Il est vrai qu'il y avait le lendemain d'autres choses qui me désespéraient et qui me faisaient croire que ce que j'avais pris pour un sentiment de tendresse n'était qu'une amitié banale. Pendant un an j'ai été ballotté entre ces deux alternatives : « Elle m'aime, elle ne m'aime pas. » Et je serais encore hésitant sans l'incident qui m'a forcé à parler.

Elle le regarda avec surprise, ne comprenant pas bien évidemment quel pouvait être cet incident.

— L'aveu que j'ai à vous faire est pénible pour moi, continua-t-il, et je ne le confesserais pas sans honte, si à cet incident je ne devais pas mon bonheur. On m'a affirmé, et j'ai eu la faiblesse, la sottise de l'admettre, que M. La Guillaumie voulait vous marier, et que le mari qu'il voulait vous imposer était...

— Était?...

— M. Glorient.

Elle se mit à rire.

— Mais il a soixante-dix ans, M. Glorient!

— Les grands hommes n'ont pas d'âge; la gloire et la fortune les enveloppent de rayons qui ne les aissent pas voir ce qu'ils sont réellement.

— Et vous avez pu admettre que j'accepterais M. Glorient, vous qui me connaissez?

— La peur fait tout admettre, même l'absurde, surtout l'absurde ; mais je ne vous demande pas de me dire que vous ne l'épouserez pas, puisque vous êtes venue ; et je ne vous demande pas non plus de me dire que je ne me trompais pas dans mes espérances, puisque vous êtes venue.

Ils étaient restés à la même place, et la tentative qu'il avait essayée pour attirer Marianne dans le pré de l'étang, à l'abri des regards curieux, il ne l'avait point renouvelée ; cette fois, ce fut elle qui, le prenant par la main, l'amena doucement à l'entrée du pré. S'ils n'étaient point cachés derrière les broussailles, dans le dédale des touffes d'arbustes poussées au hasard, au moins n'étaient-ils plus au beau milieu du chemin. N'économisant point un terrain qui ne rapportait rien que quelques charretées de roseaux, le propriétaire avait établi une vaste entrée fermée par une simple lisse qu'une hart attachait à deux saules, où les voitures pouvaient tourner facilement.

C'était contre cette lisse qu'ils se tenaient maintenant, abrités, enveloppés par le couvert des branches qui formaient au-dessus d'eux une épaisse voûte de verdure ; devant eux, par une échappée entre les arbres, on voyait la vallée où, sur l'herbe ensoleillée, les nuages de fumée que vomissaient les cheminées des usines faisaient de grandes ombres mouvantes.

Ils restèrent ainsi un temps assez long, les yeux dans les yeux, les mains unies.

— Ah! chère Marianne! s'écria François, avec quelle délicatesse vous savez faire entendre ce que vous ne pouvez pas dire.

Elle sourit en le regardant tendrement.

— Ne croyez pas, dit-elle, que si je vous écoute sans parler, ce n'est pas que je ne serais pas heureuse de vous dire ce que vous-même me dites si bien. Et même je vous envie de pouvoir parler, quand moi je ne peux que vous écouter. Oui, cela est vrai, il y avait dans mes regards, dans mes intonations, dans la façon dont je prenais votre main, un aveu des sentiments que vous m'inspiriez. Mais que pouvais-je? Je me disais : « Je serais si heureuse si jamais il pensait à faire de moi sa femme. » Mais par cela que je ne suis qu'une jeune fille, je ne pouvais me le dire qu'à moi-même, tout bas et avec des remords. Il ne m'était même pas possible de vous le laisser entendre. Vous, au contraire, vous avez pu venir à moi franchement, me disant ce qui était dans votre cœur, m'obligeant à vous avouer ce qui devait rester à jamais caché dans le mien, si vous ne l'aviez forcé à s'ouvrir.

— C'est vrai, c'est donc bien vrai, s'écria-t-il, elle m'aime!

Et il fut pris d'un rire nerveux qui, mieux que tout, disait combien profonde et vive avait été son angoisse.

— C'est que vous ne savez pas, dit-il pour expliquer cet accès de rire un peu fou, combien je vous aime. Du jour où je vous ai vue, je vous ai aimée et ma vie a été à vous. C'était il y a dix-huit mois, le lendemain de mon arrivée à Hannebault, un dimanche. Je vous rencontrai vous promenant avec madame votre mère sur la route de Condé. J'étais seul, ne connaissant personne dans ce pays, et j'allais droit devant moi mélancoliquement. Nous allions en sens contraire. De loin, en vous voyant venir, je fus frappé de l'élégance de votre démarche et de la grâce de votre port de tête. Instantanément la mauvaise humeur que j'éprouvais contre ce pays, où je me considérais comme exilé, sans autre distraction possible que le travail qui me conduirait peut-être à quelque belle découverte, s'effaça. Vous aviez été pour moi comme un rayon de soleil dans un triste jour d'hiver, et cependant je ne vous avais pas encore vue. Vous approchiez. Je distinguais vos traits, vos grands yeux qui tout d'abord me saisirent au cœur ; votre chevelure châtain, arrangée avec un dédain de la recherche et de la coquetterie qui en disait long ; votre peau si blanche et si fine, qu'elle semble être celle d'une rousse. Mais nous marchions trop vite, vous et moi, pour que je pusse vous regarder à mon aise, et aussi je ne pouvais pas vous faire l'injure de vous dévisager en vous disant brutalement ce que je me disais tout bas : « La belle fille ! » Cela ne vous blesse point, n'est-ce pas ? Je ne vous connaissais pas et ne pouvais être sensible qu'à ce que je voyais.

Elle lui sourit doucement :

— Cela ne me blesse pas du tout, dit-elle, que vous m'ayez trouvée belle ; mais j'avoue que cela m'étonne un peu, pour ne pas dire beaucoup.

— Ne savez-vous donc pas...

— Je ne sais rien du tout, car je n'ai pas été gâtée par les compliments, je vous assure.

— Enfin, si vite que vous ayez passé près de moi, j'avais pu remarquer encore l'air d'intelligence qui éclairait votre physionomie, comme votre richesse de santé. Bien entendu, je ne continuai point ma promenade, et je revins sur mes pas en vous suivant, en admirant l'élégance, la souplesse, la grâce de votre démarche. J'avais quitté ma chambre chagrin et maussade ; je rentrai de la plus belle humeur du monde. Naturellement, je voulus vous connaître ; mais le peu de relations que j'avais dans le pays ne me permit de réaliser mon désir que difficilement et incomplètement. Je dus me contenter de vous voir et de vous aimer. Mais il y a un an la musique nous réunit ; alors s'établirent nos relations ; je ne vous admirai plus de loin seulement ; chaque jour j'appris à connaître les qualités de votre cœur et de votre esprit ; je vis quelle était votre bonté, votre douceur, votre droiture, votre franchise ; je vis combien vous étiez tendre avec les vôtres, affectueuse et facile avec ceux qui vous entourent ; et chaque jour aussi mon amour grandit, si bien qu'il en est arrivé à ne plus pouvoir se taire et que j'ai parlé.

Ce n'était pas seulement par les lèvres que cet amour s'exprimait, c'était aussi par l'exaltation du regard, les vibrations de la voix, le tremblement des mains, le trouble et l'émotion de tout son être.

— Maintenant, dit-il, que je sais que nos cœurs sont d'accord, je dois parler à vos parents, et, si vous m'y autorisez, je le ferai dès ce soir. Je n'ai aucune fortune, vous le savez, et, vous le savez aussi, je dois subvenir aux dépenses de ma grand'mère. Des douze mille francs que je gagne, je fais deux parts égales, l'une pour elle, l'autre pour moi; et, tout de suite, aujourd'hui même, je veux vous demander de ne pas réduire cette part.

— Et de quel droit?

— Sans doute, c'est une assez grosse somme que six mille francs pour une femme de quatre-vingts ans; mais vous savez que ma grand'mère soutient, depuis plus de cinquante ans, contre l'État, un procès qui, définitivement gagné, lui donnerait une fortune considérable, presque fabuleuse, et les soins de ce procès l'obligent à habiter Paris; de plus, ils l'entraînent à de lourdes dépenses. D'ailleurs, si la position que je puis offrir à ma femme aujourd'hui est modeste, elle s'améliorera bientôt; on me donnera un intérêt dans la fabrique d'indienne à partir du 1er janvier, et, d'autre part, je poursuis des recherches, vous le savez...

— La fixation de ces nouvelles couleurs...

— Les matières azoïques, non; car c'est une trop grosse tâche pour qu'on puisse se flatter de la réaliser d'un jour à l'autre, mais je crois tenir une autre découverte d'un ordre inférieur; je ne dis pas que ce serait la fortune, mais ce serait quelque chose.

— Et vous tenez cette découverte? demanda-t-elle, après un moment d'hésitation.

— Je crois la tenir, mais je ne la tiens pas, et dans cet ordre de recherches on ne peut parler qu'avec preuves à l'appui; j'ai des espérances, je n'ai pas de preuves.

— Et quand croyez-vous les avoir, les preuves?

— Je ne peux pas le dire; demain, peut-être dans un mois.

Elle hésita encore, et plus longuement cette fois, montrant un réel embarras.

— Vous dites que vous me connaissez, demanda-t-elle enfin.

Il inclina la tête avec un sourire d'assurance.

— S'il en est ainsi, vous ne pouvez point me soupçonner de calculs bas?

— Vous!

— De même, n'est-ce pas, vous ne me croyez pas capable de tromperie!

— Vous la plus droite, la plus loyale des femmes! Mais pourquoi m'adressez-vous de pareilles questions? Ne sont-elles pas la négation même de ce que je vous disais tout à l'heure?

— Parce que ce que j'ai à vous demander exige que je sache à l'avance que vous avez confiance en moi.

Il lui tendit la main :

— Foi pleine et entière.

— Eh bien, alors, reprit-elle plus librement, je vous prie de ne pas parler à mes parents aujourd'hui même, mais d'attendre, pour le faire, que les résultats de vos découvertes se soient affirmés. Assurément je ne suis qu'une pauvre fille, sans aucune fortune; mais cela n'empêche pas mon père de rêver pour moi un beau mariage. Il me trouve toutes sortes de défauts, et cependant il est assuré qu'un jour ou l'autre se présentera pour moi un mari riche, bien né, qui m'offrira une superbe position. Dans ces conditions, je trouve qu'il est plus prudent d'attendre, pour lui adresser votre demande, que vous puissiez vous appuyer sur votre découverte. Pour moi, la position que vous m'offrez est de beaucoup supérieure à celle que je pouvais espérer, mais nous devons respecter les idées de mon père. Permettez-moi d'avoir la fierté de notre amour, et de ne pas vouloir que vous l'exposiez à un refus... sinon probable, au moins possible.

— Vous avez raison, dit-il, il sera fait comme vous désirez. A moi de travailler.

— Et à moi de vous adoucir le temps de l'attente. Ayez confiance.

Elle lui tendit la main qu'il porta à ses lèvres et baisa longuement, sans qu'elle fît rien pour la lui retirer.

— Maintenant, laissez-moi rentrer, dit-elle, et rentrer seule.

X

Tandis qu'il regagnait sa fabrique en coupant au court à travers les prés, Marianne s'en revenait par le chemin qu'elle avait suivi le matin avec son père et Glorient.

Ses pieds ne touchaient pas la terre : elle marchait dans le ciel, le visage rayonnant, le sourire sur les lèvres, les yeux étincelants, ravie, transportée.

Ce n'était plus un rêve. C'était vrai : il l'aimait, elle serait sa femme. Cette espérance, qu'elle avait si souvent caressée, mais sans jamais oser la croire sérieusement possible, se réalisait, dans quelques jours peut-être, au plus tard dans quelques mois ; et s'il fallait attendre ces quelques mois, au moins le verrait-elle chaque jour non plus avec inquiétude mais avec certitude. Alors qu'importerait que l'attente fût de quelques jours ou de quelques mois ? Ne seraient-ils pas ensemble, libres de se dire leur amour, sinon des lèvres, au moins des yeux ?

Combien souvent avait-elle cru qu'elle ne se marierait pas et resterait dans cette pension, vieille fille un jour comme mademoiselle Eurydice ! Qu'avait-elle pour qu'un homme pensât à l'épouser? Pas un sou de dot dans le présent; rien à attendre dans l'avenir. Les deux ou trois maris dont on lui avait parlé jusqu'à ce moment, et qui même ne s'étaient pas présentés franchement, étaient faits de façon bien plus à lui enlever tout espoir qu'à lui permettre de croire qu'il en viendrait un tôt ou tard qu'elle pourrait accepter : l'un commis des hypothèques à Condé; l'autre petit marchand à Alençon; le troisième, capitaine retraité, douze campagnes, cinq blessures, la croix, la médaille militaire et soixante ans d'âge, position des plus honorables.

Si ces mariages manqués l'avaient attristée, ils n'avaient mis aucune amertume dans son cœur. Ils avaient vraiment été bien bons de penser à elle, ces épouseurs dont elle n'avait pas voulu. Qu'avait-elle pour les attirer? En réalité, rien, absolument rien. Ni fortune, ni position, ni relations, ni influence par sa famille. Pas même la beauté.

A la vérité, il lui avait fallu un certain temps pour croire qu'elle n'avait aucune beauté. Quand elle avait cessé d'être une enfant pour devenir une jeune fille, il lui avait semblé, en se regardant dans son miroir, qu'elle n'était point laide, et même... Mais son père lui avait prouvé qu'elle se trompait : « Fais donc attention quand tu marches, tu deviens boiteuse. » Ou bien : « C'est extraordinaire, je ne sais pas comment Marianne s'y prend, mais il est évident qu'elle tourne à la bossue; tu devrais faire attention à toi, ma pauvre enfant; si tu ne te surveilles pas, tu ne trouveras jamais à te marier. » Ou bien c'étaient d'autres observations du même genre sur son nez trop long qui rougissait en vieillissant, sur son menton trop rond qui s'épaissirait, sur ses dents trop carrées, sur ses yeux trop longuement fendus. Peut-on être une belle fille quand on est affligée de tous ces défauts ? Et ces reproches sans cesse répétés produisaient d'autant plus d'effet sur elle que jamais personne ne lui avait dit qu'elle était jolie. Et, en un pareil sujet, une fille peut-elle s'en rapporter à ce qu'elle se dit d'elle-même quand elle n'a pour témoin que son miroir qui parle aujourd'hui dans un sens et demain dans un autre ?

Et voilà que précisément celui pour qui elle eût voulu être belle parlait de l'élégance de sa démarche et de la grâce de son port de tête, de ses grands yeux, de sa chevelure, de sa peau fine et blanche comme celle d'une rousse, de son air d'intelligence qui éclairait sa physionomie ; car elle n'avait rien oublié de ce qu'il lui avait dit et elle se rappelait, elle se répétait chacune de ses paroles avec presque autant de joie qu'elle en avait eu à les entendre prononcer par lui de cette voix vibrante qui l'avait transportée.

— Ah ! elle avait un port de tête. Puis elle abaissait son gant, et regardait son poignet : c'est vrai, elle avait la peau d'une rousse.

De tout autre ces compliments lui eussent été assurément agréables, car on ne lui en avait guère adressé dans toute sa vie, mais de la part de M. Nécl, — comme elle l'avait appelé jusqu'à ce jour, — de

François, comme elle l'appellerait désormais, ce n'étaient point des compliments.

Quand, en traversant la grande rue, elle passa devant les bureaux du *Narrateur*, elle trouva Badoulleau sur le pas de sa porte, les deux mains dans ses poches, ce qui était sa pose habituelle, car il restait là des matinées et des après-midi entières à regarder les passants, disant un mot à celui-ci, interrogeant celui-là, en attendant qu'un gamin des écoles vînt lui acheter pour deux sous de plumes, ou qu'une servante lui demandât le *Parfait secrétaire*.

Il ne quittait pas volontiers sa porte, Badoulleau, pas plus qu'il ne sortait les mains de ses poches; mais pour Marianne il eût traversé l'eau et le feu, au moins il le disait. Pour cette fois il se contenta de traverser la moitié de la rue, en venant au-devant d'elle.

-- On voit que vous avez marché vite, dit-il en la saluant; les joues roses, le regard animé. Comme c'est bon, n'est-ce pas, l'air du matin?

-- Je viens du Champ-d'Oisel, dit-elle avec une confusion que Badoulleau ne remarqua pas.

-- Vous avez accompagné le père Glorient. Est-ce qu'il a été content du pays?

-- Il a commencé une étude au Champ-d'Oisel.

-- Je mettrai ça dans le *Narrateur* de demain; c'est un honneur pour la contrée, et puis ça me fera une nouvelle, et il n'y a pas trop de nouvelles dans le *Narrateur*, qui n'a pas vraiment grand'chose à narrer. Entre nous, je ne sais pas comment il se trouve des gens de bonne volonté pour le lire.

Et il se frotta les mains comme s'il était enchanté, puis bien vite il les fourra de nouveau dans ses poches en se mettant à marcher près de Marianne.

— Ah! si vous vouliez m'écrire un petit roman, dit-il, c'est cela qui lui donnerait de l'intérêt et du piquant!

— Vous n'y pensez pas; je ne sais pas écrire

— Au contraire, je ne pense qu'à cela; j'ai un cadre superbe : *le Roman des deux jeunes filles.* Vous faites une partie, mademoiselle Berthe fait l'autre, et avec vos deux natures si différentes, cela produirait une œuvre très curieuse, sans compter que vous me tireriez d'un fameux embarras : je ne sais plus quoi publier. A la vérité, il y a la Société des gens de lettres qui me fournirait un fonds inépuisable, mais ils me demandent un abonnement de cinquante francs par an. Comment veulent-ils que je prenne cinquante francs sur les bénéfices que donne le *Narrateur?*

— Certainement je serais heureuse de faire quelque chose pour vous tirer d'embarras, mais encore faut-il que je le puisse, et je vous assure que je n'entends absolument rien aux romans.

— Cela viendrait bien vite; tout est possible, tout est facile à une jeune fille qui sait voir et qui sait dire. Vous avez une manière de juger les gens et de les montrer qui est d'un romancier; vous ne vous doutez pas de votre vocation.

— Je vous en prie, n'insistez pas, rien ne m'est plus pénible que de vous refuser quelque chose à vous, si bon, si complaisant, qui vous mettez en quatre pour être utile à vos amis.

— Ne parlons pas de ça; mais laissez-moi vous parler de mon roman. Je ne vous le demande pas pour demain. Réfléchissez-y; vous trouverez.

— En attendant, dit Marianne en riant, il faut que je trouve une truite pour la faire préparer à la crème; mon père tient à ce que M. Glorient en ait une pour son déjeuner.

— Une truite! s'écria Badoulleau avec sa complaisance habituelle, je vais vous trouver cela; s'il y en a une dans le pays, elle sera pour vous. Rentrez donc tranquillement à la maison et réfléchissez à ma demande : un roman par lettres, vous la première, mademoiselle Berthe la seconde, et en alternant ainsi, chacune de vous exprimant ses impressions, expliquant ses désirs, un cadre superbe; le *Narrateur* serait reproduit. Quelle gloire! lui qui a toujours tant reproduit les autres!

Et rapidement Badoulleau redescendit la rue, tandis que Marianne rentrait à la pension.

Mais la conversation du rédacteur en chef du *Narrateur* ne l'avait pas assez distraite pour calmer son émotion. En la voyant entrer, sa mère, frappée de l'animation de son visage, eut le même mot que Badoulleau :

— Tu as marché trop vite, mon enfant. Assieds-toi, ne t'expose pas au froid; mets un fichu sur tes épaules.

Tous les petits soins d'une mère attentive.

Quelle joie pour Marianne si elle avait pu avouer la

vérité à sa mère et lui dire que c'était le bonheur qui faisait rayonner ses yeux et palpiter sa poitrine ! A l'avance elle était certaine de ne pas rencontrer d'opposition chez sa mère, dont elle connaissait l'amitié pour François. Dans sa modestie et sa timidité, madame La Guillaumie n'avait jamais rêvé de grands mariages pour sa fille, et son ambition, à coup sûr, serait satisfaite de la voir devenir la femme d'un homme dont le présent était assuré, et qui avait devant lui un bel avenir.

Mais Marianne, qui connaissait sa mère, savait que ce qu'elle lui dirait aujourd'hui son père le saurait demain. Quoi qu'il lui en coûtât, elle devait donc se taire et laisser expliquer son émotion par la rapidité de sa course.

Elle eût été si heureuse cependant de parler de lui !

Craignant de se trahir, car elle n'entendait rien de ce que sa mère lui disait et répondait tout de travers, elle monta à sa chambre, et là, instinctivement, son premier mouvement la conduisit devant une glace où elle se regarda longuement.

-- Un port de tête, une démarche élégante... oh ! le cher bien-aimé !

XI

Le déjeuner fut vite expédié, car Glorient avait hâte de retourner à son étude, et les délices de la truite n'étaient pas pour le retenir à table.

— Dépêchons, dépêchons, disait-il en coupant les périodes de La Guillaumie aussi bien que les cérémonies de mademoiselle Eurydice, qui aurait voulu que le service se fît méthodiquement, noblement, ainsi qu'il convient quand on reçoit un personnage.

Mais le personnage ne pensait qu'à son travail, aussi ardent, aussi impatient que s'il avait vingt ans, et, voyant les mines effarées de la vieille sous-maîtresse, il s'amusait à la taquiner :

— Voyez-vous, mademoiselle, disait-il avec son gros rire narquois, l'huile des peintres c'est comme celle des cuisinières lorsqu'elles font une friture, il faut qu'elle soit saisie à point.

Et mademoiselle Eurydice, qui était noble en tout et qui avait été élevée noblement par un père professeur de quatrième au collège de Condé, aussi noble que classique dans ses idées, — il avait donné à ses trois filles les nobles noms d'Eurydice, de Clio et de

Pénélope, — mademoiselle Eurydice se disait tout bas que ce personnage, ce grand peintre, avait la plaisanterie un peu lourde vraiment.

La Guillaumie n'ayant plus besoin que Marianne l'aidât à porter l'attirail de Glorient, ne demanda pas à sa fille de les accompagner au Champ-d'Oisel dans l'après-midi et la laissa à la maison.

Mais elle était dans un tel état d'agitation et d'exaltation, qu'elle ne pouvait ni lire, ni faire de la musique, ni rêver, ni se promener; il fallait qu'elle parlât de lui, qu'elle prononçât son nom, et comme cela n'était pas possible avec sa mère, ni avec mademoiselle Eurydice, qui, l'ayant vue petite fille, la traitait toujours en petite fille et lui eût volontiers dit : « Mouche-toi, » elle pensa à aller voir Berthe d'Escoran.

Berthe n'était point sa confidente, et jamais elle ne lui avait dit un mot de ses espérances ou tout au moins de ses rêveries, mais, avec elle, on pouvait parler de François, quand ce ne serait qu'à propos de la *sonate pathétique* ou du quatuor.

Elle prévint sa mère.

— Va, mon enfant, dit madame La Guillaumie; mais porte donc une galette à Berthe : ce sera peut-être tout ce qu'ils auront pour dîner. Pauvres gens ! si on pouvait leur venir en aide adroitement, d'une façon détournée ! Les boulangers ne veulent plus leur faire crédit.

— Comment madame Halbout ne paye-t-elle pas pour eux ? C'est infâme, cela; son père, sa sœur.

— Madame Halbout sait que son père ne s'abaissera jamais à lui demander une rente alimentaire devant les tribunaux, et elle profite de cette fierté.

C'était tout près de la pension que demeurait Berthe, dans un vieux moulin abandonné depuis longtemps, tombant en ruines, et qui appartenait à Halbout. Quand la première tréfilerie s'était fondée à Hannebault, on avait acheté très cher au père Halbout la chute qui faisait mouvoir ce moulin, afin de l'employer à donner de la force motrice à l'usine bâtie en face, dans la prairie, et de l'autre côté de la rivière. Lorsqu'il n'avait plus fait de blé farine, comme disent les notaires, ce pauvre vieux moulin, dont le tic-tac battait depuis cent cinquante ou deux cents ans, ne s'était pas trouvé bon à grand'chose, et le père Halbout s'en était servi pour engranger le foin et les pommes que produisait la cour qui l'entourait. Pendant de longues années il avait servi à cet usage ; puis quand Halbout fils avait épousé mademoiselle d'Escoran l'aînée, se croyant obligé de faire montre de générosité, envers son beau-père et sa belle-sœur, il les avait logés dans son moulin, mais à la condition qu'ils se contenteraient du vieux bâtiment dans l'état où il était, sans avoir aucun droit sur le foin, les pommes et le bois des haies qu'il se réservait bien entendu, comme il convient à un propriétaire ; il voulait bien être bon pour les parents de sa femme, mais non bête.

C'était donc dans ce moulin, que les rats eux-mêmes avaient abandonné, que M. d'Escoran et Berthe s'étaient tant bien que mal installés, en réalité mal, aussi mal que possible, avec leur pauvre vieux mobilier que des restes de splendeurs passées rendaient plus misérable encore, dans ces vastes pièces délabrées où il dansait. Assurément la situation était pittoresque, au-dessus de la rivière qui, d'un côté, battait les murs de ses eaux rapides, tandis que de l'autre, les portes s'ouvraient sur une cour plantée de gros pommiers dont la large tête retombait jusque dans l'herbe. Mais combien peu habitable était la maison elle-même, avec son toit de chaume mal entretenu, ses fenêtres disjointes, aux vitres en verre cul-de-bouteille, ses dalles de pierre qui, cassées ou usées, faisaient à chaque pas des trous dans le carrelage raboteux, ses poutres vermoulues, ses murailles crevassées.

— Il faudra pourtant que je fasse boucher ces crevasses, disait le gendre à son beau-père; quand j'aurai les maçons je vous les enverrai.

Mais jamais il n'avait les maçons, ou quand ils travaillaient à son compte, c'était chez lui, dans ses étables, dans ses écuries.

— Il faut avoir soin des bêtes, n'est-ce pas? elles nous rendent l'argent qu'on dépense pour elles.

Tandis que son beau-père et sa belle-sœur ne lui auraient pas rendu l'argent qu'il aurait dépensé pour leur être agréable. D'ailleurs sa belle-sœur ne se conduisait pas avec lui de façon à ce qu'il eût l'idée de faire quelque chose pour elle. Toujours fière, ayant même l'air de se moquer de lui. Avec cela ne demandant jamais rien. Et, justement, il aimait qu'on lui demandât. C'est à ceux qui n'ont pas, de demander à ceux qui ont; s'ils ne demandent pas, c'est qu'ils n'ont

besoin de rien ; et l'on serait vraiment trop bête de
s'occuper d'eux. Était-il possible qu'il y eût si peu
de ressemblance entre les deux sœurs, sa femme et
Berthe ? Berthe si raide, si peu affable, si peu affectueuse avec lui ; et sa femme si gentille, si aimable,
qui ne pensait qu'à lui faire plaisir, le caressant, le
conseillant, le mettant sur la piste de toutes les
bonnes occasions où il y avait gros à gagner. Ah !
quel nez il avait eu de l'épouser, malgré les critiques
ou les railleries de ses amis ! Avec elle c'était la
chance qui était entrée dans sa maison ; car enfin, il
n'y avait pas à plaider contre l'évidence, depuis qu'il
était marié, il avait une chance de... pendu.

Autrefois, le chemin qui menait au moulin était
le plus mauvais à dix lieues à la ronde ; l'ancien
maire, M. Maridor, n'ayant jamais voulu rien faire
pour le père Halbout qui, un jour, dans une discussion au conseil municipal, lui avait mis le poing sur
le nez ; mais depuis que Halbout fils était maire à son
tour, il avait naturellement mis son chemin en bon
état de viabilité.

— Je ne veux pas qu'on m'accuse d'être la cause
de la mort de mon beau-père, avait-il dit en riant
pour justifier cette dépense.

Quand Marianne arriva au moulin par ce chemin,
maintenant bien empierré, elle aperçut Berthe assise
devant la porte de la maison, sous un auvent qui
servait autrefois à abriter les sacs de farine, avant
qu'on les chargeât sur le dos des chevaux.

— J'allais justement aller chez toi, dit Berthe en
venant au-devant d'elle.

— Alors j'ai bien fait de venir la première.
— Pas précisément.

Marianne la regarda toute surprise.

— Est-ce que je dérange ton père ? demanda-t-elle.
— Mon père est sorti.
— Ah !
— Et j'attends quelqu'un.

Cette fois la surprise fut si vive chez Marianne qu'elle lui coupa la parole; elle ne put que regarder Berthe qui souriait; ce qui la rassura.

— Tu m'as fait peur.
— Devine qui j'attends, demanda Berthe.
— Comment veux-tu...
— Un jeune homme.
— Tu plaisantes.
— Pas du tout; un jeune homme qui te fait la cour.

Marianne pâlit.

— Lui ! murmura-t-elle.

Mais ce mot fut dit si bas que Berthe ne l'entendit pas, et cela permit à Marianne de se remettre un peu. Si elle était venue pour parler de François, ce n'était pas sur ce ton et dans ces conditions.

— Comme te voilà troublée ! dit Berthe cessant de rire. Tu as donc deviné de qui il est question ? S'il t'inspire un pareil intérêt, je te promets de ne pas te le prendre, car il me fait la cour à moi aussi. Si tu es divine pour lui, je ne suis pas moins divine que toi.

— M. Toussaint ! s'écria Marianne avec un éclat de rire qui était en même temps un cri de soulagement.

— Et qui donc voulais-tu que ce fût? demanda Berthe en l'examinant.

— Je ne savais pas.

— Enfin, c'est M. Toussaint, le beau Toussaint lui-même. Hier, chez toi, il m'a demandé un rendez-vous pour m'entretenir en tête-à-tête. Alors je lui ai dit de venir ici où je serais seule de deux à cinq heures.

— Oh ! Berthe ! s'écria Marianne stupéfaite.

— Rassure-toi, une fille de vingt-quatre ans sait ce qu'elle fait, et si tes vingt et un ans tremblent à cette idée d'un rendez-vous ainsi donné, tu n'as qu'à me regarder pour te rassurer : tu vois que je suis calme. Il y a longtemps que M. Toussaint me poursuit de ses œillades, de ses serrements de main, de ses pressions de pied : je veux voir ce qu'il a dans la tête et dans le cœur, si toutefois il y a quelque chose. Il est bientôt deux heures, il va arriver, laisse-moi avec lui ; je te promets d'aller chez toi aussitôt qu'il sera parti et de tout te dire — cela et autre chose de plus grave encore... peut-être.

— Quoi donc?

— Rentre et attends-moi ; je ne peux rien te dire avant d'avoir vu Toussaint.

XII

Berthe avait conduit Marianne jusqu'à la barrière d'entrée; en y arrivant, elles aperçurent Toussaint qui venait, marchant en se dandinant au milieu du chemin.

— Tu vois si je te trompais, dit Berthe. Est-il beau? C'est en mon honneur.

En effet, Toussaint, toujours très soigné dans sa toilette, était plus élégant, plus coquet encore qu'à l'ordinaire. Le vieux chemin ombreux était éclairé par l'azur de sa cravate et la blancheur de son gilet; de sa main gantée, il tenait une petite canne à pomme brillante, et sur sa tête, légèrement incliné du côté gauche, était posé un petit chapeau marin en paille anglaise.

Comme il marchait la tête penchée en avant, et que d'ailleurs il s'était rendu myope depuis longtemps en se campant, dès son âge le plus tendre, des monocles de toute forme et de tout numéro, tantôt sur un œil, tantôt sur l'autre, il n'avait pas vu les deux jeunes filles qui le regardaient venir. Mais tout à coup, relevant la tête, il les aperçut confusément, et ayant braqué son carreau sur elles, il les reconnut. Alors, tournant brusquement sur ses talons, il rebroussa chemin.

— Crois-tu qu'il est adroit? dit Berthe. Tu peux courir, tu ne le rattraperas pas. Ce ne sera que quand tu seras rentrée chez toi qu'il reviendra.

Berthe ne se trompait pas, ce fut seulement quand Toussaint n'eut plus à craindre de croiser Marianne dans le chemin du moulin qu'il revint sur ses pas.

Berthe avait repris sa place sous l'auvent, devant la porte de la maison; elle le laissa venir jusqu'à elle sans lever la tête, ce fut seulement quand il fut à quelques pas qu'elle parut l'apercevoir.

— Tiens! vous voilà, dit-elle, en vous voyant vous sauver tout à l'heure, j'avais cru que vous renonciez à venir.

— Je ne me suis pas sauvé.

— Alors pourquoi êtes-vous si vivement retourné sur vos pas quand vous avez aperçu Marianne?

— Mais pour vous.

— Ou pour elle?

— Pour qu'elle ne puisse pas supposer que je venais chez vous.

— C'est bien ce que je dis.

— Pour ne pas vous compromettre.

— C'est-à-dire pour ne pas vous compromettre vous-même.

— Pouvez-vous penser cela! Est-ce que je me suis jamais occupé de mademoiselle La Guillaumie? Vous savez bien que je n'aime que vous.

— Je sais que nous sommes divines toutes les deux.

— Ne soyez donc pas jalouse.

Toussaint prit un air fin qui disait qu'il savait à quoi s'en tenir là-dessus.

Mais ce n'était pas pour montrer sa finesse qu'il était entré dans la cour, il lançait çà et là des regards inquiets.

— N'entrons-nous pas dans la maison ? dit-il tout à coup.

— Et pourquoi?

— Mais...

— Vous m'avez dit que vous aviez besoin de me voir seule; nous sommes seuls ; mon père ne rentrera pas avant cinq heures. Je vous écoute.

— Mais les passants ?

— Qu'importe?

— On pourrait croire...

— On croirait que vous êtes venu pour voir mon père et que, ne l'ayant pas trouvé, vous vous entretenez un moment avec moi.

A ce mot Toussaint laissa tomber son lorgnon.

— Quel toupet! se dit-il.

Et cela le ragaillardit à point, car l'accueil de Berthe l'avait un peu décontenancé. Il arrivait la tête haute, le nez au vent, les épaules effacées, en vainqueur, dans une tenue qui devait en imposer, semblait-il, et voilà que cette fille, cette belle fille (car enfin c'était une belle fille) le prenait de haut avec lui, elle qui n'avait pour toilette qu'une vieille robe de sa sœur, tant bien que mal arrangée à sa taille.

Mais le toupet rachetait le trop de fierté; il aimait ça, les femmes à toupet, et celle-là paraissait en avoir un fameux. Comme ça, en plein air, aux yeux de tous, c'était crâne; il saurait bien l'amener à rentrer dans la maison, quand le moment en serait venu. Il n'y avait qu'à préparer ce moment.

Et aussitôt il commença cette préparation. Certainement il aurait préféré que la chose se présentât dans d'autres conditions, parce que avec les femmes il savait par expérience qu'il vaut mieux agir que parler; mais puisque celle-là voulait qu'il parlât, il parlerait, cela n'était pas pour l'embarrasser.

— Enfin, je puis donc vous dire que je vous aime, non plus seulement à mots couverts, mais hautement, librement !

Elle ne broncha pas.

S'il avait été dans la maison, portes closes, il aurait accompagné ces deux mots : « Je vous aime » d'une pantomime expressive; mais dans cette cour, alors qu'on pouvait, du chemin ou à travers la haie, les regarder, les épier, il ne pouvait ni lui prendre la main, ni lui passer le bras autour de la taille, ni même se jeter à ses genoux; c'était très gênant, vraiment. Si encore elle l'avait aidé; mais pas du tout, elle restait impassible, l'écoutant, le regardant.

Il répéta :

— Je vous aime, je vous aime.

Mais encore une fois il s'arrêta, car par extraordinaire cela n'allait pas du tout; cependant il fallait continuer, et il continua :

— L'existence que vous menez ici n'est pas digne

de vous. Vous devez vous ennuyer joliment, hein ?

— Mais oui.

Cela le fouetta :

— Eh bien, alors, s'écria-t-il, vous êtes décidée à ne pas continuer à vous ennuyer plus longtemps.

— Mais oui.

Cette fois il fut enthousiasmé.

— Eh bien, si vous voulez, nous pouvons partir demain. Nous irons où vous voudrez, à Paris, à Londres. Je viens de faire justement une bonne affaire qui nous permettra de passer ensemble un joli petit mois.

— Et puis après?

— Comment après ? Après nous reviendrons. Vous trouverez bien n'importe quoi pour expliquer votre voyage aux gens d'ici.

Comme elle continuait à rester impassible, il crut à propos de développer les agréments qu'ils goûteraient pendant ce joli petit mois.

— Vous verrez que nous nous amuserons. A Paris nous aurons les courses d'automne; à Londres, toutes sortes de plaisirs chics.

— Alors c'est tout ce que vous trouvez à proposer à la femme que vous aimez ? dit-elle.

— Je n'ai rien à vous proposer, ce sera vous qui déciderez; je vous ai dit que nous irions où il vous plairait. Est-ce que je pourrais refuser quelque chose à une femme que j'aime comme je vous aime ? Si je vous le dis mal ici, c'est parce qu'on peut nous observer, et que cela me gêne; parce que je n'ai pas la liberté que j'aurais dans la maison

Il regarda autour de lui, et ne voyant personne, il voulut prendre Berthe par la main pour la faire entrer dans la maison ; mais elle se dégagea :

— Vous ne le diriez pas mieux dans la maison, vous le dites si bien ici ! Seulement vous ne dites pas tout.

— Qu'est-ce donc que j'ai oublié ?

— Vous me croyez une honnête fille, n'est-ce pas ?

— Pardi, puisque je vous aime.

— Eh bien, quand on aime une honnête fille et qu'on veut passer un joli petit mois avec elle à Londres, il y a avant le départ une formalité à remplir.

— Laquelle donc ?

— Celle qui s'accomplit à la mairie.

— Crénom ! Nous marier ? mais vous n'avez pas le sou, ni moi non plus. Il nous faut à tous les deux un mariage riche. Et certainement vous pouvez être assurée que, par mes relations, je ne négligerai rien pour vous en faire faire un digne de votre beauté, de votre intelligence. Si j'avais une belle fortune, je serais votre affaire ; mais je ne l'ai pas, cette fortune, vous le savez bien.

— Puisque vous m'aimez ?

— Certainement je vous aime, et beaucoup, je vous assure, j'en perds la tête. Comment n'aurais-je pas aimé une belle fille comme vous, car vous êtes superbe, vous savez, ma parole d'honneur, et quand on est faite comme vous, avec ces yeux, ces épaules, ce corsage, on sème l'amour sur ses pas, ça c'est obligé ; mais il faut bien voir les choses telles qu'elles sont : pas le sou, ni vous ni moi.

— Alors, comme je n'ai pas le sou, dit-elle en l'interrompant, je ne suis bonne qu'à passer un joli petit mois avec vous, et au bout de ce mois vous me ramènerez ici, où nous serons libres l'un et l'autre de chercher un mariage riche que ce joli petit mois m'aura singulièrement rendu facile, n'est-ce pas ?

— Qu'est-ce qui saurait comment vous auriez passé ce mois? Croyez-vous que je m'en vanterais? Vous savez, je suis un gentleman.

— Eh bien, vous, vous ne savez pas que je suis une honnête fille? dit-elle en se levant. Parce que j'habite dans un moulin, parce que je n'ai pas le sou, comme vous dites si élégamment, vous avez jugé qu'il n'y avait pas à se mettre en peine avec moi. « Vous devez vous ennuyer joliment, hein? » Alors, quand on s'ennuie, on accepte tout, n'est-ce pas? Eh bien, vous vous êtes trompé. Une autre fois, pensez que la pauvreté n'abaisse pas toujours la fierté et que souvent elle ne la rend que plus susceptible. Vous seriez venu à moi avec des paroles d'amour aux lèvres, mais rien que d'amour, je ne sais pas ce que j'aurais fait, car il est doux de se voir aimée quand on est malheureuse. Vous m'offrez un mois d'amusement à Paris ou à Londres, je me fâche.

Et sans un mot de plus, passant devant lui, tandis qu'il restait stupéfait, elle entra dans la maison dont elle referma la porte vivement.

Remis de sa surprise, il fit quelques pas pour la rejoindre, mais il s'arrêta devant la porte fermée. Frapper? A quoi bon? elle ne lui ouvrirait pas et se ficherait de lui.

— Quel toupet !

Et, abandonnant la partie, il reprit le chemin de la ville. Un verre de bière le calmerait, et au *Café du Progrès* il trouverait une jolie fille, la belle Apolline, qui, elle, ne faisait pas sa tête.

XIII

Quand Berthe eut vu Toussaint disparaître, elle ouvrit sa porte et se rendit chez Marianne, qui l'attendait avec une curiosité impatiente et aussi avec inquiétude.

Bien qu'il y eût entre elles une différence de trois ans d'âge, elles étaient camarades d'enfance, ayant grandi ensemble, et elles s'aimaient comme deux sœurs, avec cela de caractéristique que c'était toujours Berthe qui était la maîtresse, et que tout ce qu'elle disait, tout ce qu'elle faisait était accueilli avec admiration par Marianne. Et pourtant leurs deux natures étaient absolument opposées, mais les contrastes n'empêchent pas plus l'amitié que l'amour, et ce qu'on ne ferait jamais soi-même, on le trouve admirable quand c'est celui qu'on aime qui le fait ou qui le dit.

Mais si bien disposée que fût Marianne à applaudir tout ce qui venait de Berthe, elle n'avait pas pu ne pas trembler à l'idée de ce rendez-vous donné à Toussaint. Que se serait-il passé? Toussaint pouvait-il aimer Berthe? Berthe pouvait-elle accepter de devenir la femme de Toussaint? Quelle vie misérable et malheureuse pour elle si ce mariage s'accomplissait!

Et puis quelle chose beaucoup plus grave encore pouvait-elle avoir à lui dire?

Pour l'attendre, elle s'était installée sous la tonnelle, devant la maison, ne quittant pas des yeux la porte d'entrée. Quand elle vit Berthe paraître, elle courut au-devant d'elle.

— Eh bien? s'écria-t-elle.

— Il sort de la maison.

— Alors?...

— Il m'a proposé d'aller passer un joli petit mois avec lui à Paris ou à Londres.

— Ah!

— Et après notre retour, il emploierait ses relations à me faire faire un beau mariage.

Cette fois Marianne fut tellement stupéfaite qu'elle ne trouva rien à dire; mais prenant le bras de Berthe et le passant sous le sien, elle le serra affectueusement.

— Sois tranquille, je n'ai pas bronché, bien que le coup ait été rude.

— Une si mortelle injure!

— Dans cette proposition il n'y a pas eu qu'une injure à ma fierté, il y a eu aussi une blessure pour mon cœur.

— A ton cœur! lui, M. Toussaint!

— Tout ce que tu pourrais dire, je le sais mieux que toi, je me le suis dit. Mais je ne le vois pas comme tu le vois toi-même. Tu es plus jeune que tes vingt et un ans et moi je suis plus vieille que mes vingt-quatre. Crois-tu que je ne sois pas ennuyée de ne pas me marier, et qu'en voyant les années s'accumuler les unes par-dessus les autres sans qu'un mari se présente j'aie aujourd'hui les ambitions et les exigences que j'avais plus jeune? Quand je dis qu'il ne s'en présente pas, cela n'est pas rigoureusement vrai, car ma sœur, qui prétend que je ne dois pas me désoler, parce qu'elle me trouvera un jour un vieux militaire, vient de m'offrir un capitaine retraité, douze campagnes, cinq blessures...

— ... La croix, la médaille militaire et soixante ans d'âge, interrompit Marianne en souriant, position des plus honorables. Je le connais, on me l'a proposé; il est très offert.

— Et personne n'en veut. Tu vois donc que je n'étais pas folle de penser à Toussaint comme un mari possible, alors qu'il s'occupait tant de moi. Ma sœur a bien fait quelque chose d'Halbout. Que n'aurais-je pas fait de Toussaint? Il a l'usage du monde; il sait se tenir, marcher, se présenter; il est décoré; c'est un monsieur. Quand il était soldat, il a eu des camarades qui sont devenus de grands personnages. Évidemment, ce n'était pas le mari de mes rêves, et je ne te dis pas que je pensais à lui avec délire; si je lui reconnais des qualités, je t'assure que je n'étais pas aveugle pour ses ridicules. Mais à vingt-quatre ans on est à bout; on commence à douter de soi et des autres; la peur de l'avenir vous rend lâche; ce qui était misérable devient un à-peu-près auquel on se résigne par peur du pire. Il y a le vertige des vieilles filles qui sentent que tout va leur manquer quand elles n'auront plus la jeunesse; et je l'éprouve cet affolement. Que veux-tu que je devienne ici? Qu'ai-je à espérer? Je t'assure que je suis gênée de moi dans ce pays où tout le monde connaît mon âge, et où on me le jette à la tête toutes les fois qu'on en trouve l'occasion, ce qui m'accable plus encore peut-être que la honte de notre misère. Les plus laides, les plus bêtes de mes anciennes camarades sont toutes mariées, et moi je reste là comme un rebut. Comprends-tu ce qu'il y a de colère, de rage, de rancune, d'envie, de désespoirs, de révoltes accumulées en moi? Ne me reproche donc pas d'avoir accepté Toussaint.

— Je ne te reproche rien.

C'était en se promenant sous les pommiers qu'elles s'entretenaient ainsi, allant de la rue à la maison et de la maison à la rue.

— Je t'ai dit, reprit Berthe, que j'aurais encore quelque chose de plus grave peut-être à t'annoncer. Ce quelque chose dépendait de mon entrevue avec Toussaint. J'. était ma dernière carte. Je l'ai jouée : j'ai perdu. Je vais partir pour Paris.

Marianne la regarda sans comprendre.

Berthe eut une émotion dans la voix :

— Nous allons nous dire adieu pour ne nous revoir jamais peut-être.

— Ton père?

— Mon père reste ici.

— Tu me fais peur.

— Tu sens que ma vie est impossible. Il faut

qu'elle change. Comment changerait-elle ici? Que puis-je faire? Je n'ai pas de métier. En est-il pour une fille dans ma condition, d'ailleurs? Il y a longtemps que j'aurais travaillé pour mon père, si je l'avais pu. Ouvrière! me vois-tu ouvrière? A Paris j'ai le théâtre. L'Opéra, si la chance se décide à me sourire; les Folies-Dramatiques, si elle ne m'est qu'à moitié favorable. C'est pour cela qu'hier, dans notre concert, j'ai chanté l'air du *Freyschütz* et celui de la *Femme à papa*; le grand art et la farce. J'ai le regret de m'avouer que j'ai plus réussi dans la farce que dans le grand art.

— Pense à ceux pour qui tu chantais hier.

— Je sais; mais peux-tu m'affirmer, toi, que j'ai la voix et le talent qu'il faut pour réussir à l'Opéra?

— C'est pour cela que le théâtre me paraît si effrayant. Certainement, tu as beaucoup de talent, tu as une voix superbe; mais on dit qu'il faut tant de choses pour réussir, sans parler de la chance. Pourquoi n'essayerais-tu pas de donner des leçons de chant à Paris?

— Ah! tu t'imagines que je me jette dans cette aventure pour gagner cinq cents francs par mois? C'est cinq cents francs par jour qu'il me faut. J'ai la faim d'un affamé. C'est un nouveau billet de loterie que je prends à la loterie parisienne cette fois. Je le paierai peut-être de ma vie, mais puisque l'enjeu est gros, il faut que le lot à gagner soit gros aussi. J'en ai assez de la misère; elle m'a si bien mordue, que j'en suis devenue enragée. Il me faut la fortune, et ce n'est pas en suivant les chemins où tout le monde passe que je la rencontrerai. C'est en me jetant dans l'extravagant. l'impossible. Je ne choisis pas ma voie, et si prudente, si sage que tu sois, tu dois reconnaître qu'il n'y en a pas d'autre pour moi que celle du théâtre. Dans deux ans, dans un an, il serait peut-être trop tard; aujourd'hui, il en est temps encore, j'espère, mais il n'est que juste temps. Ce n'est pas assez de la voix et du talent pour réussir, il faut la jeunesse. Il y a cela de bizarre dans ma situation que, restant ici, je suis une vieille fille ridicule; tandis qu'à Paris, au contraire, je suis encore une jeune fille. Il ne faut donc pas que je laisse ma jeunesse se perdre; je n'ai que trop attendu.

— Tout ce que tu me diras ne m'enlèvera pas mon angoisse en te voyant prendre cette résolution terrible, car si ignorante que je sois de la vie de théâtre, j'en sais assez pour comprendre à quels dangers tu vas être exposée. Que feras-tu s'ils se présentent?

— Eh bien, tant pis s'ils se présentent. Quels scrupules veux-tu que j'aie? Pour qui veux-tu que je me garde?

— Pour toi.

— Une existence comme celle que j'ai menée ne vous hausse ni le cœur ni le caractère. Qui m'aime?

— Ton père.

— Ah! le pauvre homme, n'a-t-il pas été encore plus rudement aplati? La misère, va, est une mauvaise conseillère. Voilà pourquoi je te disais tout à l'heure que nous ne nous reverrions peut-être jamais.

Sa voix trembla et les larmes montèrent aux yeux de Marianne.

— Ne saurai-je donc pas ce que tu deviens? s'écria-t-elle.

— Cela oui, au moins présentement. Je vais chez un cousin de mon père qui n'est guère plus riche que nous, car il est simple employé dans une agence de titres de noblesse de la rue de la Victoire, dirigée par un aventurier, — le baron Postole de la Pacaudière. Le nom dit tout. Ce cousin veut bien me donner l'hospitalité en attendant.

— Mais tu reviendras?

— Et quand même. Pourrons-nous nous voir? Je te laisse avec ta mère dans une vie relativement heureuse, et à coup sûr honnête, calme et tranquille. Bientôt tu te marieras, car, si je ne me trompe pas, et je ne me trompe pas, il y a quelqu'un, un beau et brave garçon, intelligent, bon, avec un avenir superbe, qui t'aime et qui te le dira bientôt.

L'émotion de Marianne fut plus forte que sa volonté.

— François! s'écria-t-elle, il me l'a dit.

Et elle se jeta dans les bras de son amie.

— Au moins, dit Berthe en l'embrassant, j'ai la joie de te laisser heureuse.

XIV

Comme elles s'entretenaient ainsi, madame La Guillaumie passa dans l'allée du milieu, et sans les interrompre, de la main leur envoya un affectueux bonjour.

— Tu sors ? demanda Marianne.
— Oui.
— Veux-tu que j'aille avec toi ?
— Non, ce n'est pas la peine, merci.

Elle allait chez les entrepreneurs que son mari avait convoqués le matin, et elle désirait ne pas avoir sa fille avec elle dans la négociation qu'elle voulait entreprendre. En effet, il s'agissait de prier ces entrepreneurs de dresser un devis exact des travaux qu'on leur demandait, et, à ce propos, il y avait certaines considérations à présenter qu'il valait mieux que Marianne n'entendît point. Elle n'était déjà que trop disposée à s'inquiéter.

A la demande d'un devis exact, les entrepreneurs répondirent tous unanimement par les mêmes protestations.

— Au plus juste prix, madame La Guillaumie,

soyez tranquille, à un sou près vous connaîtrez votre affaire ; avant de commencer on veut savoir à quoi l'on s'engage, c'est bien légitime.

— S'il y avait hésitation, portez, je vous en prie, plutôt plus que moins.

Si elle avait osé, elle aurait demandé qu'on portât toujours le chiffre au plus haut, même au delà du probable, car c'était sur la grosseur de ces différents chiffres réunis en total qu'elle comptait pour effrayer son mari.

Quand il verrait à quelle dépense son projet de construction devait les entraîner, il serait effrayé et reculerait. Si la tête était légère, le cœur était solide et bon. En somme, c'était leur bonheur qu'il voulait et non pas leur tourment. Bien qu'il fût difficile de l'arrêter lorsqu'il s'était emballé sur une idée, elle ne pouvait pas croire qu'il persisterait dans son projet, lorsqu'il verrait des chiffres sérieux. Il avait calculé sur les siens, la réalité l'éclaircirait.

Et elle entassait toutes les raisons qui lui venaient à l'esprit pour se convaincre qu'il ne ferait pas cette folie de construire des classes dont elle s'était bien passée jusqu'à présent et dont elle n'avait vraiment pas besoin. Quand il s'était jeté dans des fantaisies de ce genre, et cela était arrivé, hélas ! plus d'une fois depuis leur mariage, — il était jeune, l'âge l'avait emporté; mais maintenant !...

C'était par amour qu'elle s'était mariée, et, bien que depuis ce temps elle eût eu une existence terriblement agitée, rien n'avait pu effacer de son cœur le souvenir des premiers mois de son mariage, et, malgré tout, elle voyait toujours dans son mari celui qu'elle avait si tendrement aimé. Si la vie avait été dure pour elle, c'était la faute du hasard, de la fatalité, non celle du mari.

Pouvait-elle lui en vouloir de ce qu'il cherchait à améliorer leur situation ? Ce n'était pas pour lui qu'il prenait tout ce tracas, c'était pour elles, dans leur intérêt.

Quand elle rentra à la pension, après avoir vu tous les entrepreneurs, elle trouva Marianne et Berthe se promenant encore sous les pommiers, car la confidence était longue, Marianne ne se lassant pas de toujours répéter le même mot :

— Oui, ma chère, il m'aime, et si tu savais comme il le dit bien.

Et puis elles avaient eu une affaire à arranger, qui était le départ de Berthe. Malgré sa joie de parler de François, Marianne s'était inquiétée de savoir comment Berthe ferait son voyage, c'est-à-dire avec quoi. Et comme Berthe avait été obligée d'avouer qu'elle devrait s'adresser à sa sœur, qui peut-être la refuserait, Marianne lui avait fait accepter l'argent de ce voyage, ou plutôt de quoi se procurer cet argent. Ses élèves lui avaient fait des petits cadeaux, des bagues, des bracelets, des médaillons, des boutons, tout cela bien entendu de peu de valeur, mais qui, réuni, pouvait produire encore une certaine somme. Il n'y avait qu'à vendre ces objets à un orfèvre de Condé. Ce n'était pas une privation pour elle de s'en séparer ; désormais elle ne porterait plus d'autres bijoux que ceux que son mari lui offrirait, et s'il ne pouvait pas lui en donner, elle aurait la fierté de n'en pas porter du tout.

Ce fut seulement quand Berthe fut partie que madame La Guillaumie expliqua à sa fille ce qu'elle avait été faire dans la ville et quelles raisons elle avait de se rassurer.

— Certainement, quand ton père verra demain les devis des entrepreneurs, il ne persistera pas dans son idée.

Mais Marianne, moins confiante que sa mère et qui retenait d'ailleurs les leçons de l'expérience, n'accepta point cette certitude avec cette tranquillité.

— Il me semble, dit-elle, que tu ne devrais pas t'en tenir à cela et que le mieux serait de t'expliquer franchement ; si mon père croit que ces classes te sont utiles, si tu ne lui fais pas comprendre que tu n'en as aucun besoin, il n'abandonnera peut-être pas son projet ; en tout cas, il sera en droit de nous dire : « Il fallait m'avertir. » Nous serions en faute de ne l'avoir pas fait.

Cela était trop raisonnable pour que madame La Guillaumie pût rien répondre. Si tout d'abord elle n'avait pas pris cette résolution de s'expliquer franchement avec son mari, c'était par faiblesse, par lâcheté, et aussi par tendresse, pour ne pas lui faire de l'opposition, pour ne pas le contrarier. Mais l'affaire était trop grave pour se laisser arrêter par de pareilles considérations, et puisqu'elle devait parler, elle parlerait.

— Ce soir, dit Marianne en insistant.

— Ce soir, je te le promets.

— Tu comprends qu'une fois engagé avec les entrepreneurs, il serait bien difficile de le faire revenir sur des engagements pris.

Cette promesse donnée rendit madame La Guillaumie songeuse pendant le dîner et la soirée. C'était pour elle une si grosse affaire de tenir tête à son mari ! Mais il le fallait, évidemment il le fallait.

Les deux pièces que madame La Guillaumie et Marianne occupaient dans la maison étant toutes petites, on avait installé La Guillaumie et Glorient dans des chambres d'élèves, — ce qui avait fait beaucoup rire celui-ci.

— C'est de mon âge, disait-il.

Quand tout le monde fut rentré chez soi, madame La Guillaumie alla trouver son mari et tout de suite elle aborda la discussion.

— Tu m'avais parlé d'un projet de construire des classes, mais je ne pensais pas que cela fût sérieux.

— Quand j'ai un projet, il est toujours sérieux.

— Je veux dire que je ne pensais pas que tu voulusses le réaliser immédiatement : tu as fait venir les entrepreneurs ce matin ?

— Et ils m'apporteront les devis demain.

— J'aurais voulu te parler de cela tout de suite, mais j'en ai été empêchée par la présence de M. Glorient ; il n'était ni à propos ni convenable de le mêler à une discussion d'affaire.

— Une discussion ? interrompit La Guillaumie, que ce mot blessait.

— Je veux dire qu'il n'était pas convenable de l'ennuyer des observations que j'avais à te présenter. Nous n'avons vraiment pas besoin de ces classes.

— Ce n'est pas mon avis ; j'ai réfléchi à cela, et je sais mieux que toi ce dont la pension a besoin.

— Quand même nous en aurions besoin, nous devrions nous en passer, au moins cette année, car nous n'aurions pas le moyen de payer cette construction.

— Ça, c'est mon affaire.

— Mais l'argent, où le trouver? Je n'ai pas un sou d'économie.

— Je ferai les fonds.

Elle le regarda, stupéfaite.

— J'ai en ce moment une grosse affaire qui est arrangée, conclue et à laquelle ne manquent plus que les signatures : la fondation d'un journal dont je serai le rédacteur en chef. Je ne voulais t'en parler que lorsque tout serait en règle ; mais puisque tu m'obliges à avancer cette surprise que je voulais te faire, tu vois que tu n'as pas à t'inquiéter du paiement de ces constructions. Je prendrai des arrangements avec les entrepreneurs et tu auras tes classes sans autre peine qu'un merci, si tu trouves que j'en mérite un.

Madame La Guillaumie n'avait jamais su résister aux entraînements de son mari ; sage et prudente lorsqu'elle était seule, elle oubliait sagesse et prudence lorsqu'il parlait ; cependant elle voulut se défendre.

— On pourrait attendre à l'année prochaine, dit-elle, tu peux avoir des difficultés d'argent aux débuts de ton journal, et il vaudrait mieux ne pas ajouter les nôtres aux tiennes.

— Vas-tu m'accuser de manquer de prudence maintenant ?

— Non, mais...

— Cela serait vraiment trop fort au moment même où j'apporte une prudence extrême et un esprit de prévision qui va aussi loin que possible à ce que j'entreprends.

— Je ne t'accuse pas.

— Si j'étais un aventureux, que ferais-je ? Sûr du succès de mon journal qui sera une affaire superbe, je m'en tiendrais à ce succès qui sera assez beau pour nous donner à tous trois la fortune. Eh bien, pas du tout, je ne m'en tiens pas à cela, et, poussant la précaution à l'extrême, je profite d'une bonne occasion pour améliorer ta pension. Si, par extraordinaire, le journal périssait, car enfin tout est possible, l'amélioration resterait. Est-ce là de l'imprudence ?

Que dire à cela ?

XV

Ce n'était pas seulement de l'avenir de sa femme et de sa fille que La Guillaumie s'occupait, c'était aussi de celui de ses amis.

Ce brave Badoulleau, n'était-ce pas triste de le voir languir à Hannebault, aux prises avec la misère ? Que ferait-il jamais du *Narrateur ?* C'était un boulet qu'il traînerait éternellement. Il méritait mieux que ça ; intelligent, honnête, bon enfant, dévoué à ses amis. C'était la chance qui lui avait manqué jusqu'à ce jour, rien que la chance. Mais à l'attendre dans *ses bureaux*, il était certain qu'elle ne viendrait jamais le prendre par la main pour le mener à la fortune. Besoigneux il vivait, besoigneux il mourrait si quelqu'un n'avait pas pour lui l'esprit d'initiative qui n'était ni dans sa nature ni dans son caractère.

Et cette pauvre madame Badoulleau resterait-elle jusqu'à la fin de ses jours avec la même robe de chambre sans avoir le temps de s'habiller, courant de son petit Jacques à son petit Philippe, de sa petite Sophie à sa petite Rose?

Et ces gentils enfants que deviendraient-ils à Hannebault? ils ne pouvaient pas tous rédiger ou imprimer le *Narrateur*.

La Guillaumie avait souvent pensé à la famille Badoulleau comme il avait pensé à la sienne, avec sollicitude, avec inquiétude.

— Les pauvres gens ! se disait-il souvent, les pauvres gens !

De là à inventer des projets en leur faveur, il n'y avait qu'un pas pour lui.

— On ne laisse pas ses amis dans la misère, que diable! quand on peut les en tirer.

Et il était arrivé à Hannebault avec un moyen sûr de faire cesser cette misère, très heureux, très fier de leur montrer enfin ce qu'il pouvait pour ses amis.

A son grand regret, il n'avait pas pu tout de suite annoncer à Badoulleau ce qu'il avait arrangé pour lui. Pendant la soirée du concert, cela ne se pouvait pas, et le lendemain la visite au Champ-d'Oisel, en compagnie de Glorient, avait rendu impossible toute conversation avec Badoulleau.

Le samedi, La Guillaumie aurait pu laisser Glorient retourner tout seul au Champ-d'Oisel, car une fois qu'il était au travail, le vieux maître n'avait nullement besoin qu'on lui tînt compagnie; il se suffisait à lui-même, sans une minute d'ennui, peignant, chantant, sifflant, s'injuriant ou se complimentant, mais surtout adressant des éloges à son modèle avec des conseils de rester en repos, et des avertissements : « Ne bouge pas là-bas, je suis à toi tout à l'heure; » parlant à la nature comme si elle devait le comprendre, ce qui, à vrai dire, ne lui semblait nullement impossible. Puisqu'il entendait sa voix, pourquoi n'eût-elle pas entendu la sienne? Est-ce qu'un vieux bonhomme comme lui, calme et tranquille, était plus difficile à comprendre qu'un insaisissable brouillard du matin ou qu'un rayon de clair de lune?

Malheureusement pour l'impatience de La Guillaumie, Badoulleau n'était jamais libre le samedi, le seul jour où il sortît ses mains de ses poches du matin au soir; car, par un funeste guignon, il avait plus à travailler ce jour-là que pendant toute la semaine.

C'était le samedi que le *Narrateur* paraissait, et c'était le samedi aussi que se tenait le marché d'Hannebault. Que d'occupations pour Badoulleau, qui, n'ayant ni les mœurs ni les habitudes d'un agité, aimait à faire ce qu'il faisait posément et en prenant son temps!

A la vérité, le *Narrateur* était en pages dès le vendredi soir, et, le samedi, il ne restait à remplir que deux ou trois colonnes; mais encore fallait-il que Badoulleau les écrivît, ces deux ou trois colonnes. Il se réservait pour cela, tandis que le greffier de la justice de paix lui rédigeait son premier-Hannebault politique, et celui de la mairie les faits divers à sensation. Et c'était juste au moment où Badoulleau était en train de soigner une nouvelle à la main appropriée au genre d'esprit de ses abonnés, ou d'aiguiser un mot de la fin, qu'on venait le déranger pour lui demander un cahier de papier à lettres ou un eucologe.

Sans mauvaise humeur, il fallait qu'il se dérangeât et qu'il répondît sérieusement à toutes les bêtises qu'on lui débitait, car il avait un concurrent qui faisait un tort considérable à son commerce de papeterie et de librairie. Ce concurrent, qui avait la clientèle du monde dévot, indisposé par la ligne politique du *Narrateur*, était un personnage onctueux et grave, tandis que Badoulleau était naïvement bon enfant, et quand on est bon enfant, on doit l'être du matin au soir, avec tout le monde et malgré tout. Son concurrent, M. Sénéchal, avait le droit d'être hargneux. Badoulleau devait se montrer toujours souriant, ou bien il n'était plus Badoulleau et il trompait la confiance qu'on avait en lui. — Qu'avait donc M. Badoulleau aujourd'hui ? se demandait-on quand il n'avait ri que trois fois en cinq minutes. — C'était seulement par cette amabilité et cette bonne humeur qu'il pouvait lutter contre Sénéchal, qui vendait les images de sainteté les plus laides avec une conviction et une componction que lui, Badoulleau, n'avait pas le courage d'afficher quand les paysans lui demandaient de les guider dans leurs choix.

Deux ou trois jours à l'avance, Badoulleau parlait avec effroi de son samedi, et cependant ce jour d'ennui était souvent son sauveur; plus d'une fois il lui avait fallu attendre la recette de la matinée pour courir à la poste acheter les timbres avec lesquels on affranchissait le *Narrateur*, qui ne serait pas parti si la vente de la papeterie et de la librairie ne lui était pas venue en aide.

Ce fut le dimanche seulement que La Guillaumie

put aller chez Badoulleau, et encore lui fut-il impossible de sortir aussitôt qu'il aurait voulu ; ne fallait-il pas qu'avant tout il surveillât les ouvriers venus pour creuser les fouilles de ses classes et les mît en bon train?

Jouissant du repos du dimanche, Badoulleau était sur le seuil de sa porte, les mains dans ses poches ; en apercevant La Guillaumie, il vint au-devant de lui :

— Et le maître?

— Je l'ai laissé aller seul au Champ-d'Oisel, car j'ai à vous parler.

— A-t-il été content de la petite note du *Narrateur?*

— Enchanté. Il a dit que vous étiez bien gentil ; ce qui est la manière la plus chaude de montrer sa satisfaction ; il vous remerciera tantôt ; à moins que nous n'allions le rejoindre, il vous remercierait tout de suite et nous pourrions causer en route.

— Volontiers.

Ce fut seulement quand ils furent en pleine campagne, sans oreilles curieuses autour d'eux, que La Guillaumie s'expliqua.

— Mon cher ami, j'ai une nouvelle à vous annoncer qui, j'en suis sûr, va vous faire plaisir : je fonde, avec un capital sérieux, un grand journal, dont je serai le directeur politique et le rédacteur en chef.

Ce ne fut pas du plaisir que Badoulleau montra, ce fut de l'enthousiasme, et il serra avec effusion les mains de La Guillaumie.

— J'en ai assez du journalisme tel qu'il se pratique maintenant, continua La Guillaumie. Faire tous les matins un article centre gauche dans un journal du soir, et en faire un extrême gauche tous les soirs, dans un journal du matin, cela peut être intéressant une fois, car dans toute question il y a deux points de vue opposés, quand il n'y en a pas trois ou quatre, mais à la longue la fatigue vient, et il y a longtemps que pour moi elle est venue. Si, malgré tout, j'ai continué, démolissant le soir mon article du matin, et le matin répondant à mon article du soir, c'est que si je n'avais écrit que dans un journal je serais mort de faim depuis longtemps. Mais j'avais hâte d'en finir, et quand l'occasion que j'attendais depuis si longtemps s'est enfin présentée d'être maître chez moi, j'ai sauté dessus.

— Je comprends ça.

— Directeur et rédacteur en chef, je peux choisir mes collaborateurs, et naturellement j'ai pensé à vous.

— A moi ?

— Par amitié d'abord, parce que vous êtes un bon garçon pour qui j'éprouve une vive affection; par estime ensuite, par confiance, parce que je vous sais le plus honnête homme du monde et que j'ai besoin d'un honnête homme auprès de moi, car c'est l'administration de mon journal que je veux vous confier.

— Mais le *Narrateur* ?

— Vous le vendrez; où voulez-vous que le *Narrateur* vous conduise, mon pauvre ami ?

— Je me le demande.

— Tandis que ce que je vous offre, c'est la fortune, c'est Paris.

Badoulleau fut secoué au cœur : Paris, Paris ! Combien de fois, comparant sa triste existence aux beaux rêves ambitieux de sa jeunesse, s'était-il dit que c'était fini, qu'il mourrait à Hanzebault pauvre et oublié, tandis que d'anciens camarades qui ne valaient pas mieux que lui avaient eu la chance de gagner un nom et une fortune ! Et voilà qu'on lui montrait Paris, qu'on le lui mettait à portée de la main ; la vision vraiment était éblouissante.

— Quand je vous aurai expliqué ma combinaison, continua La Guillaumie, vous verrez que le succès est certain, et que si je n'ai pas encore toutes les signatures, ce n'est plus qu'une simple formalité et une affaire de jours.

— J'avoue, dit Badoulleau, que la tentation est forte.

— C'est la fortune simplement.

— Ne croyez pas que si je ne dis pas tout de suite que j'accepte, ce n'est pas que je ne sois point touché de votre proposition et de cette grande marque d'amitié que vous me donnez ; mais je ne suis plus seul, j'ai ma femme, et c'est une si grosse affaire que d'aller à Paris que je voudrais lui en parler.

— Ce n'est pas mon habitude de consulter les femmes. Ainsi, je vais faire construire des classes qui seront une source de fortune pour ma femme ; eh bien, je ne l'ai pas consultée ; puisque je suis sûr que c'est pour son bien, à quoi bon ?

XVI

Badoulleau était, avec sa femme, le bon enfant qu'il était avec tout le monde, ne ressemblant en rien à ces maris qui dépensent leur belle humeur au dehors, et gardent avec soin pour la maison leur mauvais caractère.

En rentrant de sa promenade au Champ-d'Oisel, il trouva madame Badoulleau en train d'achever d'habiller les enfants pour les envoyer à la messe ou, plus justement, à la fin de la messe, car jamais malgré le désir qu'elle en avait, elle n'avait pu les y faire arriver avant l'Évangile : « Tant d'enfants à habiller, vous comprenez; et puis c'est une chose qui manque à celui-ci, à celui-là; d'ailleurs, les jours sont si courts! » Pour personne ils n'étaient aussi courts que pour elle, et tellement courts, été comme hiver, que depuis trois ans elle n'avait pas pu une seule fois aller elle-même à la messe, ce qui la contrariait bien, pour la messe d'abord, et puis aussi à cause de M. le curé, qui lui adressait des reproches quand il venait à l'imprimerie lui commander des affiches pour les pèlerinages, — Sénéchal n'ayant pas d'imprimerie. D'un autre que l'abbé Colombe, ces reproches l'eussent moins affligée, mais n'était-ce pas désolant vraiment de peiner un si brave homme ! Que répondre quand, d'une voix attristée, il lui disait : « On ne vous voit pas à la très sainte messe, ma bonne madame Badoulleau ; allons, un effort, n'est-ce pas ? » Justement elle passait sa vie à faire des efforts. Était-ce sa faute vraiment s'ils ne réussissaient pas mieux ? Après la petite Rose, c'était la petite Sophie. Combien de fois, dès le lundi, avait-elle commencé à se préparer une robe ! Eh bien, elle n'arrivait jamais à la finir, quoique pendant toute sa semaine elle la laissât étalée sur une chaise dans les bureaux du *Narrateur* pour pouvoir y travailler aussitôt qu'elle aurait un instant à elle ; mais elle n'avait jamais un instant à elle, et la robe restait là indéfiniment.

Quand les quatre aînés furent enfin partis, Badoulleau raconta à sa femme ce que La Guillaumie venait de lui proposer.

— Vendre ton *Narrateur* ! s'écria-t-elle, y penses-tu, Auguste ! Cela ne te ferait donc pas de chagrin de t'en séparer ; ce n'est donc pas un enfant pour toi ?

— Paris vaut bien le *Narrateur*, sans doute.

— Je vois que M. La Guillaumie t'a mis ses idées de fortune dans la tête. Est-ce que nous sommes faits pour la fortune, pour la vie de Paris ?

— Et pourquoi pas ? dit Badoulleau, vexé ; c'est en ne se remuant pas qu'on croupit dans la misère. Trouves-tu que nous n'en ayons pas assez ici ? Crois-tu que je ne souffre pas de ne pas pouvoir seulement te donner une robe, et de bien d'autres humiliations, de bien d'autres tourments encore, quand ce ne serait que la lutte contre les huissiers ?

— Oui, tu as à lutter, c'est vrai ; mais trouves-tu donc que nous n'avons pas aussi du bon ici ? Quand ce ne serait que d'être tous réunis, toi, les enfants et moi. N'est-ce rien ? Et cela ne fait-il pas oublier les robes qui manquent ? Pour moi, j'aime mieux le pain sec tous ensemble que les plus beaux festins où je ne t'aurais pas et où je n'aurais pas les enfants. Et puis l'estime, l'amitié de ceux qui nous entourent, n'est-ce rien non plus ? Qui ne t'aime pas ici ? Sénéchal, peut-être, et encore il te rend justice. Tu ne sais pas avec quelle sympathie on parle de toi, avec quel intérêt ; comme on te voudrait heureux ! Tu fais un journal depuis dix ans sans avoir un ennemi dans le pays, et tu voudrais quitter ce pays ; est-ce juste cela, Auguste ?

Auguste fut ébranlé et aussi ému. Ce n'était point l'habitude de sa femme de faire de longs discours ni d'oser se mettre en opposition avec lui. Les longs discours, Jacques, Michel, Philippe, Sophie, Rose ne les permettaient pas. Et l'opposition aux idées ou aux désirs de son mari, elle ne se la permettait pas elle-même, l'aimant trop, le respectant trop pour ne pas voir par ses yeux et ne pas parler par sa bouche. Pour qu'elle lui tînt un pareil discours, il fallait qu'elle fût bien profondément touchée, et il n'était pas homme à rester insensible aux craintes de sa femme, surtout quand elles s'exprimaient ainsi.

Comme la petite Rose s'était mise à crier, madame

Badoulleau l'avait prise dans ses bras, et elle lui donnait à teter.

— Ne t'imagine pas, dit-elle, que, sur moi, Paris n'exerce pas aussi l'attraction du miroir aux alouettes. Tout comme une autre, j'aimerais les belles toilettes, les promenades au Bois dans une voiture élégante, traînée par de beaux chevaux et conduite par un noble cocher, et aussi les premières représentations, et les soirées, et les bals, et les réunions, et tous les plaisirs du monde qu'on ne trouve qu'à Paris. Mes trente ans ne me font pas assez vieille pour être insensible à ces plaisirs. Habillée par une bonne couturière, — me vois-tu habillée, Auguste? — coiffée par une femme de chambre, tu n'aurais pas à rougir de moi. Les enfants, avec des costumes faits par les bons faiseurs, pomponnés, frisés, seraient aussi bien jolis. Mais tout cela c'est le rêve; on y pense comme à une scène de roman, ça égaye l'esprit; seulement ce n'est pas avec ses rêves qu'on fait sa vie.

— Le journal de La Guillaumie n'est pas un rêve.

— En es-tu sûr?

— Après vingt-cinq ans de journalisme, La Guillaumie ne prend point ses désirs pour des réalités; son affaire est sérieuse.

— Il t'a dit qu'elle l'était, il la croit sérieuse. L'est-elle réellement? L'avenir seul peut répondre à cela. Mais de ce qu'elle est sérieuse, en résulte-t-il nécessairement qu'elle te donnera la fortune que M. La Guillaumie t'a montrée? L'avenir seul aussi, n'est-ce pas, peut répondre à cela? Maintenant, tu me permettras de te dire qu'étant donné le caractère de M. La Guillaumie, et qu'étant donné aussi son habitude de s'emballer à propos de tout ce qui est nouveau, il est possible que son affaire ne soit pas du tout sérieuse.

— Mais non.

— Ou au moins il est possible qu'elle ne réussisse pas. Tu as vendu le *Narrateur*, nous avons quitté Hannebault, le journal meurt ou ne va pas, que devenons-nous ? Elle est triste, la misère à Hannebault, cela est certain et j'en souffre assez pour le dire ; mais à Paris combien plus affreuse serait-elle encore ? As-tu pensé à cela ? Nous vois-tu tous dans un petit logement, sans pain, les enfants malades ? Que feraient-ils entre quatre murs ? C'est le certain que nous quittons pour l'incertain, si nous allons à Paris, et cela mérite réflexion.

— Il est beau, le certain.

— Il est, cela suffit ; nous savons ce qu'il nous donne ; or, nous ne savons pas ce que nous réserve l'incertain. Tout le monde n'est pas fait pour Paris. Et tout n'est pas gagné parce qu'on est à Paris. Combien de gens vivotaient à peu près heureux dans leur province, qui meurent de faim à Paris, isolés, sans que personne s'inquiète d'eux et leur sourie ! Et moi, quand on me sourit, tout est oublié.

Cela était trop raisonnable et trop doucement dit d'ailleurs pour que Badoulleau y répondît par de la colère. Sans doute, il était contrarié de rencontrer de l'opposition chez sa femme, alors surtout qu'il s'était imaginé qu'elle allait partager sa griserie, et qu'au mot Paris elle s'emballerait comme lui-même était parti, mais il ne pouvait pas s'en fâcher.

— Nous verrons, dit-il, avant de rien décider, il faut examiner ce que vaut l'affaire de La Guillaumie. Si c'est vraiment une fortune comme il le croit, nous ne pourrons pas la refuser.

Elle était modeste en tout, madame Badoulleau, dans ses désirs comme dans ses triomphes. Elle se contenta de ce qu'elle avait gagné et renonça à obtenir de son mari la promesse qu'ils ne quitteraient pas Hannebault. Il consentait à ne pas vendre le *Narrateur* tout de suite, c'était déjà quelque chose. Il examinerait aussi ce que valait l'affaire de La Guillaumie, c'était beaucoup. Le temps ferait son œuvre; l'enthousiasme tomberait, la réflexion viendrait.

Bien que ce fût son habitude de s'en remettre toujours au temps pour tout, pour ce qu'elle avait à faire, comme pour ce qu'elle espérait, elle voulut dans une affaire aussi grave qui était sa vie et celle de ses enfants, agir elle-même.

Alors il se passa cette chose extraordinaire que madame Badoulleau, qui restait des saisons entières sans descendre le seuil de sa porte, éternellement vêtue de sa robe de chambre et chaussée de pantoufles, quitta cette robe de chambre, s'habilla et, portant Rose dans ses bras, tirant Sophie par la main, faisant marcher devant elle Jacques, Philippe et Michel, s'en alla dans l'après-midi faire visite à madame La Guillaumie. N'était-ce pas son devoir de mère de chercher à savoir ce qu'était cette affaire de journal?

En la voyant paraître, madame La Guillaumie qui était seule, Marianne ayant accompagné son père et Glorient au Champ-d'Oisel, poussa des exclamations de surprise.

— Comment, deux sorties dans la même semaine !

Mais quand elle sut de quoi il s'agissait, elle cessa de plaisanter.

— Vendre le *Narrateur !* quitter Hannebault ! s'exposer aux aventures de la vie de Paris !

Elle fut épouvantée. Déjà les observations de Marianne lui avaient fait perdre la confiance que son mari lui avait inspirée. Elle ne voyait plus le succès assuré comme il le lui avait montré, tandis qu'elle voyait les tranchées qu'ouvraient les terrassiers et dans lesquelles allaient s'engloutir des sommes dont elle n'avait pas le premier sou.

— Puisque votre mari vous consulte, s'écria-t-elle désespérée, retenez-le, arrachez-le à l'influence de M. La Guillaumie ; qu'au moins je n'aie pas, au milieu de mes inquiétudes, l'angoisse de vos tourments.

XVII

Il était dur pour Badoulleau de renoncer à Paris. Combien de fois, dans ses longues rêveries sur le seuil de sa porte, en attendant des clients qui ne venaient pas, avait-il laissé son esprit s'en aller vers Paris! Pourquoi n'y aurait-il pas fait son chemin comme tant d'autres? Que lui avait-il manqué pour cela? Une bonne chance. Si, au lieu de discuter des affiches à Hannebault avec les notaires et les huissiers; si, au lieu de vendre des encriers plus ou moins magiques; si, au lieu de se rapetisser à la taille du *Narrateur*, il avait été à Paris, il aurait pu donner ce qu'il y avait en lui, et sans vanité, mais avec un juste sentiment de ce qu'il valait, il était certain que ç'eût été autre chose que ce qu'il avait montré jusqu'à ce jour. A Hannebault, à quoi bon un effort? Mais à Paris, dans la fièvre de la lutte, il n'aurait pas reculé devant cet effort qui aurait donné sa mesure. A quarante ans, il n'était pas encore trop tard, lui semblait-il; qu'une occasion se présentât, qu'on lui mît la plume à la main, on verrait bien.

Et voilà qu'au moment où cette occasion si longtemps attendue se présentait enfin, il rencontrait une opposition qu'il n'avait pas prévue.

Devait-il passer outre?

Seul, il n'eût pas hésité, et ses quarante ans n'eussent pas pesé une minute dans la balance; le *Narrateur* eût été vendu, et s'il n'avait pas trouvé à le vendre, abandonné.

Mais il n'était pas seul, il avait sa femme, ses cinq enfants; pouvait-il, en les traînant derrière lui, se jeter dans cette aventure? La responsabilité était d'autant plus lourde qu'il reconnaissait la justesse des observations de sa femme. S'il avait de bonnes raisons pour vouloir aller à Paris, elle, de son côté, elle avait de bonnes raisons pour ne pas vouloir quitter Hannebault, et rien n'était plus légitime que ses doutes et ses inquiétudes. Le journal de La Guillaumie pouvait réussir; mais il pouvait aussi tomber. Alors que deviendraient-ils à Paris tous les sept?

A Hannebault, si durs que fussent les temps, on avait un toit sur la tête et du pain sur la table, on n'était que des besoigneux; à Paris, on n'avait ni toit ni pain, on était des misérables.

La misère pour soi n'est rien; mais pour les siens?

A cette pensée, en voyant sa pauvre femme dans la rue et ses enfants sans pain, des lâchetés le prenaient, et il se demandait avec angoisse si ce qu'il pouvait avoir en lui méritait vraiment qu'il les exposât à ces dangers.

Avait-il quelque chose en lui d'ailleurs? Si, à quarante ans, cela n'était pas encore sorti, n'était-ce pas bien de l'orgueil de s'imaginer que cela dût sortir maintenant? La chance lui avait manqué, c'était son espoir et sa consolation. Mais s'il manquait à la chance maintenant, quelle consolation aurait-il dans son désastre et dans celui des siens ?

Il en voulait presque à La Guillaumie de lui avoir mis cette idée en tête; il était si tranquille avant; il lui était si doux de se dire : « Si j'avais eu une bonne occasion ! »

Et cependant c'était en vue de lui être utile que La Guillaumie lui avait fait cette proposition, par intérêt, par amitié; il n'était pas à coup sûr embarrassé de trouver un administrateur pour son journal, et cela méritait sérieuse considération. Est-il juste d'en vouloir à ceux qui cherchent notre bien et qui s'occupent de nous ?

La décision n'était point la qualité dominante du caractère de Badoulleau. Personne n'était plus irrésolu que lui, non seulement pour ce qu'il devait faire, mais encore pour ce qu'il avait fait. Deux locutions, toujours les mêmes, formaient le fond de sa conversation : « Qu'est-ce que vous feriez à ma place? » lorsqu'il s'agissait d'une chose à venir; « Est-ce que j'ai bien fait? » quand il s'agissait d'une chose passée. Cela était si bien connu à Hannebault que c'était une plaisanterie courante de raconter que Badoulleau vous arrêtait dans la rue pour vous dire : « N'est-ce pas que j'ai joliment bien fait d'épouser ma femme? » ou encore : « N'est-ce pas qu'on ne peut pas avoir moins de cinq enfants? » Malaquin prétendait même qu'il l'avait plusieurs fois consulté sur la question de savoir s'il devait s'en tenir à cinq enfants et s'il ne ferait pas bien d'en avoir un sixième.

Avec une pareille nature, c'était une grosse affaire pour Badoulleau, plus grosse pour lui que pour personne, de prendre parti en cette circonstance. La Guillaumie? Certainement. Mais, d'autre part, sa femme? Que n'avait-il quelqu'un à qui il pût adresser sa question ordinaire : « Qu'est-ce que vous feriez à ma place ? »

Son embarras s'aggrava encore par un entretien qu'il eut avec madame La Guillaumie ou plutôt que madame La Guillaumie eut avec lui.

Quand il ne se tenait point sur le seuil de sa porte, c'était son habitude d'inspecter les travaux de construction ou de réparation qui se faisaient dans Hannebault. Pas un mur ne s'élevait, pas une charpente n'était mise en place, pas une couverture n'était appliquée sur un toit sans qu'il eût tourné autour des ouvriers, les mains dans ses poches, en adressant ses observations au propriétaire : « Est-ce que vous n'auriez pas mieux fait de mettre votre façade au midi? » Ou bien, quand elle était au midi : « Est-ce que vous n'auriez pas mieux fait de la mettre au couchant, ou au levant. » Lui, bien entendu, n'avait pas d'opinion ; seulement toute chose a deux faces, n'est-ce pas ?

Les travaux de construction des classes commencés, il les avait naturellement inspectés avec un zèle que n'inspirait pas la seule curiosité. « Évidemment c'était une idée d'organiser à Hannebault l'enseignement des sciences. Il est vrai que, d'un autre côté, ces constructions pouvaient entraîner loin cette bonne madame La Guillaumie. »

Le lundi, comme il venait pour la troisième fois voir où en était la fouille, madame La Guillaumie le pria d'entrer à la maison.

Elle paraissait préoccupée et aussi embarrassée; en tout cas elle n'avait pas son accueil ouvert, franc et dégagé d'inquiétude ou de soucis qui était ordinairement le sien.

— Mon mari vous a expliqué ses projets? dit-elle.

— Ses projets pour la création d'un journal, oui, madame.

— Il vous a engagé à vendre le *Narrateur* pour le suivre à Paris?

— Oui.

— C'est là une bien grave résolution.

— Très grave, et que je balance depuis hier sans oser prendre un parti.

Madame La Guillaumie parut de plus en plus embarrassée, et pendant quelques instants elle garda le silence.

— Il ne m'appartient certainement pas, dit-elle, de vous donner un conseil en une pareille affaire.

— Et pourquoi pas? Jamais je n'ai eu tant besoin d'être conseillé, car je ne sais à quoi me résoudre; à force de peser le pour et le contre, tout se brouille dans ma tête. Il y a de grands avantages pour moi à aller à Paris; mais, d'un autre côté, il y a des dangers sérieux à quitter Hannebault.

— Les avantages seraient pour vous, et je les vois

avec tout ce qu'ils ont de tentant; mais les dangers, s'ils étaient tout d'abord pour vous, seraient aussi pour madame Badouilleau ainsi que pour les enfants, et je les vois bien effrayants. C'est là une considération, qu'un bon mari, qu'un bon père tel que vous ne doit pas perdre de vue.

— Je l'ai examinée.

C'était vrai qu'il avait examiné cette considération ; mais lorsqu'elle s'était présentée à son esprit, elle ne l'avait pas frappé comme maintenant. Dans la bouche de madame La Guillaumie, et sous cette forme, elle prenait une importance qu'il n'avait pas sentie tout d'abord. Les avantages pour lui, les dangers pour sa femme et ses enfants. Mais alors il obéissait donc inconsciemment à des raisons d'égoïsme en allant à Paris? A son intérêt personnel il sacrifiait donc sa femme et ses enfants?

— Ma position est délicate, continua madame La Guillaumie, entre mon mari et vous; cela, vous le sentez, me rend bien difficile le conseil que vous me demandez. Certainement je crois au succès de l'entreprise de M. La Guillaumie, et si je ne partageais pas ses espérances, je serais dans une inquiétude mortelle, en me trouvant engagée dans ces travaux qui seront lourds à payer. Mais ce n'est pas moi qui ai commandé ces travaux que je voulais remettre à l'année prochaine. Tandis que si vous vendiez le *Narrateur*, ce serait un acte direct de votre part. Il y a là une nuance que j'explique mal, sans doute, mais dont je sens toute l'importance.

— Je la sens aussi, croyez-le.

— Que M. La Guillaumie réalise les promesses qui lui ont été faites et constitue sa Société, je n'en doute pas, je n'en veux pas douter, car j'en perdrais la tête. Cependant il me semble que, pour vendre le *Narrateur*, vous pourriez peut-être attendre que cette Société fût constituée.

Attendre ! Évidemment Badoulleau n'avait pas autre chose à faire. Il n'y avait que cela de sage et de pratique.

— Quelle brave et digne femme vous êtes ! dit-il en serrant les deux mains de madame La Guillaumie, qu'il avait prises dans les siennes.

XVIII

Marianne était fidèle à la promesse qu'elle avait faite à François d'arranger les choses de façon à ce qu'ils se vissent aussi souvent que possible, c'est-à-dire tous les jours.

Pour cela, elle n'avait rien trouvé de mieux que de proposer à son père de prier M. Néel de venir tous les soirs après dîner. Puisque M. Glorient aimait la musique, ils lui joueraient des duos pendant qu'il prendrait son café et fumerait sa pipe sous la tonnelle ; cela le bercerait sans l'empêcher de causer lorsqu'il en aurait envie. M. Néel qui professait la plus vive admiration pour le vieux maître, serait assurément très heureux de lui être agréable ; il n'y avait qu'à le lui demander.

La Guillaumie avait accueilli cette idée avec empressement : c'était très original, et puis c'était une marque de sollicitude qui toucherait le maître. Mais François Néel pourrait-il venir tous les soirs ? Il devait avoir d'autres occupations, d'autres distractions, ce garçon ; râcler du violon tous les soirs, cela n'est pas bien réjouissant. Avec tout autre, il n'eût assurément point eu ces scrupules; mais il tenait à ménager François Noël, dont il aurait besoin plus tard pour sa classe de chimie. Il ne fallait pas le fatiguer de demandes.

— Veux-tu que j'essaye? dit Marianne.

— Avec prudence, tâte-le; si tu rencontres la moindre résistance, n'insiste pas; nous nous contenterons de ton piano quand il ne viendra pas.

Elle n'avait pas rencontré de résistance et François était venu tous les soirs régulièrement.

Il arrivait pendant qu'on était encore à table; puis quand Glorient et La Guillaumie allaient s'asseoir sous la tonnelle, où souvent Badoulleau et Malaquin venaient les rejoindre, il passait dans le salon avec Marianne; ils allumaient les bougies, ouvraient les fenêtres, Marianne se mettait au piano, François prenait son violon et ils jouaient.

Et ce qu'ils jouaient, c'était de la musique qu'ils savaient par cœur, de manière à n'avoir pas besoin de la suivre sur le cahier, bien qu'il fût ouvert devant eux, car c'était dans les yeux qu'ils se regardaient : Marianne, la tête légèrement renversée en arrière et tournée vers lui; lui, penché sur elle.

— Qu'allons-nous jouer?

Et toujours ce qui leur venait à l'esprit, c'était quelque motif doux et passionné, en accord avec leurs sentiments : le *La ci darem la mano*, la *Sérénade* de *Don Juan*, le *Thème en la*, l'*Hymne à la nuit* de Félicien David, cette inspiration musicale la plus tendre et la plus poétique qui ait été écrite depuis Mozart.

Qu'avaient-ils besoin de parler? Le violon et le

piano parlaient pour eux, avec ce vague troublant de la musique qui dit tant de choses au delà de l'humain.

D'ailleurs, ils n'étaient pas libres. Par la fenêtre ouverte, madame La Guillaumie se penchait souvent pour leur adresser quelques mots; ou bien mademoiselle Eurydice, fidèle à son rôle de surveillante, même pendant les vacances, surgissait tout à coup dans le salon; sans qu'ils l'eussent entendue venir et ouvrir la porte, ils étaient tout surpris de la trouver derrière eux, comme bientôt ils étaient tout surpris de l'entendre dans la cour, quand ils croyaient l'avoir encore dans le dos, car elle avait acquis, par un long usage, l'art de marcher avec des pattes de chat, en rasant les murs, les coudes aux hanches, le cou raide.

Sans doute c'était beaucoup de se voir tous les soirs, mais ce n'était point encore assez ni pour l'un ni pour l'autre.

— A demain !

— C'est si loin, demain !

Un jour, Marianne, qui avait réfléchi à cette plainte, qu'elle trouvait d'ailleurs pleinement fondée, y répondit par une proposition.

— Est-ce que cela vous dérangerait, si nous allions, avec M. Glorient, visiter votre fabrique?

— Me déranger, chère Marianne !

Mais ils furent interrompus :

— Vous ne jouez donc plus, les enfants ? cria Glorient.

Aussitôt le violon reprit :

O nuit ! ô belle nuit !

— Bravo ! cria Glorient.

Alors ils purent continuer :

— Eh bien, continua Marianne, un jour de pluie, qu'il ne pourra pas travailler dehors, je vous le conduirai : vous tâcherez de faire traîner la visite, vous lui donnerez des explications pour que nous soyons plus longtemps ensemble.

— Qu'il pleuve demain !

Ce fut trois jours après seulement que le temps se mit au mauvais ; quand Glorient, en se levant, ouvrit sa fenêtre, il trouva la vallée noyée dans le brouillard ; alors il se recoucha en se disant qu'il n'avait qu'à dormir. Mais il fallut descendre pour déjeuner et comme le brouillard du matin s'était changé en une petite pluie qui menaçait de durer, il devint évident que le travail en plein air serait impossible de toute la journée.

— Je vais faire une étude de cette belle enfant, dit Glorient qui ne savait pas rester sans travailler.

C'était là une proposition qui devait séduire Marianne, son portrait par Glorient ; mais avant de penser à ce portrait, elle devait penser à François qui l'attendait et qui comptait sur elle. Comme il allait être malheureux s'il ne la voyait pas arriver !

— Ne voudriez-vous pas profiter de cette journée de mauvais temps, dit-elle, pour visiter les usines Dubuquois ? C'est très curieux.

— Tiens, c'est une idée, répondit Glorient ; cela

m'a toujours amusé, ces mécaniques qui tournent sans qu'on devine comment et pourquoi.

— Aujourd'hui M. Néel pourrait nous expliquer ce que vous ne devineriez pas.

Sa mère la regardait avec une surprise pleine de regret. Pourquoi n'accepterait-elle pas l'offre de Glorient? le portrait commencé, il le finirait et le lui offrirait. A la pensée d'avoir un portrait de sa fille peint par le vieux maître, madame La Guillaumie avait éprouvé un mouvement de joie orgueilleuse; et voilà que Marianne proposait une promenade.

La Guillaumie, au contraire, était fier de sa fille. Lui aussi eût été heureux d'avoir un portrait de Marianne par Glorient. Mais d'un autre côté il eût été blessé que Glorient voulût ainsi payer l'hospitalité qu'on lui offrait. Elle a senti cela, se dit-il, en voyant Marianne insister sur la promenade, c'est bien. Si plus tard, à Paris, Glorient voulait lui offrir un tableau ou une étude, il l'accepterait; mais alors ce serait un cadeau, ce ne serait pas un payement. Et pour La Guillaumie, pour sa fierté prompte à s'inquiéter, à se fâcher, il y avait là une nuance importante.

— Je crois comme Marianne, dit-il, que cette visite aux établissements Dubuquois vous intéressera. C'est la fortune et la gloire de notre pays.

— Ne m'avez-vous pas dit qu'ils étaient dirigés par deux femmes?

— Précisément, deux Alsaciennes, les demoiselles Rœmel, les sœurs du général Rœmel, que vous connaissez de nom assurément.

— Mieux que de nom, il a des tableaux de moi.

— C'est un homme instruit, non une culotte de peau; un lettré; il a écrit des livres intéressants. Le père Rœmel était un des grands industriels de l'Alsace, et il aurait voulu que son fils lui succédât; mais ce fils voulait être soldat et il s'engagea malgré tout. Alors le père Rœmel qui, avec ce fils, avait deux filles, les maria à deux frères lorrains, les Dubuquois, qui prirent la direction de sa maison. Ces frères Dubuquois étaient intelligents et actifs; malheureusement l'aîné, M. André, était ivrogne, mais ivrogne à se soûler comme un charretier. Après la guerre et l'annexion, soit que les Dubuquois voulussent rester Français, soit qu'ils trouvassent de leur intérêt d'avoir des débouchés en France en même temps qu'en Allemagne, ils abandonnèrent la direction de leurs établissements alsaciens à un de leurs associés et ils vinrent en créer de nouveaux ici : une filature de coton, un tissage et une fabrique d'indienne; ce sont ces établissements que nous allons visiter.

— Alors ils sont morts, les frères Dubuquois?

— L'aîné, celui qui était ivrogne, peu de temps après son installation ici, par accident, en tombant dans la rivière, un soir qu'il était ivre-mort, et que le Dieu des ivrognes était occupé autre part; le jeune, M. Charles, il y a trois ou quatre ans, de maladie, ou plutôt d'un excès de travail. Mais la mort des maris n'a pas empêché les femmes de continuer à exploiter les établissements, et d'une façon intelligente, je vous assure; il est vrai qu'elles sont aidées par un directeur, un Alsacien, que je crois Allemand, appelé Strengbach. Je vous le recommande, si nous le rencontrons aujourd'hui, car c'est un type curieux, un matois qui cache sa finesse sous une apparence de bonhomie et de simplicité, un diplomate en sabots, mais un diplomate qui rit de ce rire germanique effrayant comme celui d'un ogre. Tout ce monde s'agite, s'ingénie, travaille et peine pour grossir la fortune déjà énorme de M. Thierry Dubuquois, fils de M. André, — l'ivrogne, — lequel Thierry Dubuquois est encore plus ivrogne que ne l'était son père et n'a pas l'intelligence, le génie des affaires qu'avait celui-ci. Sa mère et sa tante, désespérées, l'ont envoyé en Amérique pour le faire soigner dans un hôpital d'ivrognes.

— Il est revenu, interrompit Marianne, M. Néel m'a dit qu'il était arrivé hier.

— Eh bien, si nous le rencontrons, je vous le recommande aussi.

XIX

Quand les frères Dubuquois étaient venus à Hannebault, un certain nombre d'usines pour la clouterie et la tréfilerie occupaient déjà les bords de la rivière, groupées, aux environs de la ville, à l'endroit où le cours de l'Andon avait le plus de rapidité; ils n'avaient donc pu s'établir que plus loin, en remontant le courant. Mais pour eux cet éloignement n'avait pas d'inconvénient, et même il avait l'avantage de mettre à leur disposition une eau pure que n'avaient point encore souillée les déjections des usines et de la ville, — et cela avait son importance pour le lavage de leurs indiennes.

Ils avaient donc acheté là, dans la vallée, de vastes prairies, et à droite et à gauche, sur les pentes des coteaux qui les joignaient, des prés et des bois.

Dans les prairies le long de la rivière ils avaient bâti leurs trois usines pour la filature, le tissage, l'indiennerie, et sur les pentes des coteaux, d'un côté, au levant, leur maison d'habitation, et de l'autre, au couchant, quatre longues files de maisons ouvrières pour loger leur personnel, de manière à donner à chaque ménage un petit logement particulier avec un jardin devant.

Lorsque, par le chemin qui, à travers les herbages peuplés de bœufs, longe la rivière, on arrive à l'entrée des établissements Dubuquois frères, on ne peut pas ne pas être frappé de la grandeur de leur ensemble, si peu disposé qu'on soit à admirer l'architecture industrielle.

Ce fut le sentiment qu'éprouva Glorient, qui, en sa qualité de peintre, devait moins que tout autre aimer les bâtiments qui obstruent le paysage et les cheminées qui le salissent.

— Tiens, tiens, dit-il, mais ça se présente bien.

— Ce qui rend laids les bâtiments industriels, répondit La Guillaumie, c'est que le plus souvent ils n'ont pas été bâtis pour l'usage auquel on les fait servir, ou bien qu'ils l'ont été de pièces et de morceaux, au hasard des besoins, tandis que ceux-ci l'ont été d'après un plan général.

— Il pouvait être mauvais, le plan, et il est bon. L'architecte qui a trouvé ces longues lignes droites, cette sévérité et cette simplicité, a fait œuvre d'art, d'art industriel il est vrai ; mais enfin l'industrie a d'autres exigences que la religion. Il ne faut pas demander à une filature la beauté du Parthénon, et puis la brique n'est pas le marbre.

Comme le disait justement La Guillaumie, c'était la conception du plan général qui donnait son caractère à l'ensemble de ces divers bâtiments, et ce plan était l'œuvre des frères Dubuquois, qui avaient heureusement trouvé pour l'exécuter un architecte assez intelligent pour être de son temps sans rien emprunter aux Grecs, aux Romains, au Moyen-Age, à la Renaissance.

Pour les trois usines à l'abri du feu, puisque la brique et le fer entrent seuls dans leur construction, à l'exclusion absolue du bois supprimé partout, même dans le sol des ateliers, dont le carrelage repose sur des planchers de fer cintrés en biquetage, — l'architecte n'avait eu qu'à suivre les indications des deux frères, qui, avec leur expérience des besoins de l'industrie, avaient ordonné les dimensions des bâtiments, leur éclairage, leur chauffage, leur ventilation, aussi bien que tout ce qui était aménagement intérieur : les escaliers pour les ouvriers, les élévateurs pour les marchandises, — et il n'avait pu faire œuvre vraiment originale que dans les profils extérieurs des usines, et aussi dans les bâtiments divers qui les entouraient, les magasins, les bureaux, les maisons ouvrières, les logements des principaux employés, les écuries et l'habitation des maîtres.

Mais là il avait montré ce qu'il valait et ce qu'il pouvait.

C'était ainsi qu'à mi-côte, dans un bois qu'on avait défriché selon les règles de la perspective paysagiste, il avait élevé pour la famille Dubuquois un grand chalet en pierre blanche et en brique rouge aussi bien compris au point de vue du confort intérieur que de l'élégance architecturale, et distribué de telle sorte que, des salons, de la salle de billard, de la salle à manger et des chambres principales, les maîtres avaient la satisfaction d'embrasser d'un rapide coup d'œil l'ensemble de leurs établissements : devant eux les trois hautes cheminées octogonales qui, en vomissant leurs tourbillons noirs, disaient que le travail était en pleine activité ; et au loin, sur le coteau opposé, les longues files de maisons ouvrières, au-devant desquelles séchaient dans les jardinets des lessives multicolores que le vent agitait.

Immédiatement au-dessous du jardin, dans un bouquet d'arbres, un vaste chalet servait au logement des principaux employés : Strengbach, le directeur ; François Néel ; le chef de la comptabilité, et d'autres commis, — qui, pour n'avoir pas le luxe de la maison des maîtres, était cependant d'un joli aspect avec son toit en ardoises lilas et bleues, ses lambrequins jaunes et ses guirlandes de plantes grimpantes qui festonnaient ses balcons.

Comme l'ensemble des constructions s'exécutait sur un terrain nu, l'architecte avait choisi une sorte de parallélisme dans son plan général ; c'était ainsi qu'à cette maison des employés, il avait opposé les écuries, qu'il avait construites en face, de l'autre côté de la rivière et au bas du coteau que couvrait la cité ouvrière.

Hannebault étant à plus de deux lieues de la ligne de chemin de fer la plus voisine ; c'était par charrois de voitures que devaient se faire les transports des matières premières employées par les usines, et ceux des produits manufacturés qu'elles expédiaient. De là la nécessité d'avoir de vastes écuries et des remises pour loger les bêtes et les voitures nécessaires à ces transports.

A l'époque à laquelle les frères Dubuquois avaient fondé leurs établissements, on pratiquait encore en grand pour les indiennes le *bousage* ou le *dégommage*, c'est-à-dire qu'on faisait passer les indiennes qui venaient d'être imprimées dans un bain chaud de bouse de vache, de façon à enlever certaines matières mêlées aux couleurs d'impression et en transformer certaines autres par une opération chimique. Pour faire ces bains de bouse, il fallait ou des vaches ou des bœufs. Les vaches, on aurait dû les entretenir à l'étable; les bœufs, on pouvait les employer aux transports, et c'était à leur intention qu'avaient été bâties ces belles écuries qui étaient un objet de curiosité pour les gens d'Hannebault, les herbagers et les paysans, habitués à lâcher leurs bœufs dans les herbages, où on ne les abritait jamais, pas plus en été qu'en hiver, pas plus de la pluie que de la neige.

— Un château pour des bœufs, avaient dit les malins; ces Alsaciens sont fous; vous verrez que, pour sûr, ils ne tarderont pas à se ruiner.

Et ceux qui avaient vendu des terrains aux Alsaciens ou qui leur avaient fourni des matériaux avaient pris leurs précautions en bons Normands qu'ils étaient.

D'autres s'étaient dit qu'il y aurait de bonnes occasions quand, après la faillite des Alsaciens, on vendrait leurs bœufs à la criée, des bêtes superbes qui s'engraisseraient tout de suite quand elles ne travailleraient plus.

Mais les Alsaciens ne s'étaient point ruinés et les bœufs n'avaient point été vendus aux enchères. Et lorsque plus tard la bouse avait été remplacée, pour la plupart des couleurs, par des produits chimiques, le silicate de soude, l'arséniate de potasse, et n'avait été conservée que pour les rouges, les bœufs n'avaient point été dépossédés de leurs belles écuries par des chevaux. Ils faisaient bien leur service, on les avait gardés. Tous les jours on les voyait circuler entre Hannebault et la station, à la queue leu leu, attelés quatre par quatre à chaque voiture, poussant de la tête contre le joug, tranquillement, placidement, sans que les charretiers eussent autre chose à faire que de leur dire un mot de temps en temps ou de les toucher du bout de l'aiguillon, sans claquement de fouet, sans cris ; et avec leur pelage clair, leur robe soigneusement entretenue, aussi propre quand ils traînaient un chargement de charbon que lorsqu'ils en traînaient un de coton en balle, ils étaient la gaieté de la route ; on se mettait sur les portes pour les voir passer, et les enfants couraient après eux en criant : « Les voitures Dubuquois ! » ce qui rapidement grossissait la troupe des gamins.

Non seulement les Alsaciens qui avaient fondé cet établissement, le plus considérable de l'Ouest de la France, ne s'étaient point ruinés, mais lorsqu'ils étaient morts, M. André l'aîné, en se noyant par accident, M. Charles le cadet, dans son lit, d'une maladie inflammatoire, leurs veuves, les deux sœurs Rœmel, avaient continué à le diriger de façon à accroître sa prospérité, tant l'impulsion première donnée par les deux frères avait été forte et juste.

La production, au lieu de diminuer, avait augmenté, de nouveaux débouchés ayant été ouverts en Australie. La fabrication s'était perfectionnée au moins dans le dessin et dans l'impression, grâce au nouveau chimiste, François Néel. Les cotons qu'on faisait venir autrefois de Liverpool ou du Havre étaient achetés maintenant directement en Amérique aux producteurs et apportés au Havre par des navires frétés par la maison même.

Tout cela sans que l'ordre intérieur fût troublé en rien, tout marchant au doigt et à l'œil, sous la dure direction de Strengbach, qui riait toujours avec ses égaux ou ses supérieurs, mais que ses inférieurs appelaient « Torrent de larmes », en traduisant son nom allemand que plus d'un pauvre diable, plus d'une femme et d'un enfant trouvaient d'une terrible justesse.

XX

Lorsque Glorient eut franchi la grille d'entrée et qu'il se trouva dans la première cour au gazon vert et aux chemins bien sablés, où rien ne traînait, ni vieilles mécaniques, ni déchets, ni détritus d'aucune sorte, il s'écria avec son rire bonhomme :

— Voilà comment je comprends l'industrie.

Le concierge avait proposé de prévenir M. Néel, mais La Guillaumie n'avait pas accepté :

— Nous le trouverons bien.

En effet, ils ne tardèrent pas à l'apercevoir venant au-devant d'eux, et Marianne comprit que, pour arriver si vite, il devait assurément les guetter derrière les vitres de son logement.

Il se mit à leur disposition, ou plutôt à celle de Glorient, — ce dont La Guillaumie lui sut gré. Pour lui, les choses de l'industrie, cela l'intéressait médiocrement ; mais il fallait bien amuser le vieux maître un jour de pluie.

— Si vous voulez, dit François Néel, en s'adressant à Glorient, suivre le coton dans les transformations que nous lui faisons subir, le recevant en balle et le rendant en pièces d'indiennes, nous devons commencer par le battage ou le nettoyage, puis nous passerons au cardage, puis au laminage, ou étirage, puis au filage, et vous verrez là des métiers de mille broches chacun, conduits par deux enfants, qu'on appelle des *selfacting* ou *renvideurs*, qui sont extrêmement curieux.

— Cela est un peu effrayant, dit Glorient.

— Ce que nous devrions faire, après avoir vu le tissage, continua Néel, si nous voulions suivre l'ordre logique, ce serait d'aller à trois kilomètres d'ici, à la blanchisserie, car en sortant du tissage, le calicot n'est pas bon à être imprimé, il faut qu'il soit auparavant blanchi, et, ce qui fait la beauté du blanc, c'est la qualité de l'eau ; à la Corneille, où est notre établissement, nous avons une source d'une entière pureté, avec laquelle nous obtenons un blanc, qui est une des supériorités de la maison. C'est lorsqu'il revient de la blanchisserie, que nous prenons le calicot pour le transformer en indienne

— Eh bien, prenons-le quand il vous arrive, dit Glorient.

— Alors, si vous voulez me suivre, je vais vous conduire dans mon département.

Et, tout en demandant qu'on le suivît, il s'arrangea pour laisser Glorient et La Guillaumie prendre les devants, de façon à rester en arrière avec Marianne, sous le même parapluie.

— Merci, dit-il à voix basse en la regardant, je vous attendais.

— Ç'a été très dur, il voulait faire mon portrait.

— Et vous avez refusé ?

— Dame! pour venir.

Il ne répondit rien, mais tout ce qu'il y avait de tendresse et de reconnaissance dans son cœur passa dans son regard ému.

Comme ils longeaient le tissage, ils aperçurent deux femmes enveloppées dans des manteaux en caoutchouc, le capuchon rabattu sur la tête, qui venaient en sens contraire.

— Mesdames Dubuquois, dit La Guillaumie, en se tournant vers François Néel; il est, je crois, convenable que vous nous présentiez.

— Si vous voulez.

Abandonnant Marianne, François Néel dut prendre les devants.

Les deux sœurs approchaient; elles s'arrêtèrent, et à la présentation de Néel elles répondirent que c'était un honneur pour leur fabrique de recevoir la visite de M. Glorient.

Puis, s'adressant à Marianne, elles la félicitèrent pour le talent avec lequel elle avait joué un morceau d'orgue à la fête de la très sainte Vierge.

La façon dont elles prononcèrent ces mots, « la très sainte Vierge », avec onction et modération, disait quels étaient leurs sentiments religieux

D'ailleurs, l'aînée, madame André, pâle et maigre, le front entouré de cheveux blancs, avait une vraie tête ascétique avec les yeux de *Mater dolorosa*, qui aurait pu la faire prendre pour une vraie religieuse par ceux qui ne l'auraient pas connue. A cinquante-deux ans, elle paraissait en avoir plus de soixante, et son visage ravagé, plissé, portait l'empreinte de longues souffrances qui avaient creusé leurs sillons dans ses joues et autour de sa bouche. Sa sœur, madame Charles, de trois ans plus jeune seulement, paraissait dépasser à peine la quarantaine ; ses cheveux avaient gardé le blond soyeux de la jeunesse, son visage replet n'avait presque pas de rides, son teint était clair, et quand elle souriait ses lèvres sanguines laissaient voir des dents admirablement rangées ; en tout l'apparence d'une femme robuste, heureuse et bonne.

— Voilà deux sœurs, dit Glorient lorsqu'elles se furent éloignées, qu'on prendrait plutôt pour la fille et la mère.

— Et pourtant, dit Nöel, il n'y a que trois ans de différence entre elles.

— Est-ce possible ! s'écria Glorient.

— Le bonheur a conservé l'une, dit La Guillaumie, les chagrins ont vieilli l'autre ; c'est là un curieux effet de l'influence du moral sur le physique. La vie de l'une a été un martyre ; pendant que la vie de l'autre était sans nuages. Sans son mari et sans son fils, l'aînée serait probablement aussi jeune aujourd'hui que l'est sa cadette.

Ils étaient arrivés devant un bâtiment isolé.

— Nous voici, dit Nöel, à l'atelier de gravure et au magasin des rouleaux ; c'est ici qu'on grave les rouleaux avec lesquels on imprime l'indienne, et c'est ici aussi qu'on emmagasine ceux qui ne servent pas. Vous voyez que ce bâtiment est isolé et dans les meilleures conditions pour ne pas brûler, ce qui est important, car il y a toujours là mille ou douze cents rouleaux en cuivre qui, par le prix de la matière et les frais de gravure, représentent un gros capital. Voyons d'abord, si cela vous intéresse, comment s'exécute le matériel d'impression; nous verrons ensuite, dans la cuisine des couleurs, comment se préparent les matières avec lesquelles on imprime et, pour finir, nous verrons comment se fait l'impression elle-même.

Mais le matériel d'impression, cela n'avait pour Marianne qu'un intérêt relatif; ce qui la touchait, c'était la cuisine des couleurs. N'était-ce pas là que devait se décider son mariage, et n'était-ce pas là aussi que François travaillait toute la journée? Elle ne devint bien attentive que lorsque François expliqua quelle part le chimiste prenait à la gravure de ces rouleaux.

— Ce sont nos vendeurs, expliquait-il, qui décident notre fabrication; ils nous disent : « On nous demandera ceci ou cela cette année. » Alors, d'après ces indications, le dessinateur peint un modèle, et le chimiste étudie quels procédés il a à sa disposition pour exécuter ce dessin et imprimer sur calicot les couleurs du dessinateur.

— Mais cela est fort délicat, dit Glorient.

— Assez, car nous sommes limités par le nombre de rouleaux de nos machines, chaque rouleau n'imprimant qu'une couleur, bien entendu, et aussi par la nature des couleurs que nous pouvons employer industriellement. Il est vrai qu'au moyen de hachures gravées sur les rouleaux on arrive à multiplier par des clairs et des ombres les nuances d'une même couleur.

Comme ils étaient penchés sur un rouleau pour voir, à travers une forte loupe, comment se gravent ces hachures, ils entendirent derrière eux un bruit de sabots. S'étant retournés, ils se trouvèrent en face d'un homme aux larges épaules et à la tête osseuse, vêtu d'une veste grise, chaussé d'immenses sabots, qui saluait en tenant dans sa main un bonnet de loutre à plaques dorées.

— M. Strengbach, notre directeur, dit Néel.

— *Fous* êtes *pien pons* de *fenir* nous *foir*, dit Strengbach, qui se mit à rire formidablement, comme si c'était là une amusante plaisanterie; les vitres tremblaient, et à entendre ce rire, sans voir d'où il venait, on aurait pu croire qu'on levait et qu'on laissait retomber un couvercle en bois qui produisait ainsi des éclats rhythmés.

Glorient le regardait, se demandant comment on pouvait rire ainsi; mais il n'y avait pas que ce rire qui fût curieux en lui.

Tout, dans sa personne, était intéressant à étudier: sa tenue, sa toilette, sa prononciation.

Au premier abord, on pouvait croire que cette tenue et cette toilette étaient celles d'un simple ouvrier et non celles du directeur, mais en y regardant d'un peu près, on voyait que l'ouvrier affectait de se montrer, tandis que le directeur se cachait. « Un diplomate en sabots », comme l'avait très bien nommé La Guillaumie. C'était d'ailleurs un de ses côtés caractéristiques que ces fameux sabots : quand il voulait qu'on le vît ou qu'on connût sa présence, il marchait lourdement en les claquant ; mais quand, au contraire, il voulait surprendre les gens, il les ôtait prestement, et alors, chaussé de chaussons de Strasbourg, il vous tombait sur le dos, sans faire plus de bruit en marchant qu'un chat. Aussi était-ce une habitude chez les ouvriers de chercher dans les escaliers s'ils ne trouveraient pas, cachés quelque part, ces fameux sabots : « Défions-nous, voilà les sabots de Torrent-de-Larmes. »

Quant à sa prononciation, elle avait cela de particulier qu'elle remplaçait partout les *v* par des *f* et les *f* par des *v ;* de même elle remplaçait les *b* par des *p*, les *p* par des *b*, les *t* par des *d* et les *d* par des *t*, sans qu'on pût savoir pourquoi, puisqu'il prononçait ces lettres aussi bien les unes que les autres.

XXI

Ils avaient quitté l'atelier de la gravure et ils se dirigeaient vers la cuisine des couleurs. Marianne put se rapprocher encore de François pendant que Strengbach marchait en tête avec Glorient et La Guillaumie.

— Expliquez-nous bien vos couleurs, dit-elle, car c'est là ce qui me touche; surtout parlez-nous de celles que vous cherchez.

— Pas trop devant Strengbach, répondit-il à voix basse.

Elle le regarda, surprise; mais il ne put pas s'expliquer; ils arrivaient à l'entrée de la fabrique.

A ce moment même une petite fille d'une dizaine d'années sortait vivement, tenant dans sa main un mouchoir noué.

— Où *fas-du?* demanda Strengbach en l'arrêtant.

— Chez maman, répondit-elle confuse et tremblante.

— *Du es malate?*

— Non, c'est maman qui est malade.

— Je sais *pien.*

— Et c'est madame André qui m'envoie près d'elle.

— *Matame Antré. Du* mens. Qu'est-ce que *du* as là *tant don* mouchoir?

Il lui prit le mouchoir et, dénouant le nœud, il l'ouvrit :

— *Teux bièces de cinq vrancs*. Où as-*du folé* ça, malheureuse?

— C'est madame Charles qui me les a données pour maman.

— C'est encore *tix vrancs qui font être pus; diens, fa-t-en, je de padrais.*

Elle se sauva en courant.

— Est-ce que sa mère est vraiment malade? demanda La Guillaumie.

— Oui, mais elle n'a *bas pesoin t'argent;* elle a le *métecin*, les *méticaments*, *dout* ce qu'il lui *vaut. Matame André* et *matame Charles* sont *drop ponnes; elles tonnent doujours*, et l'argent est *pu;* les *oufriers* il *vaut* les *contuire* avec une main de *ver*, une main *verme.*

Glorient comprit alors seulement que la main de verre à laquelle il avait cru tout d'abord, et qu'il avait trouvée bien fragile, était une main de fer.

— Notre mal, continua Strengbach, c'est l'ivrognerie. Croiriez-*fous* que nous *afons les ouvriers te* la Suisse qui ont apporté avec eux leur alambic à *tisdiller* les restes *te bommes te derre?* L'alcool se *vait* avec le *bot-au-veu* en même *demps*, et on *poit* le schnaps *blus* souvent qu'on ne mange la *soube.*

— Si vous voulez entrer? dit Néel, en interrompant ce réquisitoire.

La porte ouverte, ils se trouvèrent dans une salle basse, garnie de bassines en cuivre rouge et de baquets pleins de couleurs de diverses sortes, qu'une douzaine d'ouvriers aux bras bleus, rouges, noirs, remuaient ou travaillaient.

— C'est ici la cuisine aux couleurs, le *tomaine* de M. Nécl, dit Strengbach; mais il en a un *audre* chez lui où il *s'enverme bour vaire* ses essais, car c'est un *cachodier*.

Et il se mit à rire en donnant une forte tape sur l'épaule de Nécl.

— Ce que vous voyez ici, dit Nécl, parlant en regardant Marianne, ces chaudières, ces pot-au-feu où nous cuisons les couleurs à la vapeur pour qu'elles ne s'attachent pas au vase, n'a pas grand intérêt en soi quand on n'est pas chimiste; le curieux de notre métier, c'est qu'il offre des combinaisons qui tiennent un peu de la magie. Quand M. Glorient met du vert sur sa toile, ce vert doit rester vert, son bleu doit rester bleu, tandis que nos couleurs, à nous, se comportent un peu comme les encres sympathiques : celles que nous imprimons sur le calicot se modifient quand ce calicot, dans une opération qu'on appelle vaporisage, reste exposé à la vapeur d'eau, qui leur donne leur valeur définitive et les fixe dans l'étoffe.

Marianne, que François ne quittait pas des yeux, pour ainsi dire, fit un signe, et il continua, montrant qu'il avait compris ce qu'elle lui demandait.

— Fixer les couleurs de manière à ce qu'elles soient bon teint, comme dit le public, voilà la grande affaire du chimiste et l'objet de ses recherches constantes. Les couleurs qu'on emploie maintenant sont tirées de l'aniline, de l'alizarine, qui sont, vous le savez sans doute, des produits du goudron de houille. Malheureusement ces couleurs, à l'exception du noir d'aniline, ne sont pas indestructibles ; le lavage, la lumière les font passer plus ou moins vite, et le but que poursuivent certains chimistes est d'obtenir des bleus, des verts, des jaunes, des violets aussi solides que le noir.

— Et c'est là *fotre put, varceur*, dit Strengbach, sans compter que vous *biochez* les matières azoïques.

Et il recommença à rire, comme si c'était une chose prodigieusement drôle de chercher la fixation des matières azoïques.

— Et ces matières azoïques n'ont pas encore été employées? demanda Marianne, qui sentait qu'on était en plein dans la question dont la solution était d'un intérêt si vif pour elle.

— Si, par les Anglais, qui ont obtenu des ponceaux, des écarlates, des fauves très beaux, mais sans aucune solidité, puisqu'une simple goutte d'eau enlève la couleur ; mais non par les Français, moins audacieux ou moins voleurs si vous aimez mieux, en matière commerciale. Le jour où on les aura fixées...

— *La vordune tu* chimiste qui aura *drouvé* cela sera *vaite*, interrompit Strengbach ; mais le *drouvera*-t-il ? On *beut* en *touter*.

Et il eut un mauvais rire.

— Assurément on peut en douter, répliqua Noël,

9.

mais cela ne doit pas empêcher de chercher. Quand on sait qu'une quantité infinitésimale, un millilitre de chlorure de vanadium suffit pour opérer l'oxydation de dix litres de noir d'aniline, on est moins incrédule en fait de réactions chimiques. Soyez sûr, monsieur Strengbach, que le noir d'aniline ne restera pas la seule couleur indestructible.

Marianne fut fière de François : il avait bien répondu, avec la modestie de l'homme qui sait, mais aussi avec la fermeté de celui qui a le respect de la science.

Et pendant tout le reste de la visite elle ne pensa qu'à cela ; certainement cela était fort curieux, la machine à imprimer à huit couleurs, et fort curieuses aussi étaient les chambres de vaporisage, les étendages ; mais ce qui lui revenait toujours à l'esprit, c'était la réponse de François : le noir d'aniline ne restera pas la seule couleur indestructible ; et aussi le mot de Strengbach : « La fortune du chimiste qui aura trouvé la fixation des matières azoïques sera faite. » Elle ne doutait pas que François ne la trouvât. Et ce mot barbare « matières azoïques » devenait charmant pour elle ; s'il ne lui disait rien à l'esprit, car elle ne savait pas la chimie, il lui disait toutes sortes de choses au cœur. « Sa fortune faite. » Et puis il n'y aurait pas qu'une fortune dans cette découverte, il y aurait la gloire ; le nom de François Noël, le sien, prendrait place à côté de ceux des grands chimistes dont elle entendait parler depuis une heure.

Une discussion qui s'éleva entre son père et Strengbach lui permit d'échanger enfin quelques paroles avec François.

Il s'agissait des *lamiers*, c'est-à-dire des ouvriers qui conduisent les machines à imprimer et qui prennent ce nom d'une des pièces de leur machine, la *lame* en acier au moyen de laquelle s'enlève la couleur qui se trouve sur la partie pleine du rouleau. Glorient ayant demandé combien gagnaient ces ouvriers et Strengbach ayant répondu que ceux qui étaient habiles gagnaient six mille francs par an, La Guillaumie avait poussé les hauts cris, en se livrant à toutes sortes de considérations philosophiques, sociales sur ces hauts salaires de l'industrie. -- Si mon lamier n'est *pas hapile*, disait Strengbach, ou s'il n'est *bas* attentif, il me *berd* vingt *vrancs* à la minute. -- A cela La Guillaumie répliquait qu'il y a des officiers, des fonctionnaires qui doivent être attentifs aussi, et qui gagnent dix-huit cents francs par an. — Avant vingt ans, tout ce qui sera intelligent se mettra dans l'industrie. -- Eh *pien, dant* mieux, disait Strengbach en riant, on *bourra* alors *timinuer* les salaires. *Tieu* vous *entente!*

Marianne avait fait un signe à François et, s'écartant un peu, ils s'étaient trouvés seuls au milieu des ouvriers qui allaient et venaient autour d'eux, pouvant s'entretenir sans qu'on entendît leurs paroles, couvertes par le ronflement des machines en marche.

— Comme vous lui avez bien répondu, dit-elle en désignant Strengbach d'un coup d'œil, fièrement, dignement!

— Pardonnez-moi de n'avoir pas été plus clair et

plus précis dans mes explications, répondit-il. J'aurais voulu vous expliquer longuement mes recherches, puisqu'elles vous intéressent, en vous montrant certains échantillons.

— Si elles m'intéressent !

— Mais devant lui il fallait être prudent et n'en pas trop dire ; bien qu'il ne soit pas chimiste, il sait assez de chimie pour comprendre certaines choses et se les approprier.

Tout en parlant il tirait de sa poche une petite bande de calicot teinte en violet.

— Voulez-vous emporter cela, dit-il, ce sera un souvenir de votre visite. C'est une couleur nouvelle obtenue ce matin. Que donnera-t-elle à l'expérience ? Je n'en sais rien ; mais c'est peut-être elle qui fera notre mariage.

— Oh ! donnez.

Glorient, Strengbach et La Guillaumie s'approchaient, ils se turent et l'on sortit. Le temps s'était éclairci, le soleil brillait.

Comme ils allaient arriver à la grille, le concierge l'ouvrit vivement pour un homme d'une trentaine d'années, au visage pâle, à la tenue élégante, qui sortait suivi d'un domestique portant des appareils photographiques.

— M. Thierry Dubuquois, qui va faire de la photographie, dit François ; il attendait le soleil.

Strengbach avait retiré son bonnet et saluait jusqu'à terre, de loin.

— Ah ! il fait de la photographie, dit Glorient. Jolie idée !

XXII

Photographe.

Pour le peintre Glorient, il pouvait paraître ridicule que l'héritier des Dubuquois fût photographe.

Mais pour les Dubuquois eux-mêmes, c'est-à-dire pour les deux veuves, la mère et la tante, c'était déjà quelque chose de considérable que Thierry eût bien voulu prendre intérêt à la photographie.

Il avait été très difficile à élever, l'héritier des Dubuquois, le seul survivant de cinq frères et sœurs qui tous étaient morts en bas âge par suite de convulsions ou d'accidents cérébraux. S'il avait survécu, c'avait été grâce aux soins de sa mère et de sa tante, à leur tendresse, à leur prévoyance. Ce qu'il avait voulu, il l'avait toujours fait, rien que ce qu'il avait voulu, ne connaissant ni refus, ni obstacle. Ce qu'il avait demandé ou désiré, on le lui avait toujours donné, si difficile que cela pût être à obtenir. Lorsqu'il s'agissait de lui, le mot impossible n'existait pas ; il n'était pas plus impossible de le satisfaire que de le faire vivre, et elles le faisaient vivre malgré tout.

Il était ainsi arrivé à dix ans sans avoir rien appris, n'ayant pas travaillé une seule minute.

— Avant tout la santé, disait la mère à ceux qui lui demandaient si l'enfant ne travaillerait pas bientôt, et particulièrement à son beau-frère, M. Charles Dubuquois qui, n'ayant pas d'enfants, aurait voulu que Thierry devînt un homme, et se fâchait de le voir élevé de cette façon.

— A quoi sera-t-il propre ?

— Il sera ; toutes mes ambitions d'autrefois se réduisent maintenant à avoir un enfant qui vive.

— Il vivrait au collège.

— Au collège ! il n'ira jamais.

Et de fait, il n'y avait jamais été, car malgré l'influence que M. Charles Dubuquois exerçait sur son frère André, il n'avait pu décider celui-ci à exiger que Thierry partît.

Il était cependant maître chez lui, M. André Dubuquois, et maître obéi avec docilité sans jamais rencontrer la plus légère opposition, la plus petite résistance dans sa femme. Si tous les trois mois environ il était pris par un accès d'ivrognerie qui durait cinq à six jours pendant lesquels il était une vraie brute, en dehors de ces accès, il était un homme intelligent et bon, un esprit supérieur dans la direction des affaires, un cœur affectueux dans l'intimité de la famille, et c'était par là qu'il avait établi son autorité dans son ménage, bien plus que par la décision et les exigences d'un maître habitué au commandement. Mais lorsqu'il était question de Thierry, cette autorité, sous laquelle tout pliait ordinairement n'existait plus ; la mère n'avait qu'à regarder le mari pour que celui-ci se tût aussitôt, n'achevât même pas le mot qu'il avait commencé et qu'une seconde auparavant il voulait dire. Et cependant il n'y avait ni dureté, ni reproches dans ce regard, pas même un avertissement, pas même une interrogation. Elle le regardait, et cela suffisait.

Sous ce regard, l'orgueilleux industriel habitué à se voir envié par tous pour son génie des affaires et pour sa fortune, n'était plus que père, et la lourde responsabilité de sa paternité l'écrasait. Pour quelles raisons ses cinq autres enfants étaient-ils successivement morts ? Pour quelles raisons Thierry, l'aîné et le seul survivant, était-il maladif à ce point que les médecins, tous les médecins, lorsqu'on les consultait, étaient unanimes à répéter les mêmes mots : « Laissez-le faire ce qu'il veut ; ne le contrariez pas ; promenez-le ; fortifiez-le ? »

Quelle part l'hérédité avait-elle dans cette débilité ?

C'était là la question qui lui faisait monter au front le rouge de la honte.

Le père Rœmel était un vieux bonhomme aussi sain que solide qui n'avait pas gardé le lit une fois dans sa vie ; le fils, le soldat, avait supporté les fatigues les plus dures, le soleil de l'Afrique et les froids de la campagne de 1870-1871, sans une heure de malaise ; les deux filles, c'est-à-dire sa femme à lui, André Dubuquois, et sa belle-sœur, madame Charles Dubuquois, avaient la même santé que leur père et leur frère.

En était-il de même pour lui ?

Était-ce à une maladie, était-ce à un vice qu'il succombait lorsqu'il subissait un de ces accès d'ivrognerie qui faisaient de lui le plus honteux et le plus misérable des hommes ?

Mais que ce fût à ceci ou à cela, il n'en était pas moins certain que s'il avait perdu cinq enfants, et que si le survivant était maladif, ce n'était pas la mère qu'on pouvait rendre responsable.

De là son trouble et son humiliation sous le regard de sa femme, de là sa faiblesse.

Lui aussi disait tout bas :

— Tout, pourvu qu'il vive.

Cependant, vers douze ans, comme Thierry était plus solide et qu'il avait grandi, se développant en long et en large, s'il ne se développait guère intellectuellement, on s'était décidé, non à l'envoyer au collège comme le voulait son oncle, mais à lui donner un précepteur qui le ferait travailler sous l'œil maternel.

Ç'avait été une longue et délicate affaire que le choix de ce précepteur qui devait être aussi instruit que doux, affable sans faiblesse, indulgent sans laisser-aller, la main ferme gantée de velours.

Le père et l'oncle auraient voulu un professeur de lycée ; la mère et la tante, aussi pieuses l'une que l'autre, voulaient un abbé. Bien entendu, le père, comme toujours, avait cédé, et l'on avait fini par trouver un abbé qui réunissait à peu près toutes les qualités exigées ; en tout cas, un brave et digne homme.

Mais sa bonté comme son savoir avaient échoué avec son élève.

Il n'avait pas plus réussi à lui donner un caractère aimable et facile qu'à lui mettre quelque chose de sérieux et d'utile dans la tête.

Quand il était petit enfant, Thierry se montrait irritable et violent, capricieux, cruel avec les bêtes, dur avec ses domestiques ; en grandissant, et malgré les soins de son précepteur, ces instincts, au lieu de s'affaiblir, s'étaient accentués, et comme la force lui était venue, il avait pu plus facilement les satisfaire. Les bêtes le fuyaient aussitôt qu'elles le voyaient paraître, et les domestiques qui l'approchaient quittaient les uns après les autres une maison dans laquelle, sans lui, ils seraient restés toujours. Seule, une bonne, qui l'avait élevé, une énorme gaillarde alsacienne appelée Sidonie, avait résisté, retenue par son amour pour l'enfant qu'elle avait élevé ; mais combien souvent avait-elle pleuré en disant: « Il serait si gentil sans cela ! » Sans cela, c'était la méchanceté, la paresse, le vagabondage qui le faisait se sauver de la maison paternelle, pour errer n'importe où sans s'inquiéter des angoisses de ses parents qui le cherchaient, courant les bois, chacun de son côté, éplorés, affolés.

Pour le travail, l'abbé avait reçu de telles recommandations de ne pas le fatiguer, qu'il n'avait vraiment pas pu lui apprendre grand'chose.

— Autant que possible, recommandait sans cesse la mère, pas de leçons apprises par cœur, cela est trop fatigant, et aussi peu de devoirs écrits que vous pourrez ; instruisez-le dans vos promenades, en causant, c'est le meilleur.

Et, dans ces promenades, le pauvre abbé se creusait la cervelle à chercher des sujets d'enseignement utile ; il fallait que tout lui fût prétexte à leçon : les plantes, les bêtes, le pays, les plaines, les montagnes, la terre et le ciel, l'eau et le feu.

— Ah ! voici un beau vernis du Japon. Vous savez, le Japon est un empire de l'Extrême-Orient, formé de milliers d'îles, dans l'océan Pacifique ; sa principale montagne est le Fouzi-Yama. Le Japon, vous vous en souvenez, n'est-ce pas? est voisin de la Chine.

Telle était la leçon de géographie. La leçon de grammaire et d'orthographe se donnait de la même façon :

— Vous n'êtes pas fatigué, n'est-ce pas, mon cher enfant ? demandait le maître. Comment écrivez-vous fatigué? Gué, n'est-ce pas ? Mais si vous dites : « Notre promenade a été fatigante, » vous supprimez l'u, et vous écrivez « gante ». De même vous dites : « Nous fabriquons de belles indiennes, » vous écrivez « quons » ; et si vous dites : « Mon père est fabricant d'indiennes, » vous écrivez « cant », et non « quant ».

Avec un pareil système d'éducation, Thierry n'avait pas été bien loin ; mais, selon la recommandation de sa mère, on ne l'avait pas fatigué, gué.

Malheureusement il s'était fatigué lui-même. Un jour de vagabondage, au moment où il atteignait sa dix-septième année, il avait été trouvé ivre-mort couché dans l'herbe d'un chemin.

Quand le père et la mère arrivèrent auprès de lui, il n'y eut pas de regard échangé entre eux.

— C'est un accident, dit le père à voix basse.

— Un malheur, répondit la mère, qui peut frapper tout le monde.

Au bout de six mois cet accident s'était reproduit, et il avait fallu aller chercher l'héritier des Dubuquois dans un cabaret de village, où il s'était abattu après huit jours de vagabondage.

Puis il s'était renouvelé encore une fois, dix fois, d'abord à des intervalles irréguliers, par hasard, pour arriver à une sorte de périodicité lorsque l'adolescent était devenu un homme.

D'humeur fantasque et irascible, il ne s'intéressait à rien; à l'exception de sa mère, de sa tante et de sa vieille bonne Sidonie, qu'il aimait réellement, il n'avait d'affection pour personne; tout le monde lui était indifférent, et, quand on ne l'ennuyait pas, on le gênait.

De tout ce qu'on avait essayé pour le distraire, une seule chose lui avait plu: la photographie, qui d'abord n'avait été qu'un joujou pour lui, mais qui à la longue était devenue une occupation et même une passion lorsqu'il avait acquis une certaine habileté de main.

C'était ainsi que l'héritier des Dubuquois, qui aurait pu mettre son ambition à diriger ces beaux établissements d'Hannebault, l'avait bornée à obtenir une bonne épreuve d'un arbre ou d'un bœuf.

XXIII

Ce n'était ni la mère, ni la tante qui s'étaient décidées à envoyer Thierry en Amérique, dans un hôpital pour les ivrognes. Cette résolution leur avait été imposée par leur frère, le général Rœmel.

Pendant le cours d'une mission dont il avait été chargé aux États-Unis, le général Rœmel avait par hasard visité un hôpital d'ivrognes, celui de Fort-Hamilton, à New-York, et il avait été frappé des résultats obtenus sur ceux qui s'y faisaient traiter, — non des pauvres diables, mais des gens instruits et bien élevés, des avocats, des médecins, des ingénieurs. Si ses sœurs se désespéraient de l'ivrognerie de Thierry, lui en était humilié et exaspéré; elles le plaignaient, lui le condamnait.

Il avait alors pensé à le placer dans un de ces hôpitaux pour les buveurs d'habitude, un de ces *Habitual Drukard's homes*, comme disent les Américains. Sous l'influence de cette idée, il avait visité tous ceux qu'on lui avait signalés à Boston, Chicago, et il était revenu en France décidé à essayer leur traitement sur son neveu.

Quand les deux sœurs avaient entendu parler d'envoyer leur bien-aimé en Amérique, dans un hôpital, elles avaient poussé des cris désespérés.

— Le pauvre enfant !

Mais le général, qui était cependant le meilleur homme du monde et qui aimait ses sœurs tendrement, n'ayant ni femme ni enfant, s'était fâché.

— Il a vingt-huit ans, votre enfant ; il me semble qu'à cet âge il peut quitter vos jupes ; et il le peut d'autant mieux que là-bas il n'abusera pas de sa liberté, puisque, étant séquestré, il ne sera pas libre.

— C'est là le terrible.

— Dites que c'est là le rassurant. Toutes les fois que vous lui avez adressé des observations, toutes les fois que je lui en ai fait moi-même, toutes les fois que vous l'avez prié, supplié de renoncer à son vice, il vous a répondu par les plus belles promesses qu'il n'a pas tenues.

— Il n'a pas pu les tenir.

— Justement il n'a pas pu les tenir ; sa volonté a été impuissante à le défendre contre sa passion. Eh bien, c'est précisément pour cela qu'il faut le placer dans des conditions où on le défendra contre lui-même ; lorsqu'il sera enfermé et soumis à une surveillance de tous les instants qui l'empêchera de boire, par la raison toute-puissante qu'il ne pourra se procurer ni alcool ni vin, il sera bien obligé de ne pas boire. L'habitude de boire sera brisée ; peu à peu le besoin, n'étant jamais sollicité, diminuera d'intensité, et après un certain temps on vous le rendra guéri.

Elles avaient fini par céder, écrasées sous le poids de la terrible responsabilité qu'elles acceptaient en ne consentant pas à cet internement que lui-même demandait, d'ailleurs.

Mais reviendrait-il guéri?

Pendant les dix-huit mois qu'il était resté en Amérique, enfermé à l'hôpital de Fort-Hamilton en compagnie des honnêtes gens qui se faisaient soigner là, c'avait été la question que chaque jour elles se posaient.

Bien qu'absent, il était constamment présent à leur pensée, et il faisait le continuel sujet de leurs conversations. C'était pour lui qu'elles travaillaient, c'était de lui qu'elles s'occupaient, qu'elles parlaient. Thierry, toujours, et encore Thierry : — Thierry me disait... Que dira Thierry? Quand ce n'était point à propos des lettres qu'elles recevaient de lui, c'était de leurs souvenirs qu'elles s'entretenaient ou de leurs espérances.

Car, malgré le doute qui les angoissait, elles ne pouvaient pas ne pas espérer. On parlait de guérisons miraculeuses. Lui-même, dans ses lettres, racontait des cas extraordinaires. Quatorze médecins enfermés avec lui venaient de sortir guéris. Pourquoi n'en serait-il pas pour lui comme il en avait été pour d'autres?

Elles étudiaient son écriture, cherchant si elle était plus ferme ou plus tremblée. De même elles étudiaient son style. Comme il s'était amélioré! Ses récits se suivaient maintenant et se développaient, ne se bornant plus à quelques mots secs ou à quelques phrases ambiguës. Il racontait qu'un médecin qui se faisait soigner dans l'hôpital lui apprenait l'anglais; ils lisaient ensemble, ils travaillaient.

Alors c'étaient des élans de joie; il reviendrait guéri, et la place que sa position et sa fortune lui donnaient dans le monde, il la prendrait et l'occuperait fièrement, Thierry Dubuquois, successeur de Rœmel et de Dubuquois frères.

Enfin après un séjour de dix-huit mois on avait pu le faire revenir : il était guéri, disait-il lui-même, et les médecins qui le soignaient le disaient aussi.

Avant de s'embarquer pour l'Europe il aurait voulu faire un voyage dans les États-Unis et au Canada; mais sa mère l'avait si instamment prié de renoncer à cette idée qu'il avait cédé, et qu'en sortant de l'hôpital il avait pris passage sur un transatlantique directement pour le Havre.

Qu'il n'eût pas succombé à la tentation de boire une seconde fois pendant ces dix-huit mois, cela s'expliquerait facilement : il n'y avait pas de tentation puisqu'il n'avait pas de quoi boire; mais il n'en serait plus de même le jour où il franchirait la porte de l'hôpital. Il n'aurait alors qu'à étendre la main. Que ferait-il? Résisterait-il?

C'était pour qu'il ne fût pas exposé aux dangers d'un voyage à travers le pays de l'alcool que sa mère l'avait prié de revenir au plus vite; mais il ne pouvait pas s'embarquer à Fort-Hamilton sur le transatlantique, il avait la ville à traverser. Ne s'arrêterait-il pas quelques minutes en chemin? Et pendant les longues heures d'ennui de la traversée, n'imiterait-il pas l'exemple de tant de passagers qui boivent leur bouteille de cognac dans la journée et calment leur soif avec quelques bouteilles de champagne?

Elle avait pris ses précautions en lui donnant pour compagnon de voyage l'agent qui faisait leurs achats de coton en Amérique; mais quelle autorité cet agent aurait-il sur un homme décidé à boire?

Au moment même où le vapeur allait quitter son quai, cet agent avait envoyé une dépêche pour dire que tout allait bien; mais il n'y avait pas de dépêche à envoyer tous les soirs pendant la traversée.

Ce furent douze journées cruelles pour les deux femmes. Que fallait-il pour que cette longue séparation de dix-huit mois fût perdue? Une faiblesse, un entraînement, et il rentrait en France ce qu'il était à son départ, et même plus misérable encore, puisque par cet essai inutile de guérison, tout espoir serait perdu pour l'avenir.

Pendant ces éternelles journées qui ne finissaient pas, on ne les vit ni l'une ni l'autre; elles ne s'occupèrent de rien, ne donnèrent aucun ordre, ne reçurent personne, pas même Strengbach; presque tout leur temps se passait en prières dans leur oratoire, dont il était interdit à tous les gens de la maison, même à Sidonie, de franchir la porte.

Cet oratoire n'était pas seulement le lieu où ces deux femmes pieuses s'enfermaient pour prier avec recueillement, c'était encore le sanctuaire de la famille : à côté du grand Christ en ivoire et de la Vierge en marbre blanc qui occupaient les deux places principales se trouvaient exposés, sur des consoles ou dans des vitrines, des objets qu'un prêtre eût été étonné de voir là : des brassières d'enfant, des béguins, des petits chaussons de soie piquée, des jouets de toute sorte, des hochets, des polichinelles, toutes reliques des enfants morts; dans un vieux cadre de velours décoloré, une croix de la Légion d'honneur, celle du père Rœmel, une des premières qui aient été données à l'industrie par Napoléon Ier; enfin, dans deux assiettes posées sur l'autel, une matière brune que celui qui serait entré dans cet oratoire eût eu de la peine à définir, poussière ou minéral, mais qui faisait monter, à certains jours sacrés les larmes aux yeux de ces deux femmes lorsqu'elles la regardaient, car c'était de la terre rouge d'Alsace, celle de la patrie perdue.

C'était le mardi que le *Canada,* qui ramenait Thierry en France, était attendu au Havre; elles partirent le lundi d'Hannebault afin qu'en débarquant il les trouvât sur le quai, au bout de la planche; pour leur tendresse, il fallait qu'elles fussent là, et il le fallait aussi pour les précautions à prendre.

Dès le matin, elles étaient sur la jetée, attendant, bien que la marée fût basse, et revenant, de cinq en cinq minutes, devant le cadre dans lequel on affiche le nom des navires en vue. A neuf heures seulement on signala le *Canada,* qui n'était pas encore visible à l'horizon, et qui n'entra au port qu'à onze heures.

Dans quel état Thierry allait-il apparaître?

La tante fut obligée de soutenir la mère, tant celle-ci était tremblante.

Enfin il parut au haut de la planche : il était parti

le visage bouffi et enflammé, les mains tremblantes, la démarche pénible et chancelante ; il revenait pâle, se tenant comme tout le monde.

Toutes deux en même temps se serrèrent la main fortement :

— Sauvé !

— Guéri !

Leurs prières avaient été exaucées ; c'était un homme que Dieu leur rendait.

Son premier mot, après les tendres embrassements du retour, fut pour demander quand partait le bateau de Honfleur.

— Dans une heure.

— Eh bien, prenons-le ; j'ai déjeuné à bord.

Par Lisieux et Mézidon, ils arrivaient le soir même à Hannebault.

Le dîner, commandé par une dépêche, les attendait. En se mettant à table, les deux femmes furent reprises de l'angoisse qui depuis douze jours leur avait si souvent serré le cœur.

— Comment allait-il se comporter?

Si elles avaient osé, elles auraient recommandé aux domestiques de ne pas mettre les carafes de vin sur la table ; mais elles avaient reculé devant cette honte. Avec quelle émotion elles le virent porter la main sur la carafe placée près de lui.

Après avoir servi sa mère et sa tante, il ne versa que deux doigts de vin dans son verre qu'il remplit d'eau, et pendant tout le dîner ce fut ainsi.

Tout le monde était fatigué, chacun se retira chez soi de bonne heure ; mais, au lieu de se coucher, madame André, descendant au rez-de-chaussée, entra dans l'oratoire; elle y trouva sa sœur en prières.

— Comme toi j'ai voulu remercier la sainte Vierge, s'écria madame André.

Et elles se jetèrent dans les bras l'une de l'autre.

XXIV

L'expérience du premier dîner et surtout ce que l'agent américain avait dit de la sobriété de Thierry pendant la traversée, devaient donner bon espoir à madame André.

Mais elle avait déjà éprouvé de si terribles déceptions, non seulement avec son fils, mais encore avec son mari, que c'eût été folie à elle de se fier aux aprences, si solides qu'elles parussent.

L'apparence était pour la guérison. L'homme que lui rendait l'hôpital américain ne ressemblait en rien assurément à celui qu'il avait reçu dix-huit mois auparavant.

Mais cette guérison se maintiendrait-elle ?

Une autre à sa place n'eût pas eu de craintes, sans doute ; celui qui vient d'avoir une fluxion de poitrine ose sortir et respirer sans s'imaginer qu'il doit fatalement en gagner une nouvelle ; mais quelle autre avait souffert comme elle ; et la maladie de l'ivrognerie est plus dangereuse par ses rechutes que la fluxion de poitrine.

Combien de fois avait-elle vu son mari pleurer de

honte et jurer par des serments solennels qu'il ne boirait plus ; que c'était fini ; qu'il se ferait plutôt sauter la cervelle que de toucher à un verre d'eau-de-vie ! Et cependant, combien de fois l'avait-elle vu oublier serments, honneur, oublier tout et boire !

Il est vrai que son mari n'avait jamais été guéri, tandis que Thierry semblait l'être.

L'était-il réellement, pour toujours, et pouvait-elle s'endormir dans une douce sécurité !

On prend des précautions avec les convalescents et les faibles ; on écarte d'eux les occasions de rechute.

C'était ce qu'elle devait faire et ce que sûrement elle ferait avec une sollicitude de tous les instants ; mais quoi qu'elle voulût, elle ne pourrait pas être toujours derrière son fils pour lui retenir le bras ; il allait reprendre sa vie d'autrefois, revoir quelques jeunes gens avec qui il avait des relations, se promener, chasser, faire de la photographie, et les occasions qu'elle parviendrait peut-être à écarter à la maison surgiraient devant lui et l'envelopperaient à chaque pas qu'il ferait au dehors.

Elle ne pouvait pas le séquestrer, l'isoler comme dans un hôpital.

Et cependant c'était cela qu'il fallait, c'était le retenir à la maison, c'était l'y distraire, l'y occuper de telle sorte qu'il n'eût pas l'envie d'en sortir et qu'il se séquestrât lui-même volontairement.

Comment arriver à cela ?

Comment deux vieilles femmes, telles que sa sœur et elle, pouvaient-elles rendre la maison assez agréable pour retenir un homme de trente ans qui disposait d'une grosse fortune ?

Ce n'était pas une vieille femme qui pourrait réaliser ce miracle ; c'était une jeune.

Le marier.

Il fallait le marier : c'était son devoir de mère.

Marié, il avait un but dans la vie, un intérêt de chaque instant. Sa femme, si elle savait se faire aimer, le dominait, et les enfants achevaient ce que la femme avait commencé.

Ce n'était pas la première fois qu'elle pensait à le marier, et déjà, avant son départ, elle avait arrangé bien des mariages qu'elle aurait certainement réalisés si alors elle n'avait pas voulu attendre qu'il fût guéri.

Maintenant qu'il l'était, guéri, il n'y avait plus à attendre.

Et même tout lui faisait une loi impérieuse de le marier aussi vite que possible.

Seulement, si haute que fût leur position et si belle que fût leur fortune, il fallait s'avouer que ce mariage n'était pas facile : par malheur, les accidents dont son fils avait été victime étaient connus de trop de personnes ; et les jeunes filles dont la position et la fortune étaient égales à celles de Thierry ne voudraient certainement pas de lui.

Dans ce mariage, il fallait donc écarter les questions de fortune et de position et n'exiger chez la jeune fille qu'elle choisirait que certaines qualités personnelles, celles qui devraient rendre Thierry heureux : la beauté, la santé, l'intelligence, la bonté, l'éducation, la douceur, la simplicité, le dévouement, l'honnêteté, et aussi l'honorabilité des parents. Avec une fortune comme la sienne, Thierry avait le droit d'être exigeant : quelle pauvre fille ne serait pas heureuse et fière d'échanger sa misère contre la fortune des Dubuquois ?

Il n'y avait qu'à trouver cette jeune fille, à la chercher, à la faire chercher par le général ; le nom de Dubuquois ouvrirait toutes les portes.

C'était dans la nuit qui avait suivi le retour de Thierry à Hannebault que madame André Dubuquois avait arrêté de marier son fils et qu'elle s'était décidée à choisir une fille pauvre ; mais contrairement à la tradition et à des habitudes religieusement observées depuis plus de quarante ans, elle avait pris ce parti sans consulter sa sœur, se promettant bien cependant de le lui soumettre aussitôt qu'elle pourrait l'entretenir en particulier.

Ce fut seulement après que Thierry, qui ne les avait pas quittées de la matinée, eut profité de l'éclaircissement du temps pour aller faire quelques études de photographie et essayer des procédés qu'il avait rapportés d'Amérique, qu'elles se trouvèrent en tête-à-tête et dans des conditions à pouvoir parler librement.

Aussitôt madame André s'ouvrit à sa sœur, en lui soumettant ses réflexions et ses résolutions de la nuit.

— Ce que tu me dis, répondit celle-ci, j'allais te le dire, car j'ai pensé à Thierry comme tu y as pensé toi-même, sans dormir, et tes conclusions sont les miennes.

— Il faut le marier.

— Aussitôt que possible ; seulement je ne suis pas aussi modeste que toi dans mes prétentions.

— Pense à la réputation qu'on a dû lui faire dans le pays.

— Oublie le passé et ne pense qu'au présent : il est très bien, ton fils, avec sa grande taille, son teint pâle, sa barbe blonde et ses yeux mélancoliques. Quelle fille ne sera pas heureuse de l'avoir pour mari ?

— Pense à ce qu'on a dû dire. Malgré toutes nos précautions on sait qu'il a été en Amérique pour se faire soigner. Qui a raconté cela ?

— Strengbach seul le savait.

— Je ne peux pas admettre que Strengbach soit capable d'une pareille infamie.

— Ni moi, car si Strengbach est capable de bien des choses lorsque son intérêt est en jeu, il n'est pas méchant, et c'eût été de sa part une méchanceté noire de commettre une pareille indiscrétion.

— Enfin on a parlé.

— C'est possible ; mais si l'on sait qu'il a été en Amérique pour se faire soigner, on peut voir qu'il revient guéri, et alors les répugnances que tu crains tombent.

— Tombent-elles complètement ?

— Je ne dis pas cela, mais elles s'atténuent au moins, et comme, d'autre part, la fortune de Thierry parle haut, je n'imagine pas qu'à ta demande on puisse répondre par un refus. S'il est l'héritier de son père et s'il doit être le tien, il sera le mien aussi ;

c'est quelque chose, cela, que nous ne devons pas oublier.

— C'est le bonheur de Thierry que nous devons avoir en vue, rien que son bonheur: la position de celle que nous lui donnerons n'est donc qu'un point secondaire. C'est à la femme seule que nous devons nous attacher.

Madame Charles Dubuquois regarda sa sœur longuement.

— Ton choix s'est-il donc arrêté sur quelqu'un ? demanda-t-elle.

— Mon choix, non ; car je ne choisirais pas une femme pour Thierry sans t'avoir auparavant consultée.

— Enfin tu as une jeune fille en vue ?

— Ce matin je n'en avais pas, maintenant j'en ai une.

— Qui donc?

— Cette jeune fille que nous venons de rencontrer avec son père.

— Mademoiselle La Guillaumie ?

— Elle-même.

Madame Charles Dubuquois resta un moment interdite.

— As-tu donc quelque grief contre elle ? demanda sa sœur.

— Aucun.

— Ne te plaît-elle point ?

— Je suis surprise, rien que surprise, voilà tout.

— Sans doute cette jeune fille n'a aucune position

mais elle est charmante. Je l'ai bien examinée tout à l'heure : elle est positivement très jolie, avec quelque chose de séduisant dans la physionomie et dans toute sa personne ; on sent en elle un mélange de bonté et de droiture, et avec cela de l'intelligence ; musicienne elle l'est, nous en avons la preuve ; instruite, elle doit l'être ; enfin, les parents sont d'honnêtes gens.

— Le père est journaliste.

— Je sais bien ; mais la mère est une digne femme, une brave bourgeoise qui travaille courageusement.

Madame Charles Dubuquois réfléchit un moment.

— Je trouve comme toi, dit-elle, que mademoiselle La Guillaumie est douée de qualités réelles ; je n'ai pas d'objections à faire contre sa position ; enfin je crois qu'elle peut rendre Thierry heureux, et que nous ne rencontrerions en elle que des sentiments de reconnaissance. Mais je suis plus exigeante que toi. Si Thierry est ton fils, il est mon sang aussi et j'ai le droit d'être difficile pour lui. Quelle est la santé de cette jeune fille ?

— Elle paraît excellente.

— Elle paraît ; elle nous paraît à nous, qui ne sommes que des ignorantes. Ce n'est point assez, et j'estime qu'avant d'aller plus loin nous devons consulter le docteur Chaudun ; il ne suffit pas que la femme de Thierry, que la mère de ses enfants soit d'une bonne santé ordinaire, il faut que cette bonne santé soit exceptionnellement saine et solide.

— Dès demain nous irons consulter M. Chaudun.

— Maintenant que vaut-elle moralement? On dit et je crois qu'elle est honnête fille ; mais cela ne suffit pas non plus. Je propose donc qu'en sortant de chez M. Chaudun nous allions chez le doyen. Il la connaît, il la voit souvent ; personne mieux que lui ne peut nous renseigner.

XXV

Le lendemain, après le déjeuner, Thierry partit en campagne avec son appareil photographique ; il avait besoin de marcher, de se fatiguer et aussi de ne point rester exposé à l'ennui qui ne tarderait pas à le prendre à la maison, s'il ne faisait rien.

Aussitôt sa mère et sa tante se rendirent chez le docteur Chaudun, qu'elles étaient certaines de trouver, puisque c'était l'heure de sa consultation.

En arrivant à Hannebault, elles avaient eu grande peine à s'habituer au docteur Chaudun, qu'on leur avait représenté comme un voltairien et un athée. Pour leur piété, c'était là une fâcheuse recommandation. Aussi avaient-elles hésité entre lui et son confrère. Mais, comme ce confrère, ancien médecin militaire retiré à Hannebault en sortant de son régiment, passait la plus grande partie de son existence au *Café du Progrès* à jouer de formidables parties de billard qu'il ne se décidait à interrompre qu'après qu'on l'avait envoyé chercher plusieurs fois, elles avaient dû quand même se résigner à prendre le docteur Chaudun. D'ailleurs la réputation de ce médecin militaire qu'on appelait le Major ou M. Coupe-Toujours, parce que, à propos de tout, il répétait sans cesse le même mot : « Nous vous enlèverons ça, j'en ai vu bien d'autres, » n'était guère rassurante, tandis que celle de Chaudun offrait de sérieuses garanties de savoir et de prudence que ses soixante-douze ans n'avaient diminuées en rien. Mais à mesure qu'elles avaient appris à connaître le vieux médecin elles s'étaient attachées à lui, et par les services qu'il leur avait rendus, par son dévouement, par sa bonté, par sa charité il avait si bien gagné leur estime qu'il était devenu leur ami ; avec le doyen, l'abbé Colombe, il était l'homme qui exerçait le plus d'influence sur elles, au moins dans le pays, leur frère le général restant leur oracle respectueusement écouté.

Bien qu'il eût une nombreuse clientèle, le docteur Chaudun ne recevait que peu de monde chez lui, ayant pris l'habitude, en arrivant dans un pays où l'on savait compter, de faire payer ses consultations le même prix que ses visites. « Qu'est-ce que vous payez, avait-il dit à ses clients, mon savoir, n'est-ce pas? et non l'usure de mes souliers? Eh bien, j'en sais autant chez moi que chez vous : payez donc chez moi autant que vous payeriez chez vous. Sans cela, pour faire une économie, vous ne m'appelleriez jamais, et vous viendriez gagner des fluxions de poitrine sous une grande porte qui est mortelle. »

Quand il vit entrer dans son cabinet madame André et madame Charles, il eut un moment d'inquiétude : comme tout le monde à Hannebault, il savait que Thierry avait été se faire soigner en Amérique, et ayant depuis longtemps sur les dipsomanes une opinion que plusieurs expériences avaient confirmée, il ne croyait guère à une guérison; pour qu'elle fût possible, il faudrait qu'il y eût chez Thierry ivrognerie simple et non dipsomanie, et pour lui Thierry était un dipsomane. Or, aux yeux du médecin éclairé, et le père Chaudun connaissait son affaire comme il le disait très justement de lui-même, la différence est capitale entre l'ivrogne et le dipsomane. L'ivrogne cède à une habitude vicieuse et boit toutes les fois qu'il trouve l'occasion de boire; le dipsomane, au contraire, cède à une influence morbide et boit quand son accès le prend. On peut guérir les ivrognes, on ne guérit pas les dipsomanes, alors surtout qu'il y a chez eux une prédisposition héréditaire se joignant à des anomalies nerveuses, — le cas précisément de Thierry.

— Le pauvre bougre a succombé à un de ses accès, se dit-il, et les malheureuses femmes, désespérées, viennent me consulter.

Et il prit une figure fâchée comme cela lui arrivait toutes les fois qu'il ne pouvait rien, furieux contre lui-même au lieu de l'être contre la médecine ou contre l'humanité.

Mais aux premiers mots de madame André Dubuquois, sa figure contractée s'épanouit :

— Mademoiselle La Guillaumie ! s'écria-t-il, c'est pour me demander ce que je pense de Marianne que vous venez me consulter?

— Il s'agit d'un mariage, dit madame Charles qui, bien qu'elle eût pleine confiance dans le vieux médecin, trouvait inutile de se livrer, et les personnes qui pensent à ce mariage désirent, avant de pousser les choses plus loin, savoir à quoi s'en tenir sur la santé de la jeune fille.

— Mais c'est la plus belle fille d'Hannebault.

— Il ne s'agit pas de sa beauté, que tout le monde peut voir, il s'agit de sa santé.

— Ne croyez pas, mesdames, que j'aie voulu répondre par une équivoque et me rejeter sur la beauté parce que je ne pouvais pas parler de la santé. Bien que je ne sache guère manier l'équivoque, je l'aurais peut-être employée pour vous répondre, si précisément je n'avais pas pu répondre, car il ne m'aurait pas été possible de me retrancher derrière le secret professionnel. Mais avec Marianne il n'y a pas de secret professionnel, attendu que je ne suis pas son médecin, n'ayant pas eu à la soigner puisque jamais elle n'a été malade. Ce qu'est son cœur, ce que valent ses poumons, je ne puis pas le dire au juste, puisque je ne l'ai jamais auscultée, mais j'affirme qu'ils sont excellents. On n'a pas cette fleur de santé, cette vigueur, cette sérénité, sans que tous les organes soient dans un parfait équilibre. Si j'avais quarante ans de moins et que je voulusse me marier, je ne choisirais pas une autre femme; et si j'avais un fils, je le supplierais de la prendre pour la mère de ses enfants.

Elles écoutaient en se regardant, et, à mesure que le médecin parlait, leur physionomie trahissait une satisfaction qui en aurait appris long au père Chaudun s'il lui était venu à la pensée que des femmes intelligentes, des dignes femmes, qui étaient la droiture et l'honnêteté même, des chrétiennes que l'on citait pour leur piété et leurs vertus, pouvaient avoir l'idée de marier un dipsomane, et cela alors qu'une de ces femmes, mariée elle-même à un dipsomane, savait mieux que personne quels enfants ces mariages peuvent donner.

— Je vois, dit-il en interprétant cette satisfaction à sa manière, que vous êtes heureuses de mes paroles. Et cela me rend tout heureux moi-même d'avoir la preuve que vous vous intéressez à cette chère enfant. Combien de fois, depuis un an ou deux, me suis-je dit en voyant qu'elle ne se mariait pas : « Il n'y a donc plus de jeunes gens assez intelligents pour deviner quelle femme admirable serait cette belle fille? » Et ce n'était pas seulement un médecin qui parlait ainsi, c'était un homme sensible aux sérieuses qualités de cœur et d'esprit qui sont en elle. Mais j'ai eu tort de me fâcher contre les jeunes gens; il y en a encore d'assez jeunes pour écouter d'autres considérations que celles de la fortune. Mes compliments à celui qui a compris ce qu'elle valait : il aura une bonne femme.

— Mais le père? demanda madame André.

— Et la mère? demanda madame Charles.

— C'est au point de vue de la santé, n'est-ce pas, que vous m'adressez cette question?

— A tous les points de vue.

— Au point de vue de la santé, soyez certaines que

lorsqu'on a un enfant comme Marianne on est dans les meilleures conditions. A la vérité, je ne sais rien des ascendants de M. La Guillaumie, mais il est à croire que c'étaient des gens solides. Quant à ceux de madame La Guillaumie, je les ai un peu connus autrefois à Condé : il n'y avait rien à dire d'eux ; ils étaient, autant que je me le rappelle, dans la bonne moyenne.

-- Vous nous trouvez peut-être bien exigeantes?

-- Je vous trouve sages. On se marie généralement beaucoup trop à la légère. Une fille vous plaît, on demande à un notaire ou à un homme d'affaires quelle est la position des parents, si la fortune qu'on leur suppose est nette, s'il y a des hypothèques sur leurs propriétés ; et, pas une fois sur cent, on ne s'avise de demander à un médecin s'il y a des hypothèques sur la santé de la jeune fille, ce qui a bien son importance cependant. Sans doute il ne faut pas exagérer l'influence de l'hérédité et l'étendre outre mesure, mais il ne faut pas davantage la dédaigner. Il y a des mystères dans la paternité, d'ailleurs.

Il allait se lancer dans une thèse sur l'hérédité, mais il se rappela à temps devant qui il parlait.

— Tous les enfants de poitrinaires ne sont pas fatalement poitrinaires, dit-il, il s'en faut et de beaucoup.

-- N'est-ce pas? dit madame André avec un soupir de soulagement, car rien ne la rendait plus malheureuse, plus honteuse que d'entendre parler d'hérédité, comme si chaque mot s'adressait à elle et faisait allusion à son fils. L'hérédité pour la santé lui paraissait une loi naturelle et générale. Marianne née de parents solides et sains, devait être saine et solide elle-même, cela était absolu. Mais, par contre, l'hérédité pour la maladie ne lui paraissait nullement avoir le même caractère de fatalité ; parce que Thierry était le fils d'un malade, il n'en résultait pas qu'il avait nécessairement hérité de son père ; pour une part, oui, elle le reconnaissait, mais pour tout elle ne pouvait pas le croire. Aussi lui était-il doux d'entendre dire par un médecin que tous les fils de poitrinaires n'étaient pas fatalement poitrinaires : « Il s'en faut, et de beaucoup. »

— Quant au point de vue moral, continua le médecin, je ne puis vous répéter que ce que tout le monde sait et dit : des braves gens. Le père, un honnête homme ; la mère, vous la connaissez comme moi, une digne femme qui a donné à sa fille l'exemple de toutes les vertus.

Elles en savaient assez ; elles remercièrent le père Chaudun et le quittèrent pour se rendre au presbytère.

Resté seul, le vieux médecin réfléchit un moment, se demandant quel pouvait être ce mari ; mais son hésitation ne fut pas longue.

— C'est sûrement pour leur chimiste qu'elles sont venues me consulter, se dit-il. Eh bien, cela fera vraiment un joli couple ; je n'aurais pas souhaité mieux pour elle.

XXVI

— Je ne crois pas, dit madame Charles à sa sœur, lorsqu'elles arrivèrent à la porte du presbytère, qu'il soit convenable d'observer avec M. le doyen la même réserve qu'avec M. Chaudun.

— Quelle réserve ?

— Celle de ne pas nommer Thierry. Certainement, je crois M. Chaudun aussi discret que M. le doyen, mais M. Chaudun n'est qu'un médecin, M. le doyen est un prêtre.

— C'est juste.

— Ne pas nous ouvrir à lui franchement, serait, il me semble, faire injure à son caractère sacré.

— Assurément.

Elles avaient poussé la porte qui n'était jamais fermée à clef, et elles étaient entrées dans le jardin du presbytère.

C'est une curiosité que ce jardin, qui alors que tout se transformait autour de lui, était resté tel que le cultivaient les curés d'Hannebault cinquante ans avant la Révolution, avec les mêmes arbres : le long des espaliers, des doyennés, des saints-germains, des bons-chrétiens ; avec les mêmes fleurs dans les plates-bandes qui entourent les carrés de légumes, des lys, des asters, des roses cent-feuilles et des Provins, des dahlias à fleurs simples ; avec les mêmes pierres tombales qui servent de pavage à l'allée principale. Quelques curés ont arraché de ci, de là, des touffes de rosiers qui gênaient les légumes ; pas un n'a eu l'idée d'introduire une de ces fleurs nouvelles qui, depuis cinquante ans, ont changé le caractère et la physionomie des jardins, — en tout un jardin de curé.

De même la maison curiale n'a subi aucun changement ; c'est à peine si de loin en loin une réparation forcée a fait gratter de place en place les mousses et les lichens qui couvrent de leur verdure les tuiles du toit ; quant aux petits carreaux verts en cul de bouteille, pas un curé n'a pensé à les remplacer aux fenêtres par des vitres plates et blanches.

Moins que personne, l'abbé Colombe se serait permis de toucher à quelque chose dans son presbytère pour le changer. Nommé curé d'Hannebault malgré lui, c'était avec un sentiment d'humilité et de respect qu'il était rentré dans cette maison qu'il avait habitée autrefois en qualité de vicaire, et où il était plus que surpris de se trouver maintenant en qualité de doyen (1).

— Lui, doyen ! lui, un si pauvre homme ! le successeur d'un saint prêtre comme monseigneur Guillemittes !

(1) Voir *Un Miracle* et les *Batailles du Mariage*.

Combien de fois s'était-il dit et combien souvent encore s'écriait-il : *Domine, non sum dignus.*

Dans ces dispositions morales comment se serait-il permis d'apporter le plus léger changement à ce qui avait existé du temps de son prédécesseur ! Ce qui avait été bon pour un évêque n'était-il pas trop bon pour un pauvre homme ? C'était avec humilité qu'il s'asseyait dans le fauteuil que l'abbé Guillemittes avait occupé pendant si longtemps ; avec respect qu'il prenait place au bureau sur lequel l'évêque de Condé avait passé tant d'heures à travailler. En quittant le doyenné d'Hannebault pour l'évêché de Condé, l'abbé Guillemittes avait laissé son modeste mobilier à son successeur, et celui-ci le conservait comme de pieuses reliques. Chaque chose était un souvenir, chaque meuble avait une histoire que l'abbé Colombo racontait à ses jeunes prêtres les jours de conférence : « Oui, mon cher enfant, cette chaise était celle que monseigneur affectionnait. Cet encrier est celui dans lequel il a pris de l'encre pour écrire tant de lettres mémorables. Ce bureau est celui devant lequel il a tant réfléchi, tant travaillé. Mais bien que ce soit le même, il ne ressemble plus, hélas ! à ce qu'il était autrefois, encombré de livres, de plans, de mémoires, quand monseigneur était dans le feu de la construction de notre chère église. »

Quand madame André Dubuquois frappa à la porte du cabinet de travail du doyen, car il était rare qu'au presbytère on rencontrât quelqu'un pour vous annoncer, l'abbé Colombo était assis dans la chaise de « Monseigneur » et devant le bureau de « Monseigneur »; mais, au lieu d'être plongé, comme « Monseigneur », dans la préparation de quelque affaire industrielle, il lisait un livre qui lui était cher et auquel il revenait sans cesse, aussitôt qu'il avait un moment de liberté : la *Vie du jeune Frumence* ou le *Jardinier de Marie.*

En voyant entrer celles qu'il appelait « les dames Dubuquois », il se leva vivement pour venir au-devant d'elles.

Et, après les premiers mots de politesse, allant chercher le fauteuil qu'il occupait, il l'offrit à madame André.

— Je vous en prie, dit-il, prenez ce siège, c'était celui de Monseigneur au temps où il habitait cette demeure curiale.

Pour l'abbé Colombe, un fauteuil était un siège, un presbytère, une demeure curiale, comme l'église était la maison du Seigneur.

Ce n'était point son habitude d'offrir « le siège de Monseigneur » à ceux qui lui rendaient visite, et encore moins à des femmes; mais les « dames Dubuquois » étaient de saintes personnes qui, par leurs vertus et leur piété, faisaient l'édification de sa paroisse.

— C'est un conseil que nous venons vous demander, dit madame André avec franchise.

— Un conseil à moi, chères dames!

Et il balbutia quelques mots inintelligibles; c'était déjà quelque chose de terrible pour lui que de recevoir les dames Dubuquois dans « sa demeure », et en les voyant entrer il avait un peu perdu la tête, mais ces paroles l'achevaient.

Heureusement, madame Charles, voyant dans quel trouble il était, vint en aide à cette timidité si prompte à s'effaroucher.

— Vous savez que Thierry est revenu, dit-elle, coupant court aux circonlocutions ; nous avons résolu de le marier, et nous venons vous parler de ce mariage.

Cela, semblait-il, devait mettre le doyen à son aise. Cependant, ce ne fut pas l'effet qui se produisit. Il parut encore plus embarrassé, plus troublé, vraiment malheureux et désespéré.

Et pendant que madame Charles expliquait que par ce mariage elles voulaient mettre un intérêt sérieux dans la vie de Thierry en lui imposant les responsabilités du père de famille, l'abbé Colombe adressait une prière mentale à une madone posée sur la cheminée, lui demandant de l'inspirer :

— Sainte Vierge, que répondre ?

Car, en sa conscience droite et honnête, il trouvait que c'était un crime de vouloir marier Thierry. Marier cet ivrogne ! Lui donner une femme ! La malheureuse ! Quelle serait son existence avec un pareil mari ! Comment ces saintes femmes se laissaient-elles abuser, l'une par la maternité, l'autre par l'affection familiale, au point de ne pas voir « cet infortuné jeune homme » comme il appelait Thierry, tel qu'il était !

Mais lui, que ces sentiments n'abusaient point, le connaissait bien, cet « infortuné jeune homme », sujet de scandale pour sa paroisse, et l'on venait lui demander conseil pour son mariage ! Quelle situation que la sienne ! Il était incapable de mentir à sa conscience, et de ce côté il n'avait aucune hésitation. Mais il en avait sur la forme à donner à sa réponse sincère, et cela le désespérait. Ah ! s'il avait eu les lumières, la politesse, la finesse de Monseigneur ! Qu'on eût adressé cette demande de conseil à Monseigneur, et Monseigneur s'en serait tiré en disant la vérité, mais sans peiner, sans blesser cette mère et cette tante, qui aimaient si tendrement « cet infortuné jeune homme ». Tandis que lui ne trouvait rien pour adoucir la cruauté du coup qu'il allait leur porter. Il l'avait dit cent fois, qu'il ne suffisait pas de s'asseoir dans le siège de Monseigneur pour le remplacer. Mais jamais cet aveu n'avait été aussi écrasant qu'en ce moment.

Madame Charles était arrivée au bout de ses explications.

— Comme ce que nous avons voulu avant tout, dit-elle, c'est le bonheur de Thierry, nous n'avons obéi qu'à cette seule considération dans le choix de la jeune fille que nous avons fait, et c'est de cette jeune fille que nous venons vous parler.

— Je la connais donc ?

— C'est mademoiselle La Guillaumie.

Il leva les bras au ciel par un geste dans lequel il y avait autant de stupéfaction que de désolation.

— Savez-vous donc sur cette jeune fille quelque chose qui rendrait ce mariage impossible ? demanda madame André.

Ce n'était pas ce qu'il savait de la jeune fille qui devait rendre ce mariage impossible. C'était ce qu'il savait du jeune homme. Et, ce qui causait sa désolation, c'était de voir une de ses paroissiennes, pour laquelle il avait de l'affection et de l'estime, exposée à un pareil mariage.

— Je ne sais rien que de favorable sur elle, dit-il en balbutiant.

— Eh bien, continua madame Charles, qui vous fait croire qu'elle ne pourrait pas être pour Thierry la femme que nous espérons?

— Je crois qu'elle sera une excellente épouse... certainement la meilleure des épouses.

— Alors, comment n'assurera-t-elle pas le bonheur de mon fils? demanda madame André. Je vous en prie, monsieur le doyen, expliquez-vous; vous ne pouvez pas nous laisser ainsi dans le doute.

Assurément il fallait qu'il s'expliquât, il le sentait, il le voulait, mais comment? C'était là le terrible.

— Pour nous, reprit madame Charles, nous avions cru qu'un mariage entre cette jeune fille et mon neveu, guéri des malheureux accidents qui nous tourmentaient tant ne pouvait être qu'heureux...

— Quoi, il est guéri, M. Thierry? demanda le doyen.

— Mais assurément.

Jamais l'abbé Colombe n'avait poussé pareil soupir de soulagement.

— Heureux ce mariage, s'écria-t-il, dites que ce sera une parfaite béatitude.

Et alors, pendant plus de dix minutes, il fit l'éloge

de Marianne avec ces interjections, ces oh! ces ah! et ces exclamations dont il avait seul le secret.

Puis, après l'éloge de la fille vint celui de la mère, et même celui du père.

— Un bien digne homme, en vérité; vous me direz : sa profession, c'est vrai; mais il l'exerce honnêtement.

XXVII

Les renseignements sur Marianne étant conformes aux espérances des deux sœurs, il pouvait être donné suite au projet de mariage.

Telle était la hâte de madame André de voir Thierry à l'abri de ce qu'elle appelait ses accidents, qu'elle fût volontiers entrée chez madame La Guillaumie en sortant du presbytère pour demander la main de Marianne : c'était une telle fortune pour ces braves gens de marier leur fille au chef de la maison Dubuquois qu'il n'y avait pas, semblait-il, l'ombre d'une résistance à rencontrer en eux.

Mais madame Charles la calma ; son caractère flegmatique la rendait moins prompte aux entraînements, et sa vie tranquille auprès d'un mari qui l'aimait tendrement l'avait préservée de cette irritation et de cette excitabilité nerveuse que trente années de souffrances et d'angoisses avaient développées chez sa sœur : ce n'est point d'un même cœur que les malheureux et les heureux accueillent une espérance de bonheur.

— Avant tout, dit-elle à voix basse, en se serrant

contre sa sœur qui lui donnait le bras, avant tout, il me semble qu'il faudrait arranger les choses de façon à inspirer du goût à Thierry pour cette jeune fille.

— Elle est charmante.

— Pour nous.

— Pour tous ceux qui la connaissent.

— Thierry la connaît-il? Je veux dire a-t-il fait attention à elle? Pour que ce mariage soit heureux comme nous voulons qu'il le soit, il faudrait, il me semble, qu'il fût un mariage d'amour.

— Et le temps?

— Il ne faut pas un temps bien long pour cela. Certainement nous devons nous hâter, mais l'impatience pourrait nous exposer encore à plus de danger que l'attente, — je veux dire une courte attente.

Elles furent obligées de s'interrompre; elles descendaient la grande rue et à chaque pas elles avaient à répondre aux saluts qu'on leur adressait. Qui ne dépendait pas d'elles à Hannebault, depuis le notaire, qui faisait leurs contrats d'acquisition de terrains, jusqu'aux petits boutiquiers qui vivaient de leur cité ouvrière, et jusqu'aux artisans, menuisiers, forgerons, peintres, qui travaillaient pour leurs usines?

— Les dames Dubuquois.

A ce mot chacun sortait sur le pas de sa porte, empressé de se faire remarquer.

— C'est moi votre bouchère.

— C'est moi votre maréchal ferrant.

— C'est moi votre pharmacien.

Quand elles arrivèrent devant le café du *Progrès*, ce ne fut plus un salut individuel qu'elles eurent à rendre ; il y avait là autour des tables placées devant le café, entre des rangées de petits thuyas plantés dans des caisses vertes, tout un monde de consommateurs qui tenaient à saluer ostensiblement les deux reines d'Hannebault, sans se douter du mépris que ces reines éprouvaient pour ceux de leurs sujets qui avaient l'infamie d'entrer dans un café. Au premier rang le Major, qui avait interrompu sa partie de billard et déposé vivement sa queue sur le tapis vert pour adresser un salut militaire à celles qui permettaient que les deux médecins d'Hannebault, qu'elles payaient de leur bourse, pussent soigner les ouvriers de la cité, selon que le malade avait confiance en celui-ci ou en celui-là ; — et près de lui, le beau Toussaint, son partenaire, qui, plus que personne, avait intérêt à se rappeler au souvenir des dames Dubuquois ; en effet, les polices d'assurance contre l'incendie des usines arrivaient à terme, et depuis quelques mois il manœuvrait pour faire admettre la Compagnie dont il était l'agent en concurrence avec celles qu'il espérait supplanter : « Assurément il avait bien peu de droits à cette faveur ; en réalité, il n'en invoquait qu'un, celui que lui donnait peut-être aux yeux de personnes pieuses son engagement dans l'armée de notre saint-père, du chef vénéré de notre sainte religion. » Au milieu de ces chapeaux bas et de ces fronts inclinés, deux têtes seules se tenaient droites et n'avaient que de la curiosité dans le regard : le père Bultel d'abord, le propriétaire du *Progrès*, qui, pénétré de l'importance de ses fonctions et surtout de leur indépendance, ne saluait personne, et les manches de sa chemise retroussées jusqu'au coude, le cou nu, sans veste, sans gilet, été comme hiver, attendait qu'on le saluât lui-même ; puis la belle Apolline sa fille, ou plutôt la fille de sa femme, regardant du haut de sa beauté ces deux vieilles femmes qui lui avaient enlevé Thierry pour l'envoyer en Amérique, au moment même où elle se flattait de faire ce qu'elle voulait de cet adorateur, qui lui avait déjà donné les bijoux dont elle se parait : une chaîne, une montre, un collier, des bagues pour chacun de ses doigts, le pouce excepté, et de grosses boucles d'oreilles qui étaient sa gloire. Que n'eût-elle pas obtenu de lui ?

— Vous les saluez comme le saint-sacrement, dit-elle à Toussaint, d'un ton de mauvaise humeur.

Bien qu'il n'osât pas ordinairement lui répliquer lorsqu'elle lui envoyait quelque rebuffade, il regimba.

— Je les salue avec le respect qui leur est dû, dit-il.

— Qu'est-ce donc qu'elles vous ont fait ? demanda-t-elle en haussant les épaules.

Mais le Major ne permit pas qu'une discussion s'engageât.

— A vous de jouer, dit-il à Toussaint, on est déjà venu me chercher trois fois pour une femme en couches, je vais être obligé d'y aller ; dépêchez-vous un peu.

L'algarade de la belle Apolline n'avait point fait

trembler la main de Toussaint qui, par une série de quarante-sept carambolages, gagna la partie.

— Me donnez-vous ma revanche? demanda le médecin.

— Et votre femme en couches?

— Je vais prendre mes forceps; cela sera vite fait, avant une heure je serai de retour.

— Alors je vous attends.

Ce fut seulement lorsqu'elles furent sorties du centre de la ville et qu'elles se trouvèrent dans le chemin qui conduit à leurs usines, que madame Charles et madame André purent reprendre leur entretien et madame Charles l'explication de son plan.

— Pour que ce soit un mariage d'amour, dit-elle, il faut avant tout que Thierry en ait l'idée. Qu'il ait cette idée spontanément ou que nous la suggérions sans qu'il s'en doute, cela importe peu, et bien entendu nous la suggèrerons s'il ne l'a pas lui-même. Mais pour cela il faut tout d'abord qu'il voie la jeune fille, qu'il la remarque et qu'elle lui plaise assez pour qu'il ait le désir d'en faire sa femme. Bien entendu, ce désir aussi, nous le suggèrerons, ou tout au moins nous l'aiguiserons pour l'amener au point indispensable.

— Mais où veux-tu qu'il la voie?

— J'ai pensé que nous pourrions l'inviter à dîner, elle et sa famille.

Madame André eut un mouvement de surprise.

Ce n'était point son habitude d'inviter des gens de la classe de madame La Guillaumie, et, depuis la mort de son beau-frère, on ne recevait personne d'ailleurs, si ce n'est le doyen et le docteur Chaudun quelquefois.

— Thierry ne sera-t-il pas étonné d'une pareille invitation? demanda-t-elle.

— Nous avons une occasion de la rendre toute naturelle dans le séjour de Glorient à Hannebault. Nous invitons le grand artiste, qui nous fait l'honneur de visiter notre pays, et en même temps nous sommes obligées d'inviter les personnes chez lesquelles il est en villégiature. Dans ces conditions il n'y a pas à s'étonner de notre invitation, qui ne paraîtra insolite ni à Thierry, ni à la jeune fille, ni à sa famille. Pendant ce dîner Thierry peut la bien voir, et le lendemain, s'il n'est pas dans les dispositions que nous désirons, nous pouvons parler d'elle. Je m'en charge.

Madame André ne répondit rien, et pendant quelques instants elle marcha auprès de sa sœur, réfléchissant.

— Vois-tu donc là dedans, demanda madame Charles, quelque chose qui te déplaise?

— C'est le dîner lui-même qui m'inquiète. N'es-tu pas effrayée à la pensée d'exposer Thierry aux tentations qui pourront l'entraîner si les excitations de la conversation lui font oublier la réserve qu'il s'impose? N'est-il pas imprudent à nous de le placer dans un pareil milieu? Savons-nous seulement si ce peintre et ce journaliste sont sobres; s'il les voit boire, ne voudra-t-il pas boire comme eux? Alors qui pourra l'arrêter? Jusqu'où ira-t-il?

— Jamais Thierry ne s'est laissé entraîner devant nous. D'ailleurs il faut considérer que Thierry ne peut arriver au mariage sans dîner avec sa fiancée, et alors le danger que tu redoutes sera le même que maintenant. Dans tout ce qu'on fait il y a des dangers à braver. Quand nous l'avons embarqué pour l'Amérique, il pouvait sombrer dans la traversée ; et pourtant nous l'avons laissé partir. Il est revenu sain et sauf; et il est revenu guéri, nous ne devons pas l'oublier.

Si madame André avait eu un autre moyen de mettre Marianne et Thierry en relations, elle n'eût jamais accepté celui-là; mais il y avait trop de justesse dans les paroles de sa sœur, pour qu'elle ne finît pas par se résigner à ce dîner; évidemment, c'était un danger à courir.

— Je veillerai sur Thierry, dit madame Charles, je ne le quitterai pas des yeux.

Lorsque Thierry rentra le soir, sa mère et sa tante lui expliquèrent qu'elles croyaient convenable d'inviter Glorient à dîner; c'était un devoir envers un homme de son talent et de sa réputation.

Thierry ne parut pas du tout convaincu de cette obligation; cependant, quand sa mère lui dit qu'elle comptait qu'il voudrait bien l'accompagner le lendemain chez madame La Guillaumie, il ne fit pas d'objection.

— Puisque c'est un devoir, dit-il, allons-y.

XXVIII

Cette invitation ne fut pas accueillie de la même façon par tous les membres de la famille La Guillaumie ; si elle enchanta le mari, d'un autre côté elle contraria et tourmenta la mère aussi bien que la fille. Quant à Glorient, elle lui fit répéter son mot habituel :

— Ils sont très gentils dans ce pays-ci.

Ce n'est pas seulement le conseil municipal d'Hannebault qui est divisé en classes bien tranchées, c'est aussi la ville entière ; jamais celle qui se déclare elle-même la première classe et qui s'appelle « la société », composée des gros industriels et des riches propriétaires terriens, des notaires, ne reçoit les gens de la seconde classe, qui eux-mêmes seraient humiliés d'avoir des relations « de société » avec ceux de la troisième. Petite maîtresse de pension, en quelque sorte boutiquière, madame La Guillaumie n'avait jamais été invitée chez madame Robertson, la femme du directeur de la tréfilerie anglaise, pas plus que chez la notairesse, madame Tabouret ; et ne recevant pas la femme, on n'avait pas davantage reçu le mari. Pour La Guillaumie c'était donc une revanche d'aller dîner chez mesdames Dubuquois qui, du haut de leur position et de leur fortune, dominaient autant madame Robertson et madame Tabouret, que celles-ci pouvaient dominer le plus humble artisan de la ville.

Mais pour madame La Guillaumie et Marianne, il y avait une question qui passait bien avant celle de l'amour-propre, c'était celle de la toilette. Quelles robes mettre pour se rendre à ce dîner? Elles n'avaient que celles qui leur servaient pour la distribution des prix : la mère, une robe de faille noire ; la fille, une robe de mousseline de laine bleue. Mais comme elles étaient fatiguées, démodées, ces pauvres robes qui duraient depuis des années! A la pension elles allaient quand même, mais quelle figure feraient-elles dans la salle à manger et les salons du chalet Dubuquois, sous les dorures de leur décoration, au milieu des splendeurs de leur ameublement! Madame La Guillaumie avait espéré qu'avec quelques nœuds de rubans elle pourrait rafraîchir sa robe, de même qu'avec un nouveau retroussage il serait possible de rajeunir la jupe de Marianne; et elles s'étaient mises au travail aidées par mademoiselle Eurydice, qui était la maîtresse chargée du cours de taille et de couture pour les élèves. Mais ce n'est pas du tout la même chose d'enseigner théoriquement la coupe ou le point de surjet à des gamines que de faire d'une vieillerie une robe neuve.

Que n'avaient-elles, pour leur suggérer des idées, Berthe d'Escoran, qui avait toujours été leur inspiratrice dans ces cas désespérés, elle qui était réellement douée du génie du rafistolage et devinait la mode d'après un mot lu au hasard des journaux. Mais Berthe avait quitté Hannebault pour Paris depuis trois jours, et elles restaient livrées à leurs seules ressources. Mademoiselle Eurydice, qui se croyait une part de responsabilité dans cette importante affaire, en rêvait ; le matin, elle descendait en s'écriant :

— J'ai trouvé.

— Quoi donc?

— Un nouveau retroussis.

Et cette brave fille, qui n'avait jamais porté que des robes à fourreau serrées à la ceinture par un cordon, expliquait ses combinaisons nocturnes. On drapait la robe sur Marianne ; mais le malheur voulait que le bleu se fût affaibli dans les plis exposés à l'air, et c'était, pour cacher ces raies pâles, un minutieux travail d'épingles qui n'aboutissait à rien de bon.

Par bonheur, Marianne eut dans cet ennui un éclair de joie qui lui fit oublier tous ses tracas. Un soir qu'elle se mettait au piano avec François, celui-ci, qui était arrivé avec un visage radieux, lui glissa à l'oreille qu'il était l'homme le plus heureux du monde.

— Vous avez trouvé! s'écria Marianne, qui ne pensait plus qu'à la chimie, à l'indestructibilité du noir d'aniline et à la fugacité des couleurs tirées des matières azoïques.

— Madame André m'a invité à dîner avec vous.

— Quel bonheur !

Mais Glorient les interrompit, en criant de dessous la tonnelle :

— Eh bien! les enfants, on ne joue donc rien ce soir !

Ils se mirent à jouer ce qui leur passa par la tête, et ce fut seulement entre ce morceau et le suivant qu'ils purent reprendre leur entretien.

— Si je pouvais être près de vous ! dit-elle.

— Enfin nous serons ensemble, je vous verrai ; pensez donc que je n'ai jamais eu la joie de vous voir dîner.

— Oh !

— Plus d'une fois, il est vrai, j'ai assisté à la fin de votre dîner ; mais jamais nous n'avons dîné ensemble.

— Comme nous serons les plus jeunes, il me semble que nous serons nécessairement l'un à côté de l'autre.

— Quand même vous auriez M. Thierry pour voisin, je vous assure que je ne serais pas jaloux.

Elle se mit à rire franchement.

— Oh ! comme il est mal, dit-elle ; je l'ai bien regardé quand il est venu avec madame André...

— Ah! vous voyez, interrompit François en riant aussi, vous l'avez regardé.

— Mais il louche, le pauvre garçon ; il ne peut seulement pas dire quatre mots couramment : c'est lamentable. Et sa mère qui le couve des yeux.

— Soyez sûre qu'elle n'est pas loin de l'admirer. C'est pour lui qu'elle m'a invité à dîner, c'est pour lui qu'on m'a donné un intérêt dans les affaires, afin de m'attacher à la maison et que je reste fidèle au fils le jour où la mère et la tante disparaîtront. Tout pour ce cher fils. C'est pour lui aussi qu'on a invité Strengbach, procédant avec Torrent-de-Larmes comme on procède avec moi. Seulement, de ce côté, on pourrait bien se tromper.

— Plusieurs fois déjà vous m'avez parlé de M. Strengbach dans ces termes vagues. Qu'est-ce que cela veut dire?

— Simplement qu'il faut se défier de Strengbach qui, malgré le dévouement qu'il affecte de montrer pour la maison Dubuquois, me paraît travailler pour lui, et spéculer sur l'incapacité de M. Thierry. Que M. Thierry devienne un peu plus incapable qu'il n'est; que, pour une raison quelconque, mort, dégoût, fatigue, madame André et madame Charles renoncent à la direction de la maison, Strengbach prendra leur place, et tout ce qu'il pourra il le fera pour hâter ce moment. Que d'ennuis ne cause-t-il pas déjà à ces deux femmes, qui sont vraiment excellentes, pour les fatiguer et les décourager!

— Mais c'est infâme, cela.

— Strengbach ne se préoccupe jamais de ce qui est bien ou de ce qui est mal; il n'agit qu'en vue de son seul intérêt.

Ils furent interrompus par mademoiselle Eurydice, qui, entrant doucement dans le salon, vint sans bruit se pencher par-dessus leur épaule pour voir ce qu'ils se préparaient à jouer.

Ils reprirent, et, comme un froid brouillard d'automne força bientôt Glorient et La Guillaumie à rentrer, ils ne purent plus, de la soirée, s'entretenir intimement.

Ç'avait été avec ennui que, jusqu'à ce jour, Marianne s'était occupée de sa toilette ; mais quand elle sut qu'elle se trouverait avec François, elle se mit au travail avec une ardeur qui lui mérita l'approbation de mademoiselle Eurydice.

— Vraiment, ma chère enfant, dit la vieille sous-maîtresse, vous me désolez par votre apathie : il est aussi mauvais qu'une femme dédaigne la toilette qu'elle l'aime trop.

— Ce n'est pas la toilette que je dédaigne, c'est un misérable attifage ; si je pouvais me donner ce qui me plaît, j'en serais heureuse ; mais un à-peu-près, à quoi bon ?

Cependant, malgré ce « à quoi bon »? elle s'ingénia à ce que son attifage fût le moins misérable qu'elle put ; il ne s'agissait plus seulement maintenant de ne pas avoir à rougir dans les salons du chalet Dubuquois, il fallait n'être pas trop mal pour lui : « Un port de tête, une démarche élégante. » Il fallait que, par sa faute, elle n'atténuât en rien l'impression qui avait inspiré ces paroles. Justement parce qu'il paraissait l'aimer chaque jour plus tendrement et plus passionnément, elle eût voulu être digne de cette tendresse et de cette passion. Chez sa mère, elle n'avait pas de préoccupations de coquetterie, elle était dans son milieu, et il était habitué à la voir telle qu'elle était ; mais dans cette riche maison il en serait tout autrement. Bien souvent, elle avait eu à souffrir de la mesquinerie de ses pauvres toilettes, mais jamais dans des conditions aussi douloureuses pour elle. Quel chagrin de n'être pas dégagée de tout souci en cette journée où elle eût tant voulu être à lui entièrement et à son bonheur! Qu'une fille riche doit être heureuse de pouvoir s'habiller de façon à plaire à celui qu'elle aime et à ce qu'il soit fier d'elle.

Son père avait recommandé le matin qu'elles fussent prêtes à six heures ; à cinq heures et demie elle était habillée, ayant commencé sa toilette assez tôt pour réparer tout ce qui irait mal.

— Vous êtes jolie comme un amour, lui dit mademoiselle Eurydice, qui avait voulu lui servir de femme de chambre.

Sans réfléchir que mademoiselle Eurydice ne savait pas ce qu'était un amour, ni même ce que c'était que l'amour, Marianne fut heureuse de ce compliment.

C'est une habitude presque générale à Hannebault qu'on vive sur le pas de sa porte ou tout au moins derrière les fenêtres qui donnent sur la rue ; quand on vit La Guillaumie et Glorient suivis de madame La Guillaumie et Marianne descendre la grande rue pour gagner le pont, il se produisit un vif mouvement de curiosité.

— Les La Guillaumie qui vont dîner chez les dames Dubuquois, pensez donc!

Que de questions qu'on ne pouvait pas résoudre, à propos de ce dîner, et aussi que d'envie!

En les voyant arriver devant les bureaux du *Narrateur*, madame Badoulleau descendit dans la rue et elle aussi fit son compliment à Marianne.

— Jamais, vous n'avez été si jolie : vous avez une robe qui est un bijou.

XXI

Les compliments de madame Badoulleau, après ceux de mademoiselle Eurydice, avaient donné confiance à Marianne ; mais, lorsqu'après avoir traversé un grand salon meublé en velours de Gênes elle se trouva dans un salon plus petit tendu en damas de soie verte, assise sur un canapé en tapisserie de vieux Beauvais aux fraîches guirlandes de fleurs printanières, les pieds posés sur un tapis à fond blanc, elle eut le sentiment qu'au milieu de cet ameublement sa pauvre robe bleue faisait triste figure et qu'elle n'était pas tout à fait un bijou, comme le disait madame Badoulleau.

Elle ne se rassura un peu qu'en remarquant les robes de laine grise dont madame André et madame Charles étaient habillées ; la simplicité des toilettes des maîtresses de la maison était presque en accord avec celles des invitées.

— Et puis, se dit-elle, ce ne sera peut-être pas à la toilette qu'il fera attention.

S'il y fit attention, elle lui plut sans doute ; car, au regard qui croisa le sien, Marianne sentit combien il était heureux ; mais ce regard ne put être que bien rapide, un éclair ; au milieu de ce monde ils devaient veiller à ne pas se trahir.

Après François arrivèrent successivement le docteur Chaudun, l'abbé Colombe, et enfin le dernier, Strengbach, bien plus drôle en bottines vernies qu'en sabots, qui s'excusa d'être en retard :

— Les *avaires*, vous *gombrenez*, dit-il en saluant chacun avec des génuflexions de dévot, ces *tames foutront pien* me *bartonner*.

Un domestique en habit noir, les idées bourgeoises des Dubuquois leur ayant interdit la livrée, annonça que le dîner était servi. Madame André prit le bras de Glorient, en même temps que madame Charles s'inclinait devant l'abbé Colombe qui n'avait jamais pu s'habituer à ces politesses mondaines et qui, chaque fois qu'elles se reproduisaient, était obligé de se retenir pour ne pas faire un signe d'exorcisation. Thierry offrit son bras à madame La Guillaumie et le docteur Chaudun offrit le sien à Marianne.

En traversant le grand salon, il se pencha vers elle et, lui parlant à l'oreille :

— Tous mes compliments, dit-il à voix basse ; vous serez heureuse, ma chère enfant.

Elle eut un frémissement et elle le regarda avec stupéfaction.

— Personne plus que moi ne prendra part à votre bonheur, dit-il du même ton.

Elle était assise à sa place depuis assez longtemps déjà qu'elle réfléchissait encore à ces étranges paroles, pour elle inexplicables.

Elle eût cherché cette explication, si elle n'avait point eu François pour voisin, — Thierry était celui de droite; mais la joie d'avoir celui qu'elle aimait près d'elle la troublait trop délicieusement pour qu'elle pût penser aux paroles du vieux médecin; que lui importait après tout ?

Deux choses d'ailleurs la distrayaient malgré elle : le luxe du service de la table, et aussi les regards que madame Charles, qui lui faisait presque vis-à-vis, attachait sur Thierry.

Bien que commerçants dans l'âme, les frères Dubuquois avaient cependant du goût pour les belles choses, au moins pour celles qui, à un certain mérite artistique joignaient une réelle valeur matérielle. C'était ainsi que pendant plus de vingt années ils avaient amassé une quantité de pièces d'ancienne argenterie, qui, sur la table et sur les dressoirs, formaient un ensemble que les collectionneurs les plus riches eussent envié. Ç'avait été une question agitée entre les deux sœurs de savoir si l'on servirait cette argenterie ordinairement serrée dans des vitrines à volets de fer. Pour ce vieux peintre, à quoi bon ? Mais madame Charles avait tenu à ce qu'on la sortît de ses armoires, sinon pour le vieux peintre dont elle ne se souciait guère, au moins pour la jeune fille qui allait devenir sa nièce. Assurément elle n'avait pas la pensée que cette jeune fille pouvait n'être pas fascinée par un pareil mariage, mais en tout cas il était bon que cette tentation du luxe s'ajoutât à toutes celles qui pouvaient exercer de l'influence sur elle. Si Marianne n'était pas tentée, au moins était-elle émerveillée : dans le monde où elle avait vécu jusqu'à ce jour, elle n'avait eu aucune idée de ces soupières, de ces plats, de ces raviers, de ces réchauds aux formes gracieuses, sculptés, fouillés, ciselés par des artistes qui avaient été des gens de grand talent.

Quand elle rencontrait les regards dont madame Charles couvait son neveu, elle se demandait ce que signifiait cette insistance à le surveiller ainsi. Elle avait trop souvent entendu parler du « fils Dubuquois », comme on disait à Hannebault, pour ne pas connaître son infirmité. Sa tante avait-elle peur qu'il se grisât à table? Cela ne paraissait guère vraisemblable, car il ne buvait que de l'eau rougie, et la série de verres placée devant lui, qu'on avait emplie de vins blancs et rouges, était restée pleine, sans qu'il en eût porté aucun à ses lèvres.

Au commencement du dîner, il ne lui avait adressé que quelques mots de loin en loin, pour s'acquitter d'un devoir de politesse ; mais bientôt elle remarqua qu'il lui parlait plus souvent, plus longuement et surtout qu'il la regardait avec une persistance dont elle s'agaça ; cela n'était-il pas outrageant pour François ? Si quelqu'un avait le droit de lui parler, de la regarder, c'était François, lui, lui seul.

Cependant il fallait bien qu'elle parût écouter Thierry et même qu'elle lui répondît, car après son silence embarrassé de la première partie du dîner il avait trouvé un sujet qui lui permettait de soutenir la conversation : c'était la visite de Marianne à la fabrique d'indienne, à laquelle il regrettait de n'avoir pas été présent. Il lui aurait fait parcourir la filature et le tissage qui, sans doute, l'auraient intéressée.

Et Marianne, qui aurait voulu répondre que cela seulement qui touchait François pouvait l'intéresser, était bien obligée de le remercier de cette proposition.

Alors il continua :

— C'est comme pour la blanchisserie ; je comprends que vous n'ayez pas entrepris cette course qui aurait été un peu longue, surtout pour M. Glorient ; mais si cela peut vous être agréable, j'irai vous chercher un de ces matins avec le break et nous pourrons ainsi faire sans fatigue cette excursion dont, j'en suis certain, M. Glorient vous remerciera, car il trouvera plus d'un sujet de croquis à la Corneille.

Et il expliqua quels étaient ces sujets qu'il avait lui-même photographiés.

Elle était au supplice. Visiter la blanchisserie après avoir visité la fabrique d'indienne, mais c'était blesser François.

— C'est une invitation à adresser à M. Glorient, dit-elle, de façon à ce que François l'entendît.

— Telle est bien mon intention, répliqua-t-il, mais avant je tenais à vous l'adresser à vous-même, mademoiselle.

Mais qu'avait-il donc, ce grand dadais qui ne pouvait pas dire quatre mots couramment? Ce n'était pas le vin pourtant qui lui déliait la langue, puisqu'il ne touchait pas à ses verres.

Elle voulut se tourner vers François et engager avec lui une conversation qui la débarrassât des gracieusetés de Thierry; mais à ce moment même madame Charles s'adressait à François :

— J'ai commis un oubli que je ne me pardonnerais pas si vous ne m'aidiez à le réparer, c'est de vous prier d'apporter votre violon; nous comptons sur vous pour accompagner mademoiselle La Guillaumie.

François voulut se défendre.

— Nous savons que vous exécutez remarquablement des quatuors, continua madame Charles, le *Narrateur* en fait foi.

— Non seulement des quatuors, dit Glorient, intervenant, mais aussi des duos; souvent le soir M. Néel et mademoiselle Marianne veulent bien nous faire de la musique; ils interprètent Mozart et les vieux maîtres avec un sentiment exquis.

C'était là des paroles bien simples, et pourtant elles décontenancèrent François et Marianne, Marianne plus encore que François.

Heureusement, l'abbé Colombo vint à leur secours.

— Je vous en veux, dit-il, de me prendre M. le curé de Goulaine. Quand il est à Hannebault, il est si bien accaparé par la musique, qu'il ne vient pas me voir.

La conversation continua sur l'abbé Commolet, jusqu'à ce qu'on rentrât dans le grand salon où François trouva posé sur le piano à queue son violon, que madame Charles avait envoyé chercher.

A un moment le docteur Chaudun, attirant François dans l'embrasure d'une fenêtre, lui serra la main chaudement en le regardant avec un fin sourire, mais sans un seul mot; puis il le laissa là stupéfait pour aller à Strengbach qui, un verre à la main, vantait à Thierry la qualité du cognac qu'il dégustait.

— Comment, *fous* n'en *brenez* pas, disait-il, il est *tourdant pien bon;* si j'en avais *tu bareil* il ne *turerait bas* longtemps.

XXX

Malgré l'envie qu'elle en avait, madame Charles ne parla pas le soir même de Marianne à son neveu. Évidemment la jeune fille avait produit une certaine impression sur Thierry. Il ne l'avait pas regardée, il ne lui avait pas parlé avec son indifférence ordinaire. Mais il ne fallait rien brusquer; le mieux était de laisser la nuit passer sur cette impression.

Ce fut donc le lendemain seulement, au déjeuner, qu'elle dit quelques mots du dîner de la veille, et encore incidemment, pour tâter le terrain.

— Elle a vraiment beaucoup de talent, cette jeune fille !

— N'est-ce pas ? dit Thierry.

— Je suis bien aise de mieux connaître le père, continua madame André, c'est un fort honnête homme; avec cela intelligent, instruit, très amusant avec toutes les histoires qu'il raconte.

— Et qu'il raconte avec esprit, appuya la tante.

Mais le père ne parut pas intéresser Thierry, qui ne répondit rien à cette énumération de qualités.

Il fallait donc revenir à Marianne, ce que fit madame Charles.

— La fille est gracieuse.

— Moi je la trouve vraiment jolie, dit-il. Est-ce bizarre que je ne l'avais pas encore vue ; et cependant j'ai dû la rencontrer plus d'une fois.

— Le doyen fait d'elle le plus grand cas, continua la mère ; il s'indignait qu'elle ne fût pas encore mariée.

— Elle n'a pas un sou de dot, sans doute.

— Ce n'est pas tant la question de dot qui l'a empêchée de se marier, reprit la tante, que certaines exigences bien légitimes chez une jeune fille comme elle : instruite, bien élevée, jolie, elle a le droit d'être difficile.

— Je n'ai jamais vu une aussi belle bouche que la sienne, interrompit Thierry.

— Il est évident qu'une jeune fille ainsi faite ne peut pas accepter le premier venu pour mari.

— D'autant mieux, continua madame Charles, qu'elle a de la fierté, et que les parents ont de la dignité.

— M. Chaudun l'aime beaucoup, dit madame André.

— Il est toujours le même, M. Chaudun, répliqua madame Charles en développant le thème que sa sœur lui donnait, il ne voit dans les gens que le côté matériel ; s'il aime mademoiselle La Guillaumie c'est pour sa santé, parce qu'elle est solidement bâtie, à l'abri de la maladie ; c'est parce qu'elle est faite pour avoir des enfants beaux et robustes ; voilà ce qui provoque son admiration.

— Il me semble que c'est quelque chose, dit Thierry.

— Pour lui médecin, oui.

— Et aussi pour celui qui deviendra son mari, répliqua-t-il.

— Pour moi, poursuivit madame Charles, je suis plus sensible à l'estime de M. l'abbé Colombe, qui s'est attaché à elle pour ses qualités morales : son honnêteté, sa simplicité, la bonté de son cœur, la facilité de son humeur, la droiture de son caractère.

— Elle se tient joliment bien au piano, interrompit Thierry, qui revenait toujours aux remarques qu'il avait faites et qui n'avaient point porté sur les qualités morales de Marianne.

— Avec ses épaules tombantes et sa taille longue, son maintien est tout à fait gracieux.

Mais c'était assez; insister davantage serait trop, et montrerait des intentions qu'il valait mieux que Thierry ne soupçonnât pas.

D'ailleurs il ne semblait pas utile de le pousser; ce qu'il disait de Marianne prouvait qu'il l'avait vue et qu'il pensait à elle.

Les derniers mots de cet entretien le prouvèrent mieux encore :

— J'ai proposé à M. Glorient de lui faire visiter la *Corneille*, qui, je crois, l'intéressera ; j'irai le prendre après-demain avec le breack.

— As-tu invité aussi la famille La Guillaumie?

— Sans doute.

Quand elles furent seules, les deux sœurs poussèrent en même temps une exclamation de joie : le mariage était fait.

Et, revenant sur les qualités de Marianne, elles entonnèrent de véritables litanies en son honneur.

Puis, après la fille vint la mère, et après la mère le père.

Il serait heureux, ce cher enfant; enfin son existence si misérable allait finir et une vie de bonheur paisible allait commencer pour lui : sa femme serait charmante et les parents de celle-ci seraient supportables.

Comme il importait de ne pas forcer la note, elles parlèrent peu de Marianne. Cependant, toutes les fois que l'occasion de rappeler son nom ou de dire un mot d'elle se présenta, elles n'eurent garde de ne pas la saisir, glissant sans appuyer, laissant à Thierry le soin d'achever ce qu'elles avaient commencé.

En deux jours l'impression que Thierry avait éprouvée se changea en obsession; il ne pouvait détacher son esprit de Marianne. Il lui parlait, il la voyait, il l'entendait; le son de sa voix lui revenait et s'imposait à lui comme une mélodie dont on a été touché et qui vous poursuit.

Sa déception fut vive lorsqu'en arrivant avec son breack, pour la conduire à la blanchisserie de la Corneille, il ne trouva que Glorient et La Guillaumie, prêts à monter en voiture.

— Et mademoiselle Marianne?

— Ma fille est un peu souffrante; elle vous prie de l'excuser, dit La Guillaumie.

Il ne l'excusa pas du tout, et même il se dépita contre elle.

Quant à Marianne, aussitôt qu'elle entendit la voiture s'éloigner, elle fut guérie, et si bien guérie, que le soir même elle put faire de la musique avec François.

— Comme j'ai été heureux, ce matin, en voyant passer le breack, de ne pas vous apercevoir, dit-il.

— Oh! le jaloux.

— Je vous jure qu'il n'y avait aucune jalousie dans ma curiosité, mais seulement le regret, un très vif regret de ne pouvoir pas vous accompagner.

— C'est justement parce que j'ai deviné ce regret que j'ai inventé un malaise. Je ne veux pas devoir un plaisir à un autre qu'à vous et puis visiter la *Corneille* sans vous, après avoir visité votre fabrique avec vous, c'eût été mal.

Elle avait espéré qu'en refusant l'excursion de la *Corneille* elle serait débarrassée de Thierry et ne le reverrait pas de longtemps; mais elle se trompait.

Deux jours après, il arriva pendant le déjeuner, s'excusant de se présenter à pareille heure et expliquant sa visite insolite par le désir qu'il avait de rencontrer M. Glorient.

En effet, c'était au vieux maître qu'il avait affaire, et ce qu'il demandait, ce que sa mère et sa tante demandaient avec lui, c'était un tableau du grand artiste, représentant une vue du pays, celle qu'il voudrait, de l'importance qu'il voudrait.

Et avec une bonne grâce assez étonnante dans la bouche d'un homme qui, selon l'expression de Marianne, « ne pouvait pas dire quatre mots couramment », il ajouta que ce qu'ils désiraient, c'était que le séjour du maître dans leur pays laissât un souvenir que son tableau rendrait éternel.

— Il est bien gentil, le photographe, dit Glorient lorsque Thierry fut parti.

Ce fut aussi le mot de La Guillaumie et de madame La Guillaumie elle-même, et tous deux convinrent que son voyage en Amérique l'avait bien changé.

Seule, Marianne ne fit pas sa partie dans ce concert, car plus elle le voyait, plus il lui était antipathique. Si encore il ne l'avait pas regardée, s'il ne s'était pas toujours adressé à elle, elle n'eût pas plus pensé à lui qu'à tout autre indifférent; mais cette persistance la gênait et la blessait. Il n'y avait qu'un homme, qu'un seul qui eût le droit de la regarder et de s'adresser à elle, c'était François; et même, à vrai dire, il n'y avait qu'un homme pour elle : François. Pourquoi M. Dubuquois s'occupait-il d'elle? S'imaginait-il pas qu'elle pouvait être touchée de l'honneur qu'il lui faisait? Elle en était humiliée au contraire, autant dans son honnêteté que dans sa fierté.

N'était-ce pas un outrage qu'un homme dans la position de M. Dubuquois s'occupât d'une fille pauvre comme elle? Qu'il ne sût pas qu'elle aimait François et que son cœur n'était pas libre, cela s'expliquait; mais au moins, il savait qu'elle était une honnête fille.

N'était-ce pas un outrage aussi que cet ivrogne

crût qu'elle pouvait être sensible aux yeux tendres avec lesquels il la regardait?

Elle n'avait jamais été de ces filles qui ne peuvent pas admettre qu'un homme les voie sans rendre à leur beauté l'hommage qui lui est dû et qu'elles se rendent elles-mêmes largement. Elle n'avait jamais souffert de ce qu'on ne s'empressât pas autour d'elle. Et jamais elle n'avait rien fait pour retenir ceux qui passaient près d'elle sans l'apercevoir.

Mais maintenant qu'elle aimait et qu'elle était aimée, cet hommage du premier venu ne lui était pas seulement indifférent, il la gênait et l'inquiétait.

XXXI

Si Marianne avait à peu près deviné ce qui se passait dans Thierry, madame André et madame Charles l'avaient bien mieux compris encore, elles qui avaient en quelque sorte amené par la main leur fils et leur neveu au point où il était arrivé.

Y fût-il venu tout seul? Peut-être. Mais à coup sûr moins vite qu'en entendant chaque jour faire l'éloge de cette jeune fille.

Contrairement à ce qui arrive pour tant de mères veuves en peine de grands fils, madame André n'avait pas eu à souffrir des folies amoureuses de Thierry. Le gaspillage de grosses sommes qui lui avait fait nommer un conseil judiciaire avait été causé par des dettes de jeu, non par des dépenses pour des maîtresses. Plus d'une fois on avait profité de sa griserie pour le voler au jeu. Jamais les femmes ne l'avaient pillé, et de folies amoureuses on n'en avait jamais eu à lui reprocher, car avec une fortune comme la sienne, ce n'étaient point des folies les cadeaux de bijoux dont il avait quelquefois honoré les comédiennes qui venaient en représentation à

Condé, et encore moins ceux dont il avait chargé la belle Apolline.

Cette réserve de la part d'un garçon qui se laissait aveuglément entraîner lorsqu'il était sous l'influence d'un désir, désir de boire ou de jouer, n'indiquait pas un tempérament bien inflammable ni bien tendre; aussi la mère et la tante avaient-elles pu se demander avec une certaine inquiétude quel effet Marianne produirait sur lui. Aurait-il pour elle les yeux qu'il n'avait pas eus pour tant d'autres?

Chaque jour leur avait apporté une agréable surprise : il l'avait regardée, il cherchait à la revoir; il aimait à parler d'elle; il s'attachait à elle sérieusement.

Cependant, malgré ce sérieux attachement qui faisait de sensibles progrès, rien en lui ne paraissait indiquer qu'il eût admis l'idée qu'elle pouvait devenir sa femme un jour.

Alors madame Charles qui, en sa qualité de tante, avait avec lui une liberté de paroles et d'insinuations qu'une mère ne pouvait pas se permettre, et qui d'ailleurs n'étaient pas dans le caractère de madame André, avait voulu le pousser.

A table, elle avait raconté toutes sortes d'histoires de jeunes gens riches qui avaient épousé des filles sans dot, et qui, dans ces mariages, avaient trouvé le bonheur parfait.

Il n'avait rien dit, ou tout au moins il n'avait rien dit de précis, car jamais il n'avait élevé d'objections contre ces mariages.

Et cela avait dépité madame Charles, autant qu'une

personne comme elle pouvait se dépiter. Vraiment leur situation n'était-elle pas extraordinaire? Faudrait-il qu'elles fissent elles-mêmes la cour à cette jeune fille, et que l'une d'entre elles allât avec lui, quand il devait la voir, pour le souffler?

Ennuyée d'attendre, inquiète aussi, car pendant que les jours s'écoulaient un accident pouvait survenir, elle voulut le pousser à bout.

Un soir, après le dîner, elle pria sa sœur de la laisser seule avec lui, et aussitôt elle commença à le confesser : ils étaient assis en face l'un de l'autre, devant une fenêtre ouverte, et, comme il n'y avait point de lampes allumées dans le salon, elle était plus à son aise pour le questionner, car ce n'était point sans une certaine honte qu'elle se décidait à aborder un pareil sujet.

— Qu'as-tu donc? lui demanda-t-elle.

— Comment, ce que j'ai? Mais rien, ma tante.

— Je veux dire pourquoi es-tu mélancolique?

— Pas plus que d'ordinaire; c'est mon tempérament d'être mélancolique.

— Si ce n'est mélancolique, au moins rêveur, préoccupé.

Il ne répondit pas, car ce n'était pas son habitude de s'expliquer franchement; lorsqu'on le questionnait, il ne se défendait pas, il ne cherchait pas à s'échapper : il se taisait.

— Si tu as quelque sujet de préoccupation sérieuse, pourquoi ne t'en ouvres-tu pas avec moi? Il y a des choses qu'on ne dit pas volontiers à sa mère, mais à une amie, à une vieille amie comme j'en suis une pour toi, dont l'affection dévouée ne vous inspire point ce respect un peu craintif qu'on a toujours pour une mère. Pourquoi ne pas tout dire? N'as-tu pas confiance en moi?

— Oh! ma tante!

— Je ne serais pas femme, je ne t'aimerais pas comme je t'aime, si, te voyant sous le poids de cette préoccupation je n'avais pas cherché quelle peut en être la cause. La curiosité, tu pourrais me la reprocher; mais l'intérêt, la sollicitude de l'affection, tu les comprends, n'est-ce pas?

Il ne répondit rien, et comme elle le regardait, elle vit à la clarté des étoiles qu'il paraissait embarrassé; elle-même se sentait peu encouragée par ce début, mais elle était trop avancée pour reculer ou même pour s'arrêter.

Alors, affectant un entrain qui n'était ni dans son esprit, ni dans son cœur elle continua :

— Ma curiosité de femme m'a amenée à cette conclusion que tu étais amoureux et que celle que tu aimais était une jeune fille charmante, dont tu nous as si souvent, en ces derniers temps, parlé avec enthousiasme... mademoiselle La Guillaumie.

Elle l'observait en parlant, mais il se tenait les yeux baissés.

— Est-ce vrai? demanda-t-elle en insistant, me suis-je trompée?

— Il est vrai que je trouve mademoiselle La Guillaumie charmante, dit-il après un assez long silence.

C'était le moment décisif, et justement pour cela

il ne fallait rien brusquer ; au contraire, avec une nature comme la sienne il fallait conduire les choses de façon à lui faciliter sa confession, s'il voulait bien se confesser.

— C'est justement parce que j'ai vu que tu trouvais mademoiselle La Guillaumie charmante que je n'ai pas compris ta mélancolie, car enfin, me disais-je, s'il l'aime, cette jeune fille, rien n'est plus simple, il n'a qu'à l'épouser. Dans sa situation, avec sa fortune, jeune, beau garçon comme il l'est, il n'a pas de refus à craindre. D'autre part, connaissant sa mère comme il la connaît, il sait bien qu'il n'a pas d'opposition à redouter de son côté.

— C'est vrai? demanda-t-il vivement avec élan.

— C'est-à-dire que cela serait vrai, j'en suis certaine, si tu voulais ce mariage : ta mère t'a-t-elle jamais rien refusé? son but unique n'est-il pas ton bonheur, et si tu dois être heureux par un mariage, quel qu'il soit, ne sais-tu pas qu'elle l'acceptera? D'ailleurs un mariage, avec mademoiselle La Guillaumie ne serait pas un mariage quel qu'il soit. La jeune fille est charmante sous tous les rapports : beauté, honnêteté, qualités de l'esprit et du cœur, elle a tout pour elle ; quant aux parents, ils sont très honorables. Sans doute leur position est modeste, surtout comparée à la tienne; mais est-il donc défendu à un honnête homme de faire un mariage d'amour, alors surtout que cet honnête homme est assez riche pour se contenter de sa fortune sans avoir besoin de celle de sa femme? Voilà comment je raisonnais et ce que je me disais. Maintenant la question qui se pose est celle-ci : veux-tu de ce mariage?

Et comme il hésitait, elle continua :

— Avant que tu me répondes, laisse-moi te dire que si tu as manqué de confiance envers ta mère, en ne t'expliquant pas franchement avec elle, tu en as manqué aussi envers ta tante.

— En quoi donc?

— En cela, que si tu as pensé à ce mariage, tu as eu tort de ne pas m'en parler tout de suite. Je comprends jusqu'à un certain point que tu sois embarrassé pour dire à ta mère : « Je désire épouser une jeune fille qui n'a aucune fortune; » mais est-ce qu'on a de ces discrétions-là avec une tante qui aime son neveu comme s'il était son fils, qui ne travaille que pour lui? Pourquoi n'es-tu pas venu à moi me dire : « Je voudrais bien me marier, mais je suis gêné pour parler de mon projet de mariage à ma mère, parce que celle que j'aime n'a aucune fortune? » Sais-tu ce que j'aurais répondu, si tu m'avais dit cela? « Tu as raison d'être gêné, car ta mère peut n'être pas satisfaite que tu épouses une femme sans dot; comme il ne faut pas que cela soit, et comme il ne faut pas non plus que le moindre nuage s'élève entre ta mère et toi, pas plus qu'entre ta mère et ta femme, je reconnaîtrai à celle-ci, par contrat de mariage, une dot de cinq cent mille francs; comme cela, tu n'épouses pas une femme qui n'a rien. »

L'effusion n'était pas dans la nature de Thierry, cependant, quand sa tante se tut, il se leva, et venant à elle :

— Tu es la meilleure des tantes, dit-il en l'embrassant, la meilleure des femmes.

— Oh! après ta mère, répondit-elle en riant pour ne pas céder à son émotion. Alors j'ai donc deviné juste?

— Deviné que j'aimais mademoiselle La Guillaumie, oui; deviné que je serais heureux, très heureux de l'épouser, oui; mais il y a une chose que tu n'as pas devinée...

Il hésita.

— Et quoi donc?

— Que tu n'as pas devinée, parce que dans ta tendresse tu as pensé ce que tu me disais tout à l'heure : que dans ma position je n'aurais pas de refus à craindre. Eh bien, en cela, tu t'es trompée en ne sentant pas que... dans ma position précisément, non ma position de fortune, mais celle que je me suis faite, un refus était à craindre au contraire. Elle sait... certaines choses, cette jeune fille, ses parents les savent.

— Cela c'est le passé; quand donc le passé d'un jeune homme, si plein de folies qu'il ait été, l'a-t-il empêché de se marier? Ne t'inquiète donc pas de cela. Et puisque tu désires ce mariage, laisse-moi le faire. Tu verras demain que, ni les parents, ni la jeune fille, n'ont les scrupules que ta conscience inquiète imagine à tort.

XXXII

Il fut convenu entre la mère et la tante que ce serait l'abbé Colombe qui ferait la demande en mariage. D'abord cela était plus convenable. Et puis, d'autre part, puisque l'abbé Colombe était l'ami de la famille La Guillaumie, il ne pouvait être que très heureux qu'on lui laissât ce plaisir.

A la vérité, ce ne fut pas tout d'abord le plaisir qu'il vit dans cette mission, mais la terrible responsabilité dont il se chargeait et aussi l'embarras où cela le mettait. Certainement, c'était un bien beau mariage. Certainement, c'était un grand bonheur pour M. et madame La Guillaumie de si bien marier leur chère fille, qui par ses douces vertus était digne de toutes les félicités. Mais il était si peu l'homme des missions délicates qui demandent de la finesse et de l'habileté. Ah ! si Monseigneur était encore doyen d'Hannebault !

Il ne s'était rendu que quand madame André et madame Charles lui avaient fait comprendre qu'il ne devait pas s'exagérer les difficultés de cette mission délicate. En somme, la chose était bien simple :

M. Thierry Dubuquois n'avait pas pu voir mademoiselle Marianne sans être séduit par sa beauté aussi bien que par ses vertus, et l'aimant, il désirait la prendre pour femme. En vue de ce mariage et pour égaliser les positions, madame Charles dotait la jeune fille de cinq cent mille francs.

Certainement oui, c'était bien simple, mais il était un si pauvre jeune homme ! Et puis, un aveu qu'il n'osait pas faire, c'est que dans cette chose si simple il y avait des paroles à prononcer qui le mettraient dans un embarras cruel : amour, séduction, beauté. C'étaient là des mots auxquels il n'était point habitué et qui éveillaient des idées dont il détournait ordinairement son esprit ! Jamais il n'avait fait un mariage sans rougir, et dans l'exercice de son saint ministère, l'acte le plus pénible pour lui était toujours l'anneau passé au doigt de la fiancée. En fait de mariage, il n'en admettait qu'un : celui de Notre Seigneur Jésus-Christ avec son Église ; — mystique, celui-là, et non charnel.

Enfin, comme il ne pouvait pas refuser à d'aussi bonnes personnes, aussitôt après leur départ il s'était rendu ou plutôt transporté, comme il disait toujours en parlant de sa personne, à la pension La Guillaumie, bien embarrassé : amour ! séduction ! beauté !

En arrivant, il trouva La Guillaumie dans la cour, en train de surveiller les ouvriers qui travaillaient aux classes presque terminées, et, près de lui, Badoulleau, qui faisait fonctions d'inspecteur des constructions, les mains dans ses poches. Depuis que ces classes étaient commencées, le *Narrateur* publiait dans tous ses numéros un grand article sur cette importante innovation : l'enseignement des sciences aux jeunes filles. Le premier, de La Guillaumie lui-même, avait été un article de doctrine sur la nécessité de donner l'enseignement scientifique aux femmes. Le second, de Badoulleau, moins transcendant, était descriptif ; un bâtiment, en retour d'équerre, de quinze mètres de long sur sept de profondeur. Dans ce bâtiment, divisé en deux, un laboratoire de chimie d'un côté, de l'autre un cabinet de physique, et il avait décrit les fourneaux, les cornues, les matras de l'un, aussi bien que les appareils de l'autre ; puis, à la suite, il avait parlé des professeurs qui seraient chargés de ces cours : le professeur de Condé dont il n'avait dit que quelques mots, et « M. François Néel, le chimiste des établissements Dubuquois, un savant qui... etc. » Il était tapé, le paragraphe consacré à François Néel ! Dans un grand journal parisien, Badoulleau n'eût pas fait mieux, et tout de verve, sans aucun travail, ce qui prouve bien... Badoulleau n'avait pas insisté, mais ce n'avait pas été sans un soupir qu'il avait pensé au grand journal que La Guillaumie allait fonder et qui aurait pu lui servir de tremplin.

— Ah ! voilà monsieur le doyen qui vient voir où en sont les travaux, dit La Guillaumie en allant au-devant de l'abbé Colombe.

Et alors ce furent des compliments auxquels Badoulleau ajouta son mot.

— C'était un bonheur pour un pays d'avoir un

prêtre tolérant qui n'était pas l'ennemi de la science.

— Certainement, dit l'abbé Colombe, la science a du bon, mais à la condition qu'on la maintienne dans de sages limites, sans quoi elle conduit à l'orgueil, et l'orgueil, vous le savez, est une des armes les plus fortes du démon.

— Soyez tranquille, monsieur le doyen, nos petites filles n'en apprendront pas assez pour se laisser entraîner par l'orgueil.

Mais l'abbé Colombe n'était pas tranquille, et il donna les raisons pour lesquelles il ne pouvait pas se rassurer, argumentant contre La Guillaumie et Badoulleau.

Enfin, la discussion se termina, et Badoulleau reprit sa promenade pour aller continuer son inspection dans les autres quartiers d'Hannebault.

Alors le doyen demanda à La Guillaumie un moment d'entretien particulier.

Ils entrèrent dans le salon, l'abbé Colombe appelant tout son courage à son aide.

Lorsqu'ils furent assis, il resta un moment silencieux, les yeux baissés, les bras ballants, ne pouvant pas se décider à commencer.

— C'est chargé d'une mission délicate, dit-il enfin d'une voix hésitante, que je me suis transporté auprès de vous. Voici ce dont il s'agit... en deux mots.

Il avait préparé son discours, et après réflexion il avait résolu de se servir des paroles mêmes que madame Charles avait employées avec lui ; sa constience lui en faisait un devoir, si gênantes qu'elles fussent. Ne serait-ce pas trahir la confiance qu'on avait mise en lui que de les remplacer par d'autres ? Ne serait-ce pas un escamotage indigne de son caractère ?

— Voici ce dont il s'agit... ce dont il s'agit, répéta-t-il, en se félicitant tout bas que madame La Guillaumie n'aggravât pas sa fâcheuse situation en l'écoutant et en le regardant. Notre chère enfant, par sa beauté... a séduit un jeune homme de cette paroisse... qui l'aime, et je viens vous la demander en mariage pour lui.

Intrépidement il avait entassé ces terribles mots les uns par-dessus les autres; mais après cet effort, il s'arrêta pour se remettre, tandis que La Guillaumie, surpris par cette demande, cherchait à deviner quel pouvait être « le jeune homme de cette paroisse ».

Maintenant que le plus dur était passé, l'abbé Colombe pouvait continuer, ce qu'il fit :

— Ce jeune homme est... M. Thierry Dubuquois.

— M. Thierry Dubuquois ? s'écria La Guillaumie.

Mais l'abbé Colombe, se méprenant sur la cause de cette exclamation, se mit à sourire avec finesse.

— Vous allez me dire que votre situation de fortune ne vous permet pas donner à votre chère enfant une dot proportionnée à celle du futur mari. Rassurez-vous, mon cher monsieur, la question d'argent est réglée à l'avance par madame Charles Dubuquois, qui, pour égaliser jusqu'à un certain point les positions, dote votre chère fille... de cinq cent mille francs.

Il avait complètement changé de ton, et autant il avait été embarrassé en commençant, autant il était triomphant en finissant, détachant chaque mot et appuyant dessus : cinq — cent — mille francs.

Au lieu de rester les yeux baissés, il les tenait levés sur La Guillaumie pour suivre l'explosion de joie qui, sûrement, allait se produire sur le visage de celui-ci. Mais au lieu de la joie qu'il attendait, ce fut de la stupéfaction que ce visage manifesta, puis de l'embarras et de la contrariété.

Alors, voyant cela, ce fut l'abbé Colombe qui, à son tour, eut un mouvement de stupéfaction.

— Comment ! c'était ainsi que M. La Guillaumie accueillait une aussi belle proposition !

Il attendit un moment, ne comprenant rien à ce silence, se demandant s'il n'avait pas été assez précis. Quoi dire de plus ?

— Monsieur le curé, dit La Guillaumie, de plus en plus embarrassé, je suis très honoré et aussi profondément touché de votre proposition ; mais, à mon grand regret, il m'est impossible de l'accepter.

— Mademoiselle Marianne est-elle donc déjà engagée ?

— Non, mais elle est encore bien jeune...

Puis, comprenant que cette réponse qu'il avait prise telle qu'elle s'était présentée à son esprit, était un peu naïve et montrait trop son intention de refuser sans dire les vraies raisons de son refus, La Guillaumie ajouta :

— Nous ne désirons pas la marier ; elle est utile à sa mère.

L'abbé Colombe, qui n'avait jamais menti, avait la plus grande peine à admettre le mensonge chez les autres ; cependant, ceux de La Guillaumie étaient si gros, qu'il fallait bien reconnaître que les raisons qu'il lui donnait n'étaient pas sincères. Il resta un moment confus et désolé : — Un si brave homme, ce M. La Guillaumie ! — Puis, tout à coup, son visage s'épanouit :

— J'y suis, s'écria-t-il, vous refusez ce mariage parce que vous croyez que M. Thierry est toujours le malheureux jeune homme dont on a parlé. Comme vous vous trompez, mon cher monsieur. Guéri ! Il est guéri ! Sa mère me l'a dit ! Et d'ailleurs, n'avons-nous pas vu nous-mêmes, dans ce dîner qui nous a réunis, quelle est sa sobriété ? Me serais-je donc chargé d'une pareille mission, moi, le pasteur de cette paroisse ?

— Ah ! il est guéri ? dit La Guillaumie.

— Parfaitement guéri ! Un traitement d'une efficacité extraordinaire, mon cher monsieur ; sa mère me l'a dit.

— Évidemment cela change la situation.

— Du tout au tout ! Ainsi donc...

— Je vous demande la permission de soumettre votre proposition à ma femme et à ma fille avant de vous donner une réponse.

L'abbé Colombe, qui aurait voulu rapporter un oui définitif, eut un moment de déception ; mais tout de suite il comprit combien la réserve de La Guillaumie était légitime.

— C'est trop juste ! dit-il.

— J'aurai l'honneur de vous porter ma réponse tantôt.

XXXIII

En rentrant de conduire l'abbé Colombe, La Guillaumie appela sa femme et sa fille dans le salon.

— Je viens de recevoir la visite du doyen, dit-il. Il venait me demander la main de Marianne pour un jeune homme de cette paroisse.

L'effet produit par ces paroles ne fut pas le même sur la mère que sur la fille.

Le visage de la mère s'éclaira d'un sourire de surprise heureuse. Enfin ! et quoiqu'elle ne devinât pas du tout quel pouvait être le jeune homme de cette paroisse, il ne se présenta à son esprit aucune pensée fâcheuse ; si le doyen voulait bien s'occuper de ce mariage, c'est que sûrement ce mariage était acceptable à tous les points de vue.

Au contraire celui de Marianne s'assombrit, et ses joues pâlirent. Plus d'une fois depuis qu'elle aimait François elle avait pensé qu'un prétendant pouvait se présenter. Que dirait-elle pour expliquer son refus ? Sans doute ce danger ne semblait pas bien redoutable, les prétendants, jusqu'à ce jour, ne l'ayant pas assiégée ; mais enfin il était possible. Voilà qu'il éclatait et qu'une lutte avec ses parents allait peut-être se produire. Et c'était la menace de cette lutte qui lui serrait le cœur ; son père supportait si peu la plus petite résistance !

— Et ce jeune homme ? demanda madame La Guillaumie.

Il fit une légère pause avant de répondre :

— Je ne te dirai pas : devine, tu ne devinerais jamais : M. Thierry Dubuquois.

— Est-ce possible ! s'écria madame La Guillaumie.

Ce cri désespéra Marianne, car il ne trahissait pas la répulsion et l'horreur qu'elle aurait voulu trouver chez sa mère.

— Ton exclamation a été aussi la mienne, dit La Guillaumie ; mais j'avais tort : par sa beauté Marianne a séduit Thierry, et en vue de ce mariage, pour égaliser jusqu'à un certain point les positions, madame Charles dote Marianne de cinq cent mille francs ; ce sont les paroles mêmes du doyen que je vous rapporte.

— Et qu'as-tu répondu ? demanda vivement madame La Guillaumie.

— Que je devais vous soumettre cette proposition et que je lui porterais ma réponse tantôt.

Marianne n'avait rien dit, écoutant avec angoisse, regardant son père et sa mère, cherchant à deviner leurs sentiments ; mais à ce mot elle se jeta en avant. Elle ne savait pas ce que son père pensait, et, quoi qu'elle pût dire, elle n'avait guère d'espoir de changer sa résolution, s'il en avait arrêté une ; mais au moins pouvait-elle prévenir sa mère et l'empêcher de s'engager.

— Ne pouvais-tu pas dire, s'écria-t-elle, que je n'épouserai jamais M. Dubuquois ?

Il y eut un moment de silence, et comme elle suivait anxieusement sur leurs visages quels effets son cri avait pu produire, elle ne lut rien sur celui de son père, tandis que sur celui de sa mère se manifestait un certain étonnement.

— Je n'ai qu'un grief contre M. Thierry Dubuquois, dit-elle : une honnête fille n'épouse pas un ivrogne.

— Le doyen affirme qu'il est guéri.

— Qu'en sait-il ? s'écria-t-elle.

— Sa mère le lui a dit.

— Ah ! sa mère !

— Cependant... essaya madame La Guillaumie.

Elle se tourna vers sa mère avec un élan irrésistible.

— Avoue-tu mes défauts ? Les vois-tu seulement ?

— Ne nous emportons pas, dit La Guillaumie, et tâchons de discuter avec calme la chose la plus grave de ta vie. Dans la proposition du doyen il ne faut pas voir que Thierry.

— C'est lui le mari, interrompit-elle.

— Laisse-moi m'expliquer : je dis qu'il ne faut pas voir que le mari, il faut aussi voir la situation qu'il offre. Elle est magnifique, une des plus belles de l'industrie française. La femme qui épouse Thierry Dubuquois est une puissance ; ses enfants comptent dans l'État ; ils sont ce qu'ils veulent être, ministres, si cela leur plaît. Elle peut faire le bien, celui des siens, celui de son pays. Elle peut jouer le rôle de la Providence. Tous ses caprices, tous ses désirs, toutes ses ambitions, elle peut les satisfaire. Elle peut même, avec de l'intelligence et de la volonté, faire de son mari, si médiocre qu'il soit, un homme. Sa fortune...

Marianne ne put pas obéir à son père, et une fois encore elle interrompit.

— Sa fortune ne fera jamais qu'elle ne se soit pas vendue, car c'est se vendre que d'épouser un homme méprisable, qu'on n'aime pas, par cela seul qu'il est riche. Oui ou non, M. Thierry Dubuquois est-il méprisable?

— Ça, c'est un autre point de vue.

— C'est le mien. C'est celui auquel je dois me placer, moi qu'on veut épouser. Et d'ailleurs, pourquoi veut-il m'épouser? Si ma fortune était l'égale de la sienne, aurait-il eu l'audace de demander ma main?

— Ta beauté l'a séduit.

— Et ma pauvreté ne lui a pas fait peur. Ne pouvant pas épouser une femme de son rang, il s'est rabattu du côté d'une fille pauvre, à peu près sûr de n'être pas refusé par elle: un si beau mariage! Et c'est vrai qu'il est beau, je le reconnais comme toi, merveilleux, fabuleux; mais le mari?

Alors, s'adressant à sa mère, non plus sur le ton de la discussion, mais sur celui de la tendresse et de la prière :

— Est-ce toi, maman, qui peux désirer que je sois la femme d'un homme que je mépriserais ?

La proposition du doyen avait ébloui madame La Guillaumie; sous le coup de la surprise, elle n'avait vu que les splendeurs de ce mariage, le luxe, la fortune, la puissance qu'il donnait à sa fille ; mais elle était femme trop raisonnable, elle était mère trop bonne et trop tendre pour n'être pas touchée par cet appel.

— Il est certain que si le mari t'inspire cette répulsion, dit-elle, la position qu'il t'offre perd ses avantages ; mais, le connais-tu assez pour le juger ainsi ?

— Je le juge, comme tu le jugeais toi-même, comme mon père le jugeait lorsque vous parliez de lui et que vous vous apitoyiez sur son ivrognerie et sa nullité. Et voilà pourquoi je dis qu'il est méprisable. Contre lui, personnellement, je n'ai rien ; il n'est pas plus désagréable que bien d'autres. Je ne suis pas une petite fille qui refuse un mari parce qu'il a le nez trop long ou qu'il met mal sa cravate. Je suis une fille de vingt et un ans à qui l'âge donne des idées et des sentiments que n'a pas une petite fille. Je trouve que, malgré sa fortune, M. Thierry Dubuquois est méprisable pour son ivrognerie, et je trouve que je serais méprisable moi-même, pour ma bassesse, si je l'acceptais. Que nous reste-t-il, à nous autres, les pauvres, si nous perdons notre fierté et notre dignité ? Je n'ai jamais été honteuse de notre pauvreté, je le serais d'une richesse ainsi acquise.

Elle avait débité ce petit discours avec véhémence, s'adressant tantôt à son père, tantôt à sa mère, selon que telle parole devait porter sur celui-ci et telle autre sur celle-là.

Elle vint à son père et, l'interpellant directement :

— Plus d'une fois, n'est-ce pas, tu aurais pu gagner de grosses sommes, peut-être même une fortune, si tu avais voulu ?

— Sans doute.

— Et tu n'as pas voulu, parce que tu aurais dû sacrifier ta dignité et ta probité. Tu faisais passer l'honneur avant l'argent. Tu as mieux aimé rester honnête homme. Eh bien, permets-moi de rester honnête fille, ce que je ne serais pas si je sacrifiais ma dignité à l'argent. Je ne parle pas de mon bonheur ; mais cependant croyez-vous que la femme d'un ivrogne peut être bien heureuse ?

Elle quitta son père pour venir à sa mère :

— Crois-tu que madame André était heureuse avec son mari ?

— Elle l'aimait.

— Elle l'aimait, c'est possible ; mais la tendresse qu'elle pouvait, malgré tout, conserver pour lui n'entrait-elle pas précisément pour une grande part dans son chagrin et son malheur ? Heureuse, la pauvre femme ! mais il n'y a qu'à la regarder, il n'y a qu'à voir son visage ravagé, ses yeux navrés, il n'y a qu'à la comparer à madame Charles, qui, elle, a été mariée à un honnête homme, pour comprendre quelle a été sa vie. Est-ce une vie pareille que vous voudriez pour moi ?

Une fois encore elle revint à son père :

— Tu me disais qu'en acceptant ce mariage je pourrais faire le bonheur de ceux que j'aime. Je te demande si tu as parlé sérieusement et si tu trouves qu'il est nécessaire que dans la position où nous sommes j'épouse M. Thierry Dubuquois pour assurer votre bonheur ou même votre repos ?

— Je n'ai pas dit cela.

— Est-ce au moment, d'ailleurs, où cette position va changer, puisque tu es à la veille de faire fortune, que ce mariage est indispensable, non pour moi, — il ne l'aurait jamais été, — mais pour vous ?

— Tu es une brave fille, dit-il, si je t'ai transmis cette proposition c'est qu'elle était telle que je ne pouvais pas ne pas te consulter, et cela en évitant de te faire connaître mon sentiment. Tu ne veux pas de ce mariage, je n'en veux pas plus que toi.

Elle laissa échapper un cri de joie.

— Il n'est pas digne de toi, il ne l'est pas de moi davantage. Je suis fier que tu le refuses. Ce soir, je porterai notre réponse au doyen. Le diable est de l'arranger sans le peiner, lui qui est si féru des Dubuquois ; enfin je m'arrangerai pour qu'il n'y ait rien de blessant dans notre refus ; tu as beaucoup d'estime pour M. Thierry, mais tu ne veux pas te marier.

XXXIV

Si La Guillaumie était fier de sa fille, il l'était de lui-même plus encore.

Que Marianne eût refusé ce mariage, cela était beau, digne et noble; c'était l'acte d'une fille de cœur, sa fille; mais enfin il y avait dans ce refus une répulsion personnelle, Thierry ne lui plaisait point; et puis il y avait aussi l'élan irréfléchi de la vingtième année qui ne calcule point et ne sait rien ni du monde ni de la vie.

Tandis que lui homme, lui père, n'avait à l'égard de Thierry aucun des sentiments qui peuvent entraîner une jeune fille; la vie et le monde, il les connaissait, il savait l'influence de la fortune, l'importance qu'elle donne, les satisfactions de toutes sortes qu'elle met au service de nos besoins et de nos désirs; lui n'avait plus l'enthousiasme aveugle de la vingtième année et cependant comme elle, avant elle, il avait refusé ce mariage.

Ce n'était pas sans orgueil qu'après son entretien avec sa femme et sa fille, il se promenait dans la cour, la tête haute, les épaules effacées. Beau-père du chef de la maison Dubuquois, quel rôle cela ne lui eût-il pas permis de jouer dans le monde ! Grand-père des héritiers de cette riche maison, quelle force cela ne lui eût-il pas donné ! Et cependant il ne s'était pas laissé tenter. Quel autre à sa place, après avoir reçu les propositions du doyen, serait tranquillement dans sa cour à surveiller des ouvriers construisant de pauvres petites classes, où sa femme devrait continuer la lutte contre la misère ! Quel autre ne penserait qu'à la lutte qu'il allait continuer lui-même par la fondation de son journal !

Comme il réfléchissait ainsi, allant d'un bout à l'autre de la cour, il aperçut dans la rue Badoulleau qui revenait de son inspection en flânant. Il l'appela. Il est dur d'être un héros pour soi tout seul.

— Devinez ce que le doyen venait me proposer, dit-il.

— Dame ! c'est assez difficile.

— Vous êtes discret, on peut s'ouvrir à vous en toute confiance. Un mari pour Marianne.

— Ah ! combien je suis heureux !

— Attendez de connaître ce mari avant de vous prononcer : M. Thierry Dubuquois.

Si Badoulleau ne s'était pas retenu à temps, il aurait lâché le même mot que madame La Guillaumie : « Est-ce possible ! » Mais s'il put fermer ses lèvres, son regard cependant trahit sa stupéfaction.

— Séduit par la beauté de Marianne — ce sont les propres paroles du doyen — Thierry Dubuquois aime ma fille, et il veut l'épouser.

— Il a bon goût, ce garçon, dit Badoulleau, parlant pour dire quelque chose.

— La famille approuve cette idée de mariage, et madame Charles constitue à Marianne une dot de cinq cent mille francs.

— Excellente femme, madame Charles, continua Badoulleau.

— Vous devinez, mon cher ami, quelle a été notre réponse.

— Oh! certainement.

— Nous avons refusé.

Cette fois, Badoulleau ne fut pas maître d'imposer silence à sa surprise, et un cri lui échappa.

— Imaginiez-vous donc que nous pouvions accepter? Certainement, la position était splendide; mais le mari?

— C'est égal, la tentation était forte.

— Pas pour nous, dit La Guillaumie avec simplicité.

— Quand vous auriez été tentés, le refus n'en serait pas moins noble.

Et, pensant à la tentation qu'il avait éprouvée d'aller à Paris et qui, pour lui aussi, avait été forte, Badoulleau ajouta :

— En fin de compte on est heureux de faire ce qu'on doit en obéissant à sa conscience ; c'est quelque chose d'avoir refusé la fortune, et de se dire : « Si j'avais voulu pourtant. »

C'était après le dîner que La Guillaumie devait aller chez le doyen ; au moment où il se préparait à partir, François arriva.

Alors, sur la proposition de Glorient, il fut convenu qu'on accompagnerait La Guillaumie, et que, pendant qu'il serait au presbytère, on se promènerait sur l'esplanade qui entoure l'église, la *Haga*, ce vénérable débris des retranchements militaires que les anciens Normands élevaient pour se protéger, et d'où l'on a une si belle vue sur toute la contrée. Justement la soirée était douce et la lune à son plein venait de se lever dans un ciel sans nuages.

On partit, Glorient et La Guillaumie en avant, Marianne et François les derniers; comme à l'ordinaire, madame La Guillaumie était restée à la maison.

— J'ai à vous parler, dit Marianne, de choses graves, très graves; tâchons d'être un moment seuls.

Tandis que La Guillaumie poussait la porte du presbytère, gaillardement, en homme qui a trouvé ce qu'il veut dire, ils montèrent à la Haga, dont la lune inondait les gazons de longues raies plus ou moins claires, selon que les hauts arbres dont elle était entourée faisaient à sa lumière un écran plus ou moins épais — au milieu, une grande place restait noire, noyée dans l'ombre que l'église, avec son toit aigu et ses fiers clochetons, projetait jusqu'aux pavillons d'entrée du château de la Haga.

— Si je n'étais pas à la veille de mon départ, dit Glorient, saisi par la beauté poétique de ce spectacle, je ferais une étude de cette esplanade sous ce clair de lune.

Et, pour bien voir ce clair de lune, ils allèrent s'asseoir dans l'ombre, sur un banc en pierre placé sous les arbres et déjà tout couvert des feuilles sèches que l'automne avait abattues.

Ils restèrent là assez longtemps, causant ou plutôt écoutant Glorient, qui parlait de la poésie de la nature ; puis, à un certain moment, le vieux maître les laissa seuls pour aller à l'extrémité de la Haga regarder les effets de la lumière sur la vallée.

— Que s'est-il donc passé de grave? demanda vivement François en prenant les mains de Marianne dans les siennes.

— M. le doyen est venu tantôt me demander en mariage à mon père.

— On vous tourmente?

— Non, ni mon père ni ma mère n'ont eu la pensée de me tourmenter ; ils m'ont laissé ma liberté.

— Alors nous n'avons rien à craindre?

— Dans notre amour, non ; mais dans notre repos, dans notre bonheur, dans notre avenir, oui et grandement à craindre. C'est pour cela que je vous parle de cette demande en mariage, dont, sans cela, je ne vous aurais rien dit.

— Qui nous menace? Je ne comprends pas.

— Celui qui a eu la pensée de m'épouser?

— Qui donc est-il?

— M. Thierry Dubuquois.

— M. Thierry?

Ce ne fut pas de la surprise que trahit cette exclamation, ce fut de l'effroi.

— Vous voyez où est le danger, continua-t-elle. Que M. Thierry Dubuquois, que sa mère, que sa tante, apprennent que nous nous aimons, et cela peut être connu un jour, n'est-ce pas? ne voudront-ils pas se venger sur vous de mon refus et nous le faire payer en vous enlevant votre situation? Alors que deviendrons-nous si vous êtes obligé de quitter Hannebault avant que nous soyons mariés?

— Et vous n'avez, dans tout cela, pensé qu'à moi! s'écria-t-il en la serrant passionnément dans ses bras.

— A quoi pouvais-je penser, si ce n'est à notre amour!

— Vous êtes la plus pure et la plus noble des femmes.

Il la regarda, frémissant, les yeux pleins de douces larmes.

— C'est pour cette grosse fortune refusée que vous parlez ainsi, dit-elle. Qu'importe la fortune quand on s'aime? Est-ce que vous avez pensé que j'étais sans fortune quand vous m'avez demandé d'être votre femme, vous qui serez riche demain, très riche peut-être?

— Peut-être !

Elle étendit la main vers les grilles d'entrée du château de la Haga, dont les lances dorées, frappées par la lumière de la lune, scintillaient dans la nuit bleue.

— Est-ce que la femme qui habite ce château, dit-elle avec une exaltation vibrante, a pensé à la fortune alors qu'elle était la riche mademoiselle Pinto-Soulas et qu'elle aimait un jeune homme qui n'était rien, et dont elle a cependant fait son mari pour leur bonheur à tous les deux? Ne supposez pas que je vous ai fait un sacrifice en refusant ce mariage. Peut-être les riches savent-ils tout le prix de l'argent ; cela est probable, à voir leurs calculs et leurs arrangements dans lesquels l'argent tient une si grande part ; les pauvres l'ignorent, et je suis une pauvre, vous le savez bien. J'ai refusé, parce que je vous aime, voilà tout. M. Thierry eût été dix fois, cent fois plus riche ; il eût été beau ; il eût été un homme remarquable ou glorieux, j'aurais refusé de même, sans plus vous faire de sacrifices, puisque je vous aime et ne vois que vous. Mais, justement parce que je vous aime, je ne veux pas vous perdre, et voilà pourquoi je vous demande d'arranger les choses de façon à ce qu'on ne puisse deviner que nous nous aimons que le jour où nous aurons le droit d'avouer hautement notre amour.

— Si vous saviez comme je suis désespéré, chère Marianne, de ne pouvoir pas l'avancer, ce jour ! Je travaille, je cherche et n'arrive à rien.

— Vous trouverez.

— Il le faut plus que jamais, car, après le refus de ce riche mariage, M. La Guillaumie aura, je le sens, le droit de montrer des exigences qu'il n'aurait peut-être pas eues avant. S'il n'a pas donné sa fille au chef de la puissante maison Dubuquois, peut-il la donner à un simple employé de cette maison ?

— Mais, ce jour-là, cet employé aura prouvé à tous qu'il est un savant et un grand inventeur. Ne vous désespérez pas, cher François, ne vous donnez pas la fièvre quand une de vos expériences n'a pas réussi, comme cela est arrivé avant-hier, je l'ai bien vu. Ce qui manque aujourd'hui réussira demain.

A ce moment, Glorient revint vers eux, et ils ne parlèrent plus que de la lune, de la nuit bleue, du ciel et des ombres noires.

XXXV

Le temps des vacances était écoulé pour tout le monde : Glorient et La Guillaumie devaient retourner à Paris : les enfants allaient rentrer à la pension, pour le plus grand contentement de mademoiselle Eurydice, qui n'avait jamais compris l'utilité des vacances. A quoi bon se reposer? Cela ne sert qu'à donner des habitudes de paresse dont on ne peut plus se débarrasser ; quand on s'est amusé la veille, on est peu dispos au travail le lendemain, au moins l'avait-elle observé chez les autres ne s'étant jamais amusée elle-même.

Pour La Guillaumie, ces vacances étaient les meilleures qu'il eût passées depuis qu'il venait à Hannebault. Au moins cette fois il n'avait pas perdu son temps; ses classes, à peu près terminées, étaient en état de recevoir les élèves, et à la veille de son départ, en regardant le bâtiment qu'il avait fait construire, en lisant sur une porte « *Chimie* » et sur l'autre « *Physique* », il avait la satisfaction de se dire qu'il avait travaillé pour les siens, leur rendant malgré elles un service dont elles apprécieraient le prix plus tard. En arrivant à Paris, il achèterait les instruments et les produits nécessaires à l'outillage de ces classes, et son devoir serait accompli jusqu'au bout ; à elles de faire le reste.

On savait que La Guillaumie devait fonder un grand journal parisien, et au moment où il allait quitter Hannebault chacun avait des recommandations à lui adresser ; il était devenu une puissance comme s'il devait disposer des places que donne le gouvernement et de tous les bureaux de tabac de France ; le député avait fait bien des mécontents, on comptait sur la Guillaumie pour réparer les oublis, les injustices ou la négligence de celui-ci.

Puis il y avait les amis qui, eux aussi, comptaient sur lui.

Pour Malaquin, ce qu'il demandait était bien simple : il s'agissait de l'avertir à l'avance des changements de ministère par une dépêche particulière, et en même temps il s'agissait de glisser le nom de son ami le député, qui devait être un jour ministre des finances, dans toutes les combinaisons ministérielles que publient les journaux lorsqu'une crise est imminente ; c'était non seulement comme service particulier qu'il réclamait cela de l'amitié de La Guillaumie, mais encore au nom de l'intérêt public : on ne pouvait pas faire un meilleur choix que celui de son ami, qui serait enfin le ministre des finances que le pays désire depuis si longtemps.

Quant au père d'Escoran, c'était un conseil qu'il donnait ; il est vrai que ce conseil, mis en application, aurait pour lui un résultat utile, mais pour cela, il n'en était pas moins excellent.

— Il savait par expérience avec quelle coupable négligence les journaux publient les listes des tirages des loteries, imprimant les numéros gagnants sans leur faire subir une sévère vérification. Eh bien ! il demandait à La Guillaumie d'apporter un soin exceptionnel dans la publication de ces listes ; c'était là une réforme d'un intérêt capital qui aurait, pour le succès de son journal, les conséquences les plus heureuses.

Madame Halbout avait eu aussi sa demande à présenter, mais bien petite, disait-elle.

— Une injustice à réparer en faisant décorer Halbout ; la proposition présentée par des personnes considérables avait été écartée par de misérables intrigues ; il n'y avait qu'à l'appuyer, et même tout simplement à la rappeler au ministre à l'occasion : Halbout, décoré, cela serait d'un bon effet dans le pays.

Un autre, grand-père d'une des élèves de madame La Guillaumie, avait eu une demande plus simple encore :

— Sa vue baissait, et tous les journaux de Paris qu'il avait successivement essayés étaient imprimés avec un caractère trop fin et une encre trop pâle pour lui, ce qui l'obligeait à se faire faire la lecture par sa servante, qui lisait fort mal ; alors il espérait que La Guillaumie voudrait bien lui faire tirer pour lui un exemplaire de son journal imprimé en caractères plus gros et avec une encre plus noire, — un service d'ami qu'il réclamait là, et en échange, il promettait d'être son abonné à perpétuité ; il avait déjà demandé cela à plusieurs journaux qui ne lui avaient seulement pas répondu.

Enfin arriva le jour du départ et, la veille, Badoulleau vint faire ses adieux à son ami La Guillaumie tristement.

— Vous partez et je reste.

— Il est temps encore de venir me rejoindre.

— Ah! si j'étais seul !

Mais il n'était pas seul, le pauvre Badoulleau ! Chaque jour il entendait sa femme parler de Paris avec effroi, et il voyait ses enfants, « son petit Jacques, son petit Philippe, son petit Michel, sa petite Sophie, sa petite Rose », qui, pour ne rien dire, n'agissaient pas moins puissamment sur lui, comme s'ils se cramponnaient à ses mains et aux pans de son veston pour le retenir à Hannebault. Et alors il se disait que ce serait folie de sa part, que ce serait un crime de les embarquer sur une mer incertaine. Assurément La Guillaumie n'avait été inspiré que par de bons sentiments en lui adressant cette proposition, par la sympathie et l'amitié ; mais enfin les bons sentiments de La Guillaumie ne faisaient point que son caractère ne fût pas aventureux et chimérique. Ce n'était pas sa vie seule qu'il risquait en la confiant à ce pilote qui ne voyait jamais que ce qu'il voulait voir et ce que son imagination lui montrait, c'était aussi celle de sa femme, celle de ses enfants. Combien de journaux qui partent toutes voiles déployées pour le pays de l'or et qui, après quelques jours de voyage, périssent corps et biens, sans que plus jamais on entende parler de ceux qui les montent ! Mais au moment où La Guillaumie allait quitter Hannebault, ces réflexions du mari et du père de famille perdaient de leur force, et le journaliste, pensant à ses espérances et ses ambitions de jeune homme, s'écriait malgré lui : « Vous partez et je reste. »

— Au moins vous ne m'en voulez pas? dit-il en serrant les deux mains de La Guillaumie.

— Je vous plains, mon pauvre ami, je ne vous en veux pas. C'est vous qui vous en voudrez, dans quelques mois vous verrez le succès de la *France libre*. En ce moment vous vous dites, on vous dit, on vous répète : « La Guillaumie est bien aventureux, prenez garde, soyez prudent. » Et prudemment vous n'osez venir avec cet aventureux.

Si Badoulleau voyait avec peine le départ de La Guillaumie, c'était avec inquiétude et même avec un vague effroi que madame La Guillaumie envisageait ce départ.

Tant qu'elle avait son mari près d'elle, sa responsabilité était dégagée ; c'était lui qui commandait, qui avait affaire aux entrepreneurs, c'était à lui qu'on s'adressait pour tout ce qui touchait à la construction des classes : elle n'était rien et ne disait rien.

Mais voilà qu'elle allait être tout et qu'elle aurait à faire face à tous.

Plus d'une fois, en voyant ces constructions s'élever, elle avait eu des heures d'angoisse, se demandant comment on paierait tout cela, si par extraordinaire le journal ne réussissait pas. Puisque ces constructions étaient commencées il fallait bien maintenant les finir, mais pourquoi ne pas s'en tenir à la plus rigoureuse économie et se lancer dans des améliorations qui n'avaient pas été prévues dans le devis primitif ?

— Cela sera-t-il mieux ainsi ? répondait La Guillaumie. Ç'a toujours été ma règle de chercher le mieux, et je m'en suis bien trouvé.

En laissant ainsi aller les choses de mieux en mieux, où étaient-elles arrivées ? C'était ce qu'elle se demandait anxieusement. Comment ferait-on face aux charges que cela créait ? C'était ce qu'elle se demandait plus anxieusement encore.

— Au moins es-tu sûr de pouvoir payer ? dit-elle la veille du départ.

Mais il se fâcha, blessé, exaspéré de ce manque de foi. Après vingt-deux ans de mariage quelle mortification pour un homme de ne pas trouver plus de confiance dans sa femme, et cela alors surtout qu'il n'avait agi que pour lui être utile !

— Est-ce pour moi ces classes ? Non, c'est pour toi. A qui profiteront-elles ? Pas à moi, n'est-ce pas ? A toi, à toi seule. Sans doute tu aurais voulu me voir arriver de Paris avec l'argent en poche.

— Ne dis pas cela.

— Enfin tâche de mettre dans ta pauvre tête d'effarée que c'est exactement comme si j'avais l'argent en poche. Aux dates que j'ai fixées avec les entrepreneurs ils auront leur argent ; si par extraordinaire je n'avais pas les fonds à ce moment, mon crédit me permettrait de me les procurer facilement. Sois donc sans scrupules et sans craintes à la satisfaction d'avoir ces belles classes qui vont changer le caractère de ta pension ; tu avais une boîte, tu vas avoir une maison de premier ordre. Et si, comme je l'espère, tu peux me rejoindre à Paris avec Marianne qui trouvera alors un mari valant mieux que Thierry Dubuquois, tu verras, par le prix que tu tireras de cette maison, que j'ai travaillé en bon père de famille.

Marianne ne fit qu'une recommandation à son père : ce fut de s'occuper de Berthe d'Escoran et de tâcher de la faire engager dans un théâtre de musique.

Le matin du départ, Badoulleau, Malaquin, le père d'Escoran et François arrivèrent successivement à la pension pour conduire La Guillaumie et Glorient à l'omnibus du chemin de fer, et ce ne fut qu'après avoir reçu de chaudes et de respectueuses poignées de main que le vieux maître put monter en voiture.

Quand les chevaux partirent, il se pencha par la portière :

— Adieu, adieu ; vous êtes bien gentils.

FIN DE LA PREMIÈRE PARTIE.

DEUXIÈME PARTIE

I

En disant qu'il n'y avait plus que quelques formalités à accomplir pour terminer l'affaire de son journal, La Guillaumie était sincère; depuis quatre ans il travaillait à réunir le capital qu'il lui fallait, et s'il n'avait point ce capital déposé à la Banque de France, au moins avait-il des promesses sérieuses pour une date certaine.

Il n'avait plus qu'à les réaliser, et, à la rentrée des Chambres, il serait prêt à faire paraître la *France libre;* rédaction, administration, bureaux, imprimerie, fourniture de papier, tout était arrêté.

Son premier soin, en arrivant à Paris, fut donc d'arranger des rendez-vous avec les personnes qui devaient lui apporter leur concours; puis cela fait, il s'occupa d'acheter les instruments et les produits qu'il voulait envoyer tout de suite à Hannebault, afin que le lendemain même de la rentrée on pût inaugurer les cours de sciences, — ce qui serait d'un grand effet. Il avait le bonheur d'être doué d'un de ces caractères que l'injustice n'aigrit pas, et bien que le cadeau qu'il avait fait à sa femme n'eût pas été reçu comme il était en droit de l'espérer, cela ne l'empêcherait pas d'aller jusqu'au bout.

Mais lorsqu'il entendit parler de mercure à cent trente francs le litre, lorsqu'il additionna le total auquel montait le prix des instruments et des produits indispensables, surtout lorsqu'il vit les fabricants et les marchands disposés à ne faire leurs livraisons que contre payement immédiat ou contre remboursement, il se décida à ne pas aller tout de suite jusqu'au bout. Dans toute science il y a des notions préliminaires et des connaissances générales : on commencerait par là, et, avant que ce sujet fût épuisé, il serait sûrement en état d'envoyer les instruments et les produits qu'il avait promis. Il écrirait dans ce sens à sa femme.

Cependant, ce ne fut pas sans mortification qu'il se résigna à ce retard : il avait si souvent parlé de ses instruments. Que n'allait-on pas dire? Non sa femme, il la connaissait bien. Mais les autres; tous ceux à qui il avait expliqué ses projets : Badoulleau, François Néel, Malaquin. Il voulut faire une diversion et qu'on ne restât pas sous le coup de la déception que causerait sa lettre. Pour cela, il ne trouva rien de mieux que de donner des nouvelles de Berthe d'Escoran : sa femme et Marianne auraient ainsi un sujet de conversation qui leur permettrait de ne pas rester

court. — Ah! vous ne recevez pas vos instruments!
— Non, pas encore; mais mon père a vu Berthe
d'Escoran. Et alors la curiosité de savoir ce que devenait Berthe ferait taire les réflexions sur ce retard, car c'était à Hannebault un sujet de conversation que le départ de Berthe, et il était bien certain qu'à ce mot : « Mon père a vu Berthe, » on serait tout oreilles, sans penser à autre chose.

Qu'allait-elle faire à Paris? Chanteuse? Était-ce possible! Quel scandale! Une fille qui descendait d'une ancienne famille et qui n'avait pas honte d'être comédienne! Ne pouvait-elle pas rester à Hannebault à attendre un mari? Sa sœur en avait bien trouvé un. D'ailleurs, quand elle n'en trouverait pas, ne pouvait-elle rester vieille fille? Elle ne serait pas la première. En tous cas, cela valait encore mieux que le théâtre. Au lieu de la défendre, sa sœur, madame Halbout, était une des premières à tomber sur elle : « Si Berthe voulait, malgré tout, entrer au théâtre, ne pouvait-elle pas attendre qu'Halbout fût décoré; une belle-sœur comédienne, cela pouvait lui nuire, à ce brave garçon. » Tout le monde ne croyait pas au théâtre, et quand on parlait de cela, il y avait des gens qui hochaient la tête en souriant d'un air malin. Ils savaient, ceux-là, pour quelles raisons les belles filles quittent leur pays et vont à Paris. Quant à Toussaint, il ne se contentait pas de sourire, il s'expliquait nettement : « Elle est partie passer à Paris un joli petit mois, voilà tout, je connais ça; elle nous reviendra. »

La Guillaumie avait entendu ces bavardages; il

savait quel aliment sa lettre leur apporterait, et comme tout ce qui toucherait Berthe prendrait d'importance, pour diminuer et éteindre ce qui ne se rapporterait pas à elle, aussitôt que son nom aurait été prononcé.

C'était à Grenelle, rue Mademoiselle, que demeurait Berthe. En arrivant devant le numéro que Marianne lui avait donné, La Guillaumie trouva une petite boutique divisée par la porte d'entrée, en deux magasins distincts : d'un côté, la montre était occupée par des canevas à tapisserie échantillonnés, des laines de toutes couleurs, des modèles en chromolithographie, et sur les vitres on lisait : *Tapisserie, ouvrages des dames*. Du côté opposé, la montre parallèle était pleine de journaux illustrés, de papier à lettres, de plumes, d'encriers, de billes, et aussi de boîtes de sucre d'orge aux couleurs vives, et de cartouches de pain d'épice. Sur les vitres on lisait : *Librairie, papeterie*. Enfin, un nom était peint en lettres jaunes au-dessus de la porte d'entrée : Descoran, en un seul mot, sans apostrophe.

C'était donc bien là que logeait Berthe, dans cette pauvre petite boutique qui, en son genre, ne valait guère mieux que le vieux moulin d'Hannebault; La Guillaumie poussa la porte. Il n'y avait personne dans la boutique; mais d'une pièce contiguë, boutique ou arrière-boutique dont le vitrage était tapissé de journaux à images et de cartes, partait un bruit de voix : Combien ces six saucissons-ci? Six sous ces six saucissons-ci. Et La Guillaumie se demanda si le cousin de Berthe, en plus de journaux et d'ouvrages des dames, vendait encore de la charcuterie. Drôle de commerce!

La Guillaumie frappa du pied, la voix s'arrêta, et la porte vitrée s'étant ouverte, Berthe parut.

— Ah! monsieur La Guillaumie, quel bonheur!

Et elle vient à lui en courant, les mains tendues.

— Et Marianne? demanda-t-elle, et mon père?

— Marianne va bien; M. d'Escoran est toujours le même, il m'a chargé de ses tendresses pour vous, comme Marianne a voulu que je vous apporte son souvenir affectueux; vous voyez que je n'ai pas perdu de temps pour m'acquitter de ma commission, car je ne suis arrivé à Paris qu'avant-hier.

— Puisque vous avez pris la peine de venir jusqu'ici, dans ce quartier perdu, vous me ferez l'amitié de me donner quelques instants, n'est-ce pas, et de me parler d'Hannebault? Nous sommes seuls: mon cousin est à son bureau, et ma cousine est sortie avec sa fille; c'est moi qui garde la boutique, je veux dire le magasin, comme le désire ma cousine.

Et elle se mit à sourire mélancoliquement.

— S'il vient des clients, ajouta-t-elle, vous verrez comme je m'entends bien au commerce.

Elle avait offert une chaise à La Guillaumie, tandis qu'elle restait elle-même debout, une main posée sur le comptoir chargé de journaux étalés.

— Alors mon père est bien? demanda-t-elle. Pauvre père! C'est mon remords de l'avoir laissé seul; il est vrai que ce n'est pas pour mener ici une vie de plaisir, tandis qu'il en traîne une de misère à Hannebault.

— Sa confiance dans la chance le soutient et l'égale.

— Heureusement. J'ai lu dans les journaux et j'ai entendu toutes sortes de belles choses sur l'immoralité de la loterie. On voit bien que ceux qui parlent ainsi n'ont jamais eu besoin, dans leur existence plus ou moins facile, de l'intervention d'un miracle. C'est commode d'accuser de folie ceux qui croient aux miracles. Que serait-il devenu, le pauvre père, s'il n'avait pas pu se dire aux heures les plus noires : « Demain la misère sera finie, demain j'aurai gagné. » On ne sait pas, quand on est heureux, ce qu'un billet de loterie dans un tiroir, un seul billet donne de force et de sérénité; mais quand, comme moi, on a pendant quatre ou cinq ans rêvé d'un beau mariage, on le comprend. C'est ce rêve qui m'a empêchée de venir plus tôt à Paris. Par là, j'en conviens, l'attente du miracle est mauvaise. Si je n'avais pas attendu ce mariage, je me serais décidée depuis longtemps à ne compter que sur moi, et cela aurait mieux valu. A propos, que dit-on de mon départ à Hannebault?

La Guillaumie fut assez gêné pour répondre :

— On l'apprécie diversement.

— Diversement! En êtes-vous sûr?

— Il y a des personnes qui vous blâment; il y en a d'autres qui vous approuvent.

Elle secoua la tête d'un air de doute.

— Ne me nommez pas les personnes qui me blâment, je ne veux pas vous imposer une sorte de dénonciation, mais nommez-moi celles qui m'approuvent.

Il demeura court.

— Je vois qu'elles ne sont pas nombreuses, continua-t-elle, puisque vous ne pouvez pas m'en nommer une seule.

— Eh! mon enfant, comment voulez-vous que des braves gens de province approuvent une fille qui veut se faire comédienne?

— Allons, décidément, je suis un objet de mépris pour ces braves gens, et ce que vous me dites me prouve ce que je devinais, c'est qu'on me condamne durement. Au moins tout le monde n'est-il pas contre moi, puisque vous venez me voir et que vous m'apportez le souvenir amical de Marianne. Merci.

Elle dit cela d'une voix émue et les lèvres frémissantes; puis, relevant la tête avec dédain :

— Quant aux autres, je m'en moque. Et même peut-être est-il bon qu'on me condamne ainsi, cela vaudra peut-être un peu de sympathie effective à mon père, — ce malheureux homme si indignement abandonné par sa fille! Et cette sympathie publique obligera sans doute ma sœur à être pour lui ce qu'elle devrait être.

Une petite fille portant à grand'peine un enfant au maillot dans ses bras, vint demander un journal; Berthe le lui donna et reçut le sou qu'elle lui tendait, de façon à prouver « qu'elle s'entendait bien au commerce ».

— Et le théâtre? demanda La Guillaumie lorsque la petite fille fut sortie.

— M. Falco a été parfait pour moi, il m'a obtenu deux auditions ; mais elles n'ont pas eu de résultat immédiat. On m'a dit d'attendre ; qu'on verrait plus tard ; qu'on penserait à moi ; enfin tout ce qu'on répond à ceux dont on ne veut pas ou dont on n'a pas besoin. On m'a conseillé aussi de travailler, car si on m'a fait des compliments, on m'a signalé des défauts, je ne vibre pas.

— Oh ! oh ! interrompit La Guillaumie, et c'est grave, cela ?

— Tout ce qu'il y a de plus grave. M. Falco, qui est la bonté même, a bien voulu me recommander à un professeur de ses amis qui m'a donné des exercices que je pioche, au grand désespoir de mes cousines que j'assourdis du matin au soir : bra, bre, bri, bro, bru, cra, cre, cri, cro, cru, dra, dre, dri, dro, dru, fra, fre, fri, fro, fru, gra, gre, gri, gro, gru.

Et comme La Guillaumie s'était mis à rire :

— Il y a aussi des phrases, dit-elle : « Entendez-vous les cris aigris du gris criori qui crie ? »

— Je comprends l'effarement des cousines, dit La Guillaumie.

— Ce n'est pas tout ; mes *s* aussi laissent à désirer et j'en travaille la prononciation : « Combien ces six saucissons-ci ? — Six sous ces saucissons-ci ! — Six sous ces six saucissons-ci ! — Six sous ces saucissons-ci ! — Six sous ci, six sous ça ; six sous ces saucissons-ci ! »

Cette fois, La Guillaumie riait aux éclats.

— Et moi, dit-il, qui croyais, tout à l'heure en entrant au moment où vous travailliez cet exercice, qu'on vendait de la charcuterie dans une arrière-boutique. Alors la profession de charcutier est une bonne préparation à l'art dramatique.

— Si j'avais su cela à Hannebault, dit-elle en riant aussi, j'aurais été faire des exercices sur le saucisson et la saucisse chez nos charcutiers. Mais si cela prête par un certain côté à la drôlerie, il n'en est pas moins vrai que j'ai beaucoup à apprendre, non seulement pour vibrer, mais encore pour bien d'autres choses, ou plutôt pour tout, car il y a loin d'un talent d'amateur, si grand qu'il puisse être, à un talent d'artiste, si petit qu'il soit. Je travaille donc et d'autant plus courageusement qu'il est possible qu'une occasion me vienne bientôt de débuter.

— Comment cela?

— Oh ! pas brillamment, mais je n'ai pas le droit d'être trop difficile ; presque rien est beaucoup pour moi. Vous savez que mon cousin est employé dans une agence de titres de noblesse dirigée par le baron Postole de la Pacaudière.

— Je connais les annonces de cette agence qui paraissent de temps en temps à la quatrième page des journaux : *Bibliothèque nationale de la noblesse* dirigée par M. le baron de la Pacaudière, historiographe et juge d'armes.

— Comme vous le pensez bien, on ne se contente pas, dans cette agence, de dresser les généalogies des gens vraiment nobles qui veulent faire faire des recherches sur leurs ancêtres et vérifier leurs titres, on invente aussi des généalogies et on fabrique aussi des faux titres. Nous avons même en ce moment dans notre cave une collection de parchemins qui sont là pour acquérir une apparence de vétusté au moyen de laquelle on trompera ceux qui cherchent la petite bête.

— Il n'a donc pas de cave, le baron de la Pacaudière ?

— Si, et même il paraît qu'elle est excellente; mais celle de mon cousin a des qualités que celle du baron n'a pas. Il en est des parchemins comme des vins : ceux-ci vieillissent bien dans certaines conditions, ceux-là vieillissent mieux dans d'autres. Par son emploi, mon cousin se trouve en relations avec des ambitieux et des vaniteux de toutes les espèces, et le soir il nous raconte des histoires qui seraient bien intéressantes, j'en suis certaine, pour un homme comme vous : en fait de vanité, tout ce qu'on imagine est plat et insignifiant à côté de la réalité. En ce moment, mon cousin a pour client un auteur dramatique qui a toutes les ambitions : il va faire jouer un drame à l'Ambigu et il prétend descendre des croisés.

— Voulez-vous donc débuter à l'Ambigu ? interrompit La Guillaumie.

— Attendez un peu. Le descendant des croisés sent bien que ses prétentions nobiliaires seront contestées ou raillées dans les journaux quand son nom sera jeté au public, et pour les appuyer il a recours aux lumières du baron Postolo de la Pacaudière, non pour lui fabriquer une généalogie, il croit à la sienne...

— On croit toujours à sa généalogie, si absurde qu'elle soit.

— ... Mais pour lui rechercher des parchemins avec lesquels il pourra fermer la bouche à ceux qui auront l'insolence de mettre en doute l'antiquité de sa race. Ils sont à la cave, ces parchemins, en train d'acquérir l'authenticité nécessaire. Ces relations ont amené une certaine intimité entre mon cousin et l'auteur dramatique qui, étant volontiers bavard, conte ses affaires à tout le monde. C'est ainsi qu'il a raconté que dans sa pièce, qui se passe en partie au quartier Latin, il y a un tableau représentant un beuglant. Vous savez ce que c'est qu'un beuglant?

— Un café-concert.

— Précisément. Pour ce beuglant, il a besoin d'une chanteuse, et il la cherche, la troupe de l'Ambigu ne lui offrant pas celle qui peut remplir cet emploi. En entendant parler d'une chanteuse, mon cousin a répondu qu'il connaissait une jeune fille qui chantait aussi bien l'opéra que l'opérette, le sérieux que le bouffe, et qui était douée de toutes les qualités : la jeunesse, etc. Bien entendu, cette merveille, c'est moi.

— Vous, à l'Ambigu, dans le rôle d'une chanteuse de café-concert !

— Cela est pitoyable, n'est-ce pas? Sans doute. Un rôle dans lequel j'aurai tout simplement à chanter une chanson de café-concert sur une estrade, cela est misérable, sans doute. Tout ce que vous direz, je le dirai comme vous. Mais après? Il y a une chose qu'il ne faut pas oublier : c'est mon cousin qui a eu cette idée, ce n'est pas moi.

— C'est vous qui chantez.

— Croyez-vous que je sois libre de faire ce qui me plaît et rien que ce qui me plaît? S'il en était ainsi, j'aurais commencé par ne pas quitter mon père pour venir ici. Par ce que vous voyez autour de vous, vous comprenez que vous n'êtes pas chez des gens riches; ces journaux, ces pains d'épice, ces berlingots d'un côté, de l'autre ces canevas vous disent l'importance de cette pauvre boutique et les bénéfices qu'elle peut donner. Ils sont tels, pour ne vous citer qu'un trait, que mes cousines, la mère et la fille, n'ont qu'un manteau pour elles deux; quand l'une le met, l'autre reste à la maison. Si elles sont sorties ensemble aujourd'hui, c'est qu'il fait beau et que ma cousine, la fille, peut se promener en taille, tandis que la mère porte le manteau; dans quinze jours et pendant tout l'hiver, — c'est le même manteau qui sert en toute saison, doublé ou non doublé, selon qu'il fait froid ou chaud, — elles sortiront l'une après l'autre; à leur grand chagrin, car c'est leur joie d'être ensemble. Malgré cette pauvreté, ces braves gens n'ont pas hésité à m'offrir l'hospitalité, — la table et le logement. Pour le logement, je partage le lit de ma jeune cousine. Mais pour la table, si petits que je me coupe les morceaux de pain, je ne rogne pas moins leur portion. Et vous voulez que lorsqu'une occasion se présente de ne leur être plus à charge, je leur dise que cette occasion qu'ils m'ont trouvée n'est pas digne de moi? Est-il digne de mon cousin de travailler chez le baron de la Pacaudière? Est-il digne de ma cousine de vendre des journaux

aux ouvriers du gaz, pendant que sa fille s'épuise à faire de la tapisserie qu'elle a bien du mal à vendre ?

— J'aurais voulu pour vous, ma chère enfant, mieux qu'un théâtre de drame, qui n'a rien de commun avec la musique. Dans quelque temps, je serai en situation de vous appuyer, et je me mettrai alors à votre disposition. Vous êtes l'amie de ma fille ; j'ai pour vous une vive sympathie, je serais heureux de vous être utile.

— Croyez bien que je suis touchée au cœur par ces paroles généreuses. Mais comment attendre ? Comment dire à mes parents : « Je refuse le beuglant, parce que dans quelque temps M. La Guillaumie me trouvera mieux ? » Moi aussi j'aurais voulu attendre. Mais ce sont les heureux de ce monde qui peuvent attendre leur heure. Quand on est une pauvre misérable créature, on obéit aux événements ou aux choses ; on ne leur commande pas. Combien y a-t-il de gens qui n'arrivent à rien parce qu'ils n'ont pas le temps d'attendre ? Ils font ce qu'ils peuvent, non ce qu'ils veulent. Si j'étais libre, j'attendrais et je travaillerais en attendant, de façon à ne débuter qu'à coup sûr. Mais je ne peux seulement pas travailler, puisqu'il m'est interdit de me donner les maîtres qu'il me faudrait. C'est pour cela que je regarde le beuglant, si pitoyable qu'il soit, comme une chance heureuse. Au moins je gagnerai quelque chose ; j'aurai une occasion de me produire en public, et peut-être s'apercevra-t-on que je vaux mieux que cela. On a été, n'est-ce pas, chercher dans des cafés-concerts des chanteuses qui sont devenues de grandes artistes.

— Sans doute.

— Eh bien ! pourquoi cela ne se réaliserait-il pas pour moi ? Vous voyez que j'ai, comme le pauvre père, la folie des bons numéros. Enfin, n'y a-t-il pas plus de chances pour qu'on vienne me chercher à l'Ambigu que rue Mademoiselle, à Grenelle ?

En ce moment, la porte s'ouvrit, et deux femmes entrèrent dans la boutique, une vieille et une jeune, proprement mais plus que simplement habillées, à l'air doux et affable, avec quelque chose de délicat dans la physionomie : c'étaient les deux cousines, la mère et la fille.

— M. La Guillaumie, dit Berthe, qui veut bien m'apporter des nouvelles d'Hannebault.

II

Le premier des futurs actionnaires de La Guillaumie qui répondit à sa demande de rendez-vous fut un député de province :

« Veuillez prendre la peine de venir me voir
» mardi, entre midi et une heure; nous causerons
» de votre affaire, pour laquelle je suis toujours
» dans les mêmes dispositions : 1, rue Richepanse.
» Demandez M. Duclos.
   » Votre dévoué,
    » Angenou-Brandicourt. »

Pourquoi diable M. Angenou-Brandicourt, qui demeurait rue de Lille, donnait-il ses rendez-vous rue Richepanse et prenait-il le nom de Duclos? Cachait-il donc sa grandeur chez une maîtresse auprès de laquelle il était bien aise de se montrer à quelques personnes?

Étant donné le caractère d'Angenou-Brandicourt, cette hypothèse semblait peu vraisemblable. C'était, en effet, un provincial renforcé, important, gourmé, affairé, qui n'avait pas d'autres préoccupations que de porter la France dans ses bras, s'imaginant de la meilleure foi du monde que, s'il cédait à un moment de distraction ou de fatigue, elle tombait à terre et se cassait en miettes. Que ferait-il de son précieux fardeau chez une maîtresse?

A midi et demi, La Guillaumie sonnait à la porte d'un entresol de la rue Richepanse, et comme on ne venait pas tout de suite lui ouvrir, il entendit une voix, celle d'Angenou-Brandicourt qui disait, ou plutôt qui déclamait : « Oui, messieurs, je le déclare du haut de cette tribune retentissante, afin que mes paroles éveillent un puissant écho dans le pays; oui, messieurs, le jeu nous dévore. »

Il y eut un bruit de pas, puis la porte s'ouvrit et La Guillaumie se trouva en face d'un de ses jeunes confrères en journalisme; derrière celui-ci se montrait Angenou-Brandicourt :

— Entrez donc, dit le député en tendant la main à La Guillaumie.

L'appartement de M. Duclos se composait d'une seule chambre précédée d'une petite entrée : près de la fenêtre était un bureau chargé de papiers et fortifié de chaque côté par des piles de documents parlementaires; sur un guéridon on voyait les restes d'un déjeuner servi dans d'épaisses assiettes de marchand de vin.

— Vous pénétrez dans le sanctuaire, dit le député; c'est ici, en effet, que je suis obligé de me réfugier pour échapper aux électeurs qui viennent m'assiéger rue de Lille ; il y aurait une comédie à faire avec les électeurs qui poursuivent leur député, qui le guettent dans l'escalier, sous la grande porte, qui s'embusquent dans sa cuisine en corrompant la cuisinière, qui prennent des déguisements pour pénétrer jusqu'à lui. Ici, je leur échappe; dans les Tuileries, je trouve le calme de la méditation, et dans cette chambre, le calme du travail avec ce jeune ami.

Ce jeune ami était un reporter que Angenou-Brandicourt avait pris pour secrétaire, à cause précisément de sa qualité de reporter; car aimant les réclames autant qu'il redoutait les plaisanteries, il avait besoin de quelqu'un qui, dans la camaraderie de la tribune des journalistes, lui obtînt les unes et lui épargnât ou tout au moins lui adoucît les autres. S'il était heureux que les ministres le vissent les applaudir quoi qu'ils disent; il était humilié qu'on le signalât dans les journaux parmi les députés qui claquent à bras tendus et sont toujours sur le passage des ministres pour recevoir d'eux en public une poignée de main. Il avait fort à faire, ce jeune ami, pour contenter son patron qui se plaignait toujours de la réclame trop insignifiante, comme de la raillerie trop caractérisque. « Que diable, mon cher, un homme comme moi! Vous n'avez donc pas d'influence parmi vos confrères? » Et le jeune ami, qui savait que c'était cette influence qu'on lui payait, au moins autant que les services très réels qu'il rendait dans son dur métier de secrétaire à tout faire, courses et discours, ne répondait rien.

car, si faibles que fussent ses appointements, ils lui étaient indispensables pour vivre.

— Parti hier matin de chez moi, dit le député en s'adressant à La Guillaumie, je n'ai pas pu rester rue de Lille, car on sait mon voyage à Paris, et je suis bien certain qu'il y a plus d'un électeur qui m'a suivi et qui me guette aujourd'hui pour que je l'accompagne dans un ministère quelconque. Ah! mon cher, vous ne savez pas ce que c'est que d'être le commissionnaire d'un arrondissement; moi qui le sais, j'avais pris mes précautions et j'avais écrit au jeune ami de venir travailler avec moi ici. Et, après avoir pioché ce matin, nous avons déjeuné ensemble. Très bons, ces déjeuners qu'on apporte dans des étuves chaudes, et pas chers : deux francs; je vous les recommande. Après déjeuner et en vous attendant je le consultais sur un discours que j'ai préparé.

— Sur les paris de courses, dit le jeune ami.

— C'est-à-dire sur l'encouragement que le gouvernement paraît donner aux paris par ses allocations en faveur des courses. Au reste, puisque vous êtes là, vous allez me dire votre avis.

Et tout de suite il recommença :

— Oui, messieurs, je le déclare du haut de cette tribune retentissante, afin que mes paroles éveillent un puissant écho dans le pays, oui, messieurs, le jeu nous dévore.

— Très bien! très bien! s'écria La Guillaumie, la phrase a de l'ampleur.

— N'est-ce pas?

— Cependant...

— — Vous savez, vous avez toute liberté de critique ; je ne suis pas, Dieu merci ! un de ces esprits difficiles qu'une observation exaspère.

— — Je voulais vous faire observer que pour la Chambre, qui ne s'élève pas bien haut, il faut être avare d'images ; « les paroles qui éveillent un puissant écho », venant tout de suite après « la tribune retentissante », c'est peut-être beaucoup.

Le député voulut bien ne pas se fâcher de cette critique ; au contraire, il en sourit :

— — Vous avez raison, parfaitement raison ; assurément il faut se mettre à la portée de ceux à qui l'on s'adresse, mais que voulez-vous, on se laisse entraîner et l'on s'exprime comme on conçoit : la parole est le vêtement de la pensée.

— — Encore une image, dit La Guillaumie.

— — Que voulez-vous, c'est plus fort que moi, je dis les choses comme elles me viennent.

Et il continua son discours, sans que La Guillaumie et le jeune ami l'interrompissent autrement que par des très bien, très bien. Quand il se tut, La Guillaumie, moins respectueux que le jeune ami, lui serra les mains, comme après un triomphe oratoire on serre celles d'un ministre.

Ce fut seulement après que ce discours eut été le sujet de toutes les observations élogieuses qu'on pouvait lui adresser qu'il fut question de l'affaire qui amenait La Guillaumie : le jeune ami était parti, on pouvait causer en toute liberté.

— — Comme vous l'avez vu dans mon discours, dit le député, mon but est d'arriver à supprimer les courses de chevaux qui ne sont qu'une occasion de jeu, et à employer en encouragements directs les sommes que le gouvernement leur alloue.

— C'est une idée, répondit La Guillaumie, qui ne voulait pas s'engager.

— C'est dans ces conditions, et c'est pour avoir un organe qui nous soutienne que nous sommes prêts à coopérer à la fondation de votre journal; je dis nous, car je ne serai pas seul dans cette coopération : je parle au nom d'un groupe d'intéressés qui sont prêts à faire les fonds avec moi. Appartenant à un arrondissement dont la production chevaline est la fortune, nous cherchons avant tout à favoriser le développement de cette fortune, et le moyen que nous avons trouvé est celui que j'ai indiqué dans mon discours : c'est-à-dire des primes données directement au producteur.

— Et qui distribuera ces primes ?

— Bien entendu, ce sera nous.

— Quelles garanties de justice aurez-vous ?

— Quelles garanties de justice avez-vous dans les courses ? N'est-ce pas le hasard ou la filouterie qui les règle ?

— Croyez-vous que cela soit dans l'intérêt général ?

— Je ne m'occupe pas de l'intérêt général, je m'occupe de l'intérêt de mon arrondissement, et l'intérêt de mon arrondissement, le mien, est que ce que nous demandons soit adopté. D'ailleurs, croyez-vous qu'il n'est pas de l'intérêt général que le jeu auquel les courses donnent lieu ne se développe pas davantage?

— Cela, je ne dis pas non.

— Eh bien, alors, abandonnez-nous entièrement cette question, et nous devenons vos souscripteurs dans les conditions dont nous avons parlé avant les vacances.

— A ce moment vous ne m'avez rien dit de cela.

— Tout à l'heure vous avez approuvé mon discours, n'est-ce pas?

— Sans doute.

— Non seulement dans sa forme, mais encore dans ses idées?

— Assurément.

— Eh bien, alors, quel inconvénient voyez-vous à ce que votre journal soutienne ces idées? Qu'est-ce que cela vous fait, les courses de chevaux? Vous n'êtes pas un journal de sport? Nous, cela nous touche dans nos intérêts les plus vifs. Et pour moi, ma réélection dépend de cette question. Je la soutiens, mes électeurs me renomment; je l'abandonne, ils passent à mon concurrent. Voulez-vous cela?

— Non certes.

— Eh bien alors!

La Guillaumie essaya un dernier moyen de défense :

— Si en ce moment vous êtes assiégé par vos électeurs, ne le serez-vous pas encore bien plus étroitement quand ils auront l'espérance de toucher les primes que vous demandez?

— Peut-être, mais au moins j'aurai quelque chose à leur donner.

Comme le disait justement Angenou-Brandicourt : « Qu'est que ça vous fait, les courses ? » La Guillaumie céda.

Mais ce ne fut pas sans dépit.

C'était pour être maître chez lui qu'il fondait un journal et non pour déléguer à celui-ci ou à celui-là une partie de son autorité.

Depuis trente ans qu'il était dans le journalisme il avait la lassitude et le dégoût de n'être qu'un outil aux mains d'un tas de gens que le hasard ou les affaires avaient bombardés rédacteurs en chef. Que de fois lui avait-on fait écrire des articles dont il n'avait deviné les dessous que six mois après ! Que de fois lui en avait-on supprimé dans lesquels il s'était mis tout entier ! Combien souvent, en ouvrant son journal, avait-il eu des accès de rage, en voyant que, par quelques mots changés çà et là, on lui avait fait dire juste le contraire de ce qu'il avait écrit ! Malgré ses cinquante ans, il n'était point arrivé à ce scepticisme commode qui permet à l'écrivain de se considérer comme un simple instrument qui joue indifféremment tous les airs, sans prendre d'autre souci que de les bien jouer. Comme s'il avait encore vingt ans, il se fâchait qu'on lui fît railler ses convictions ou insulter ses amis, et il ne s'en consolait qu'en se disant : « Quand j'aurai mon journal ! »

Que de fois l'avait-il dite et répétée sur tous les tons, sa phrase !

Voilà qu'il allait l'avoir, ce journal si longtemps

attendu, si ardemment désiré, et son premier acte de rédacteur en chef était un abandon de ses droits.

Assurément, non, cela ne lui faisait rien, les courses, ou tout au moins cela ne lui avait rien fait pendant trente ans. Ce n'était pas pour parler des courses en toute liberté qu'il avait répété sa phrase : « Quand j'aurai mon journal ! » Mais maintenant qu'il allait être rédacteur en chef à son tour, il avait les exigences dont il s'était si souvent plaint chez les rédacteurs en chef qu'il avait subis : il voulait être maître dans son journal, et il souffrait qu'un sujet, si insignifiant qu'il fût, échappât à son autorité. Alors, à quoi bon avoir un journal ? De quoi diable Angenou-Brandicourt s'avisait-il d'avoir des idées ! C'était à lui, directeur de son journal, d'avoir des idées et de les imposer à ses rédacteurs. Et de sa part, c'était bien légitime, sans doute ; il connaissait son affaire.

Enfin il se consola en se disant qu'après tout cette question des courses était de peu d'importance, et que ce serait la seule sur laquelle il céderait : c'était pour lui qu'il créait un journal, non pour celui-ci, ni pour celui-là.

D'ailleurs il ne paraissait guère probable que ses autres actionnaires lui demandassent des engagements de ce genre, car il avait eu soin de les choisir de façon à ce qu'ils dussent lui laisser sa liberté d'action, les ayant cherchés, autant que possible, en dehors de la politique, de la finance et des affaires. S'il avait accepté Angenou-Brandicourt, quoique député, c'était parce que ce député, tel qu'il avait pu le connaître à la Chambre, lui avait paru un bonhomme inoffensif, plus vaniteux qu'ambitieux, qu'on satisferait facilement avec quelques réclames. Que pouvaient lui demander un cuisinier qui avait fait fortune dans l'exploitation de buffets de chemins de fer, un ancien chef de claque qui s'était enrichi dans cette industrie et le commerce des billets d'auteur, un fabricant de drap retiré des affaires, et quelques autres actionnaires du même genre, qui évidemment ne mettaient de l'argent dans son journal que par conviction politique et aussi par sympathie pour lui ? Avec ceux-là il n'avait pas à redouter d'exigences fâcheuses.

Cependant le cuisinier, qu'il vit tout de suite après le député, lui causa une pénible déception.

D'abord, à cause de la dureté des temps, il ne pouvait pas verser en argent la somme qu'il avait promise ; mais comme il était un homme de parole qui ne se dédisait jamais, en place d'argent il offrait des diamants et de jolis terrains presque à l'abri de l'inondation, que La Guillaumie accepterait au prix où ils avaient été achetés et ferait vendre à ses risques et périls, profitant des bénéfices et supportant la perte s'il y en avait. Bien qu'il trouvât que ce procédé ressemblait fort à celui des anciens usuriers, qui donnaient pour argent comptant des crocodiles et des peaux de lapins, La Guillaumie avait accepté cet arrangement.

Mais il n'en avait pas été de même pour celui qui lui avait été proposé après.

Heureux de faire quelque chose pour un homme

comme M. La Guillaumie, l'ancien cuisinier espérait que M. La Guillaumie, de son côté, voudrait lui rendre la pareille. En réalité, il ne demandait rien pour lui. Mais pour son gendre, il avait un désir à exprimer. Il voulait lui faire une position. Fort intelligent, le gendre, ingénieur civil distingué. Il se flattait que M. La Guillaumie voudrait bien lui donner, dans le journal, la direction de tout ce qui avait rapport à l'industrie.

Et comme, à ce mot, La Guillaumie s'était récrié, le beau-père de l'ingénieur distingué s'était empressé d'expliquer qu'il n'entendait pas par cette demande empiéter sur la direction politique du journal. Ainsi le journal serait libre de suivre la ligne qu'il voudrait dans la question du rachat des chemins de fer et leur exploitation par l'État, parce que cela était de la politique ; mais ce qu'ils désiraient et leur concours financier était à ce prix, c'était être libres de leur côté de traiter les petites questions à leur point de vue personnel : ainsi celles d'édilité parisienne et particulièrement celle du gaz.

Puis tout de suite et franchement, en bonhomme qu'il était, il avait avoué les raisons pour lesquelles ils avaient besoin de leur liberté d'action sur ce sujet : il ne s'agissait pas d'un intérêt théorique ; son gendre était l'un des fondateurs d'une compagnie d'électricité, et en cette qualité, il avait besoin de pouvoir diriger une vigoureuse campagne contre la Compagnie du gaz. C'était bien simple et bien légitime.

La Guillaumie n'en avait pas écouté davantage :

après l'agriculture, l'industrie, après le député, le cuisinier. Rageusement il était parti, plantant là son cuisinier interdit. Il était exaspéré. Alors à qui se fier ? Mais c'était un comble ! Ces gens-là se moquaient-ils de lui ! La Compagnie du gaz, il s'en moquait bien ! Il avait écrit cinquante articles contre son monopole. Mais, précisément pour cela, il prétendait avoir la liberté d'en écrire cent en faveur de ce monopole, si les circonstances le voulaient.

Heureusement son ancien fabricant de draps, plus intelligent que le beau-père de l'ingénieur, ne lui imposerait pas de pareilles conditions : c'était un homme sans aucune ambition politique, et même sans opinions, que sa grosse fortune et ses relations mettaient au-dessus d'exigences mesquines : que pouvait-il avoir à demander ou à désirer ? La Guillaumie ne le voyait pas.

C'était dans son château, bâti sur la lisière de la forêt de Senart, en vue de la Seine, que l'ancien fabricant avait donné rendez-vous à La Guillaumie en l'invitant à déjeuner. Aux premières paroles qu'il lui adressa, La Guillaumie retrouva la sérénité que ses deux premières négociations avaient assombrie.

— Comme vous êtes en retard, mon cher ami ! dit l'ancien fabricant ; en ne recevant pas de vos nouvelles depuis un mois j'ai cru que vous renonciez à votre journal.

C'étaient là de doux reproches. La Guillaumie répondit que, comme il ne voulait faire paraître son premier numéro qu'à la rentrée des Chambres, il n'y avait pas de temps perdu.

— Pour vous peut-être, mon cher ami, mais pour moi?

— Je suis touché de cet empressement.

— Sans doute je pense à vous, mais je pense aussi à moi. Non pas que j'aie hâte de changer la forme du gouvernement, car il m'est indifférent que vous soyez républicain, orléaniste ou bonapartiste; mais les marchés pour l'habillement des troupes vont bientôt arriver à terme, et il importe que dès maintenant nous prenions position dans la question en combattant le principe de l'adjudication, au moins d'une adjudication générale. En effet, ma fabrique du Midi serait ruinée par ce système. Avec nous il faut qu'on procède par allocation, en attendant que l'État nous achète, ce qui est notre but.

— N'avez-vous pas vendu votre manufacture?

— Je l'ai louée, et pour que je sois payé, il faut que mes locataires travaillent, et ils ne travailleraient pas avec le système de l'adjudication. Si les ministres de la guerre duraient en France, nous n'aurions pas à nous inquiéter; mais savons-nous celui que nous aurons dans un mois, dans six mois? Il faut que nous préparions l'opinion publique à lui forcer la main et à forcer celle de la Chambre, en prouvant que l'adjudication serait la ruine des ouvriers dans certains pays.

— Voilà qui serait dur à démontrer.

— Ne vous inquiétez pas de cela: j'ai l'homme

qu'il vous faut, vous n'aurez qu'à lui mettre la bride sur le cou.

Malgré sa déception La Guillaumie voulut savoir quel était le rédacteur qu'on lui imposait.

— Et cet homme ? demanda-t-il.

— Un de vos confrères : Mathieu.

— Mais c'est un coquin, un escroc ; il a été chassé de plusieurs journaux pour filouterie ; personne n'en veut.

— Calmez votre indignation : je le ferai décorer.

Sur ce mot un peu fort pour un ancien commerçant, La Guillaumie fit ce qu'il avait fait chez le cuisinier : il planta là le fabricant de draps et continua ses négociations avec les autres actionnaires.

Le chef de claque ne lui demanda que la mise en interdit de deux directeurs, ses ennemis ; tout ce qu'on jouerait chez eux serait exécrable, leurs acteurs seraient mauvais, leurs salles seraient les plus exposées à l'incendie. Un autre se réserva les questions économiques ; un autre les questions religieuses ; un autre, la politique extérieure ; un autre, la Bourse. Si bien que La Guillaumie, qui fondait un journal pour en être le directeur et le rédacteur en chef, prisonnier de ces bailleurs de fonds, n'avait rien à diriger, ni rien à rédiger ; au lieu d'avoir un seul rédacteur en chef, comme autrefois, il en aurait dix ou douze. Voilà ce qu'il gagnerait à ce changement.

III

La Guillaumie ne racontait pas ses déceptions à sa femme. Cependant, quand il lui écrivait, il était bien obligé d'avouer que, les choses ne marchant pas comme il avait espéré, le journal ne paraîtrait peut-être pas à l'époque annoncée.

Mais cet aveu, pénible pour lui, il ne se décidait à le faire qu'en l'accompagnant d'explications rassurantes.

S'il rencontrait des retards imprévus dans l'organisation générale de sa société, ces retards n'avaient pas d'importance quant au succès final. Il ne fallait pas s'en inquiéter. Peut-être même pouvait-on s'en réjouir. En effet, Novembre n'était pas une bonne date. Janvier en était une excellente, — janvier, commencement de l'année. Ne pressentait-on pas tout de suite qu'un journal dont le premier numéro paraissait avec une nouvelle année devait durer? Ne voyait-on pas tout de suite qu'on avait affaire à des gens sérieux qui ne sacrifient rien au besoin de la hâte?

Et il avait pris la peine de développer cet article

pour sa femme et sa fille, avec les variations d'un virtuose qui, ayant trouvé un thème, en tire tout ce qu'il peut lui faire rendre. Il était, en effet, l'homme du thème, et, lorsqu'il avait la bonne fortune d'en rencontrer un au hasard de la plume, il démanchait dessus sans grand souci de la justesse de l'idée; c'était toujours de la copie : « Janvier, commencement de l'année, premier jour de l'année nouvelle... » hue donc ! Et sa plume avait pris le galop

Mais ces variations n'avaient pas plus rassuré madame La Guillaumie que Marianne; justement parce qu'on leur disait de ne pas s'inquiéter, elles avaient pris peur.

— Et après janvier? disait Marianne.

— Puisque ton père fixe janvier, c'est qu'il est sûr de cette date.

— Il était sûr de novembre.

— C'est vrai.

Malgré les détails sur Berthe et le récit de son prochain début à l'Ambigu, dans un drame qui la mettrait en évidence, la mère et la fille avaient été tourmentées en ne recevant pas les instruments pour le laboratoire de chimie et le cabinet de physique. Pourquoi ce retard, après tant de promesses formelles? N'était-ce pas un mauvais présage? Et voilà que maintenant le journal lui-même était retardé, ce qui était autrement grave.

— Et s'il ne paraît pas, disait Marianne qui, bien plus que sa mère, était portée à douter, ayant eu une enfance cahotée et incertaine dans un milieu où la lutte était la règle de chaque jour, tandis que madame La Guillaumie en avait eu une tranquille et assurée dans une maison régulière.

— Ce n'est pas possible, répliquait madame La Guillaumie ; si ton père n'avait pas été cent fois sûr de se trouver en situation de payer, il ne se serait pas embarqué, il ne nous aurait pas embarquées dans cette affaire de construction.

Marianne n'insistait pas. A quoi bon aggraver les tourments de sa mère? Ce n'était pas ce qu'on dirait qui changerait le cours des choses. Elles ne pourraient pas faire plus d'économies qu'elles n'en faisaient ; et, d'autre part, elles n'avaient aucune précaution à prendre pour se procurer l'argent nécessaire au paiement des constructions au cas où le journal ne le fournirait pas.

Tout ce que pouvait madame La Guillaumie, c'était rappeler à son mari que les entrepreneurs allaient bientôt se présenter pour recevoir le premier acompte, et elle l'avait fait.

A cela La Guillaumie, qui n'avait pas, comme sa femme, l'effroi des créanciers, qu'il connaissait bien pour avoir entretenu avec eux des relations fréquentes, s'était contenté de répondre qu'il fallait expliquer la situation aux entrepreneurs quand ils se présenteraient, afin de gagner du temps.

En réalité, elle était bien simple, cette situation : il avait cru être en mesure de leur verser un acompte dans les premiers jours de décembre ; par suite de circonstances imprévues, son affaire ne se réaliserait qu'en janvier, et conséquemment il ne pouvait leur donner leur argent qu'en février ; s'il pouvait cependant avancer ce paiement il le ferait, il était bon de leur en donner l'assurance.

Simple pour lui, cette situation était terriblement grave pour sa femme et sa fille. Jamais elles n'avaient eu à se débattre contre des créanciers. Comment leur parleraient-elles ? Comment leur expliqueraient-elles que les engagements pris pour décembre étaient reportés en février ? Se contenteraient-ils de cela ? S'ils disaient que, puisqu'on leur avait manqué de parole en décembre, on pouvait tout aussi bien leur en manquer encore en février, que répondraient-elles ?

Comment oseraient-elles affirmer qu'il n'en serait pas ainsi, quand précisément elles tremblaient qu'en février il y eût les mêmes négociations à recommencer ?

Il leur semblait que puisqu'elles ne pouvaient pas payer les entrepreneurs en décembre, il y aurait loyauté à les en prévenir dès maintenant, afin que, de leur côté, ils ne prissent pas des engagements pour cette époque ; mais en présence de la lettre qui leur disait d'attendre elles n'osaient risquer un pareil coup d'État.

— Il faut écrire à mon père pour lui expliquer cela, dit Marianne.

Et madame La Guillaumie, qui passait sa vie à se soumettre à l'influence de son mari et de sa fille, selon que c'était celui-ci ou celle-là qui parlaient, avait écrit dans ce sens.

Mais La Guillaumie s'était fâché ; quand il donnait un conseil, il avait toujours prévu et pesé toutes les conséquences auxquelles il pouvait entraîner. Si elles ne voulaient pas faire ce qu'il disait, elles n'avaient qu'à s'arranger comme elles pourraient, il ne se mêlait plus de rien.

Si encore elles avaient pu consulter quelqu'un ! Mais à qui se confier ? Badoulleau, leur meilleur ami, était-il en état de les guider ? Sans doute il avait acquis la pratique des créanciers et même des huissiers, mais les histoires qu'il racontait pour expliquer comment plus d'une fois il s'était tiré de leurs griffes les effrayaient; elles n'avaient pas son calme, son indifférence; elles n'étaient que des femmes.

Si Marianne avait osé, elle aurait tout dit à François, mais ne serait-ce pas lui demander d'une façon indirecte de leur venir en aide, autrement que par un simple conseil? Déjà, à propos des instruments, il avait voulu les faire venir lui-même de chez son marchand, et pour qu'il renonçât à son idée elle avait été obligée de dire que ce serait fâcher son père, qui n'admettait pas qu'on se mêlât de ses affaires. Encore n'y avait-il renoncé qu'à moitié, apportant lui-même à chaque cours tantôt un instrument, tantôt un produit, non seulement pour lui, mais encore pour son collègue le professeur de physique.

Et pourtant elle eût été si heureuse de lui dire : « Voilà notre situation, tendez-nous la main ! » N'était-il pas son mari, le fils de sa mère?

Mais au lieu de se confier à lui franchement, lorsqu'il l'interrogeait, elle devait s'observer et se défendre.

— Qu'avez-vous aujourd'hui, chère Marianne?

— Rien, que voulez-vous que j'aie?

— C'est ce que je vous demande. Si vous n'aviez rien, comme vous me le répondez, vos beaux yeux seraient-ils comme ils le sont noyés dans la mélancolie?

Elle essayait de plaisanter.

— Ils ne vous plaisent pas, mes yeux?

— Si je ne vous aimais pas comme je vous aime, je vous dirais que cette mélancolie les rend plus beaux encore, plus doux et plus touchants; mais je ne suis pas un indifférent, mais ce n'est pas leur beauté seule qui m'émeut, c'est aussi leur expression, et cette expression m'inquiète, non dans ma confiance, chère Marianne, non dans ma foi en vous, mais dans ma tendresse. Je vous vois tourmentée, et je me tourmente. Quand nous ne nous aimions pas, ou tout au moins quand nous ignorions l'un et l'autre nos sentiments, votre regard avait une sérénité heureuse qu'il a perdue.

Elle eût tant voulu que son regard n'exprimât que cette sérénité heureuse dont il parlait! Car leurs entrevues maintenant n'étaient plus ce qu'elles avaient été en septembre. Comme au temps où Glorient était là, il ne venait plus tous les soirs faire de la musique pour le vieux maître. C'étaient les habitudes d'autrefois qui avaient été reprises, c'est-à-dire que trois ou quatre fois seulement par mois, il pouvait venir répéter un morceau avec elle, ou un quatuor avec l'abbé Commolet et Malaquin.

Par sa passion pour la musique et son besoin de perfection, il était leur providence, l'abbé Commolet, qui demandait toujours de nouvelles répétitions.

— Certainement, disait-il, c'est bien; mais ce n'est pas la perfection; si nous répétions encore une fois?

Mais Malaquin, qui n'aimait pas tant que ça la perfection, faisait des objections.

— Au fait, disait François en intervenant, si monsieur le curé de Goulaine désire une nouvelle répétition, nous ne pouvons pas la lui refuser, car enfin c'est lui qui a toute la fatigue.

— Pour moi, disait Marianne, je ferai ce qu'on voudra.

Alors Malaquin était bien obligé de céder; et ils avaient ainsi une occasion de se voir une fois ou deux de plus. Aussi proposaient-ils maintenant les quatuors les plus difficiles qu'ils pouvaient trouver, ceux qui devaient exiger plusieurs répétitions, sans pitié pour la soutane crottée et le feutre mouillé du pauvre curé, qui, lorsqu'il venait par une pluie battante, n'avait pas d'autre souci que de mettre à l'abri sa chère flûte.

IV

En dehors de ces répétitions, Marianne et François n'avaient que de rares occasions de se trouver ensemble.

A la vérité, ils se voyaient assez souvent, mais c'était de loin et sans pouvoir échanger une parole ou un serrement de mains, dans ces rapides rencontres que les amoureux sont si ingénieux à inventer : le dimanche à la messe, François s'était mis subitement à fréquenter l'église, ou bien dans la semaine, à propos de son cours pour lequel il avait toujours quelque chose à apporter ou à préparer.

Il eût encore trouvé d'autres occasions de la voir, si elle ne lui avait pas à chaque instant demandé d'être prudent.

— Je vous en prie, ne provoquez pas les observations des curieux. Que deviendrions-nous si on pouvait deviner que j'ai refusé M. Thierry Dubuquois parce que je vous aime? Je sais bien que vous n'avez pas besoin des Dubuquois, et que vous trouveriez à Rouen ou dans les Vosges l'équivalent de ce que vous avez ici; et en Russie beaucoup mieux;

mais vous seriez à Rouen ou dans les Vosges, vous ne seriez plus ici. Séparés! Pensez-vous à cela?

Certes oui, il y pensait, et cela lui imposait une réserve qu'il n'eût peut-être pas eue sans cette menace.

Si madame André et madame Charles avaient renoncé à toute idée de mariage, le danger eût été moindre, car il n'était pas vraisemblable que des femmes comme elles voulussent se venger rien que pour le plaisir de la vengeance. Mais justement il semblait qu'elles n'avaient pas abandonné leur projet; plusieurs petits indices l'indiquaient, et mieux que des indices les paroles mêmes de l'abbé Colombe, qui venait plus souvent que jamais à la pension et qui, chaque fois, trouvait toujours moyen de parler de M. Thierry Dubuquois et de faire son éloge.

— Un bien excellent jeune homme. — Le meilleur des fils. — Et charitable!

De temps en temps il insinuait que le monde était bien injuste à son égard.

— Vous me direz sa jeunesse! Certainement elle a été fâcheuse. Mais il s'est amendé. Combien d'hommes ont donné l'exemple de toutes les vertus après avoir commencé par une jeunesse tourmentée!

Cela n'était-il pas caractéristique, et le doyen ne continuait-il pas à remplir la mission dont on l'avait chargé?

C'était le sentiment de Marianne; c'était aussi celui de François.

— Notre malheur, dit-il un jour de répétition qu'il la trouva seule dans le salon, étant arrivé avant tout le monde, notre malheur est que M. La Guillaumie ne se soit pas prononcé de façon à enlever toute espérance aux dames Dubuquois. Alors, dans leur tendresse aveugle, madame André et madame Charles ont accepté comme bonnes les raisons de refus qu'il donnait sans chercher si celles-là n'en cachaient pas d'autres ; et comme elles tiennent à marier M. Thierry au plus tôt, afin de l'occuper et de le distraire pour qu'il ne retombe pas dans ses habitudes, elles reviennent à leur projet.

— Elles ne voient donc pas M. Thierry?

— Mais non, elles ne le voient pas. Et puis, elles croient peut-être qu'il ne boira plus. Soyez certaine que c'est ainsi. Au reste, je ne suis pas seul à avoir cette idée ; c'est aussi celle de Strengbach.

— Il sait donc que M. Thierry a voulu m'épouser ? Qui a pu le lui apprendre ?

— Je l'ignore ; mais il connaît ce projet de mariage, puisqu'il m'en a parlé. Si j'avais osé, je lui aurais demandé qui le lui a appris ; mais il se serait mis à rire de son rire formidable et il m'aurait dit : « Je sais cela comme je sais *pien tes* choses, *bar* hasard. » Ce qu'il appelle *bar* hasard, c'est *bar* le trou des serrures et les fentes des portes, où il a toujours les oreilles collées.

— Vous voyez comme nous devons nous observer.

— Soyez tranquille, dans cette circonstance, je ne me suis pas livré, bien que, s'il était au pouvoir de Strengbach d'aider à notre mariage, je crois qu'il le ferait ; je vous ai expliqué quelles étaient ses ambitions, et comment ce faux bonhomme, qui paraît si dévoué à la maison Dubuquois, spécule sur l'incapacité de M. Thierry pour devenir le vrai chef de cette maison, l'administrer d'abord, puis, plus tard peut-être, s'emparer d'elle. Vous comprenez que si M. Thierry se marie au lieu de retourner à l'ivrognerie, cela dérangera ce beau projet. Marié, M. Thierry peut ne plus boire ; sa femme a de l'influence sur lui ; elle prend goût aux affaires ; son beau-père la guide et la soutient, enfin cent combinaisons qui mettent à néant les belles espérances de Torrent-de-Larmes.

— Ne le voyez-vous pas plus noir qu'il n'est ?

— Ce que je vous dis là, il me l'a dit lui-même.

Il vous a dit qu'il espérait que M. Thierry retournerait à l'ivrognerie ?

— Il m'a dit qu'il demandait tous les jours à Dieu, dans ses prières, car il est l'homme le plus pieux de la terre, que la guérison de M. Thierry s'affermît et durât.

— Et bien, alors ?

— Alors il faut traduire cela. C'est une langue, le Strengbach, très facile à saisir, quand on l'a étudiée, mais à laquelle on ne comprend rien quand on n'en a pas la clef. Chez lui oui c'est non, et non c'est oui, blanc c'est noir, noir c'est blanc, et ainsi pour tout. Cela établi, prenez juste le contraire de ce qu'il dit et vous savez tout de suite ce qu'il pense.

— Que vous a-t-il donc dit ?

— Vous avez la clef pour la traduction, ne l'oubliez pas. « Savez-vous qu'il a failli nous arriver un grand bonheur ? (Bonheur, traduisez malheur.) — Et lequel ? — Le plus grand, le plus enviable pour cette maison, et par conséquent pour vous comme pour moi. M. Thierry a voulu épouser une jeune fille que vous voyez quelquefois : mademoiselle La Guillaumie. » Il convenait de paraître étonné, je ne faillis pas à ce devoir. Alors il continua : « Ce mariage a manqué, parce que la jeune personne n'est pas, dit-elle, disposée à se marier. Vous comprenez que ce n'est pas la vraie raison. Elle a tout simplement refusé à cause des antécédents de M. Thierry. Aussi, j'espère bien (j'espère, c'est-à-dire je crains) que le jour où elle aura la preuve que ce qui a été n'est plus, elle reviendra sur son refus, car elle est assez intelligente, cette jeune fille, pour comprendre que si M. Thierry ne boit pas d'ici un certain temps, c'est qu'il est bien réellement guéri et que, par conséquent, il ne boira plus. Alors pourquoi ne l'épouserait-elle pas ? Cela serait inimaginable. On ne refuse pas une position comme celle qui lui est offerte. »

— Vous voyez le danger pour nous : il s'étonne que je refuse ; de là à chercher les raisons pour lesquelles je persiste dans ce refus, il n'y a pas loin.

— Attendez, vous allez voir, en allant au fond des paroles de Strengbach, qu'il espère que vous refuserez, et qu'il n'a peut-être parlé que pour que je vous rapporte ce qu'il a dit. Il continua : « Je sais bien qu'il y a toujours la crainte d'une rechute, d'autant plus dangereuse que M. Thierry est bien le fils de son père. Mais tout le monde heureusement ne croit pas à l'influence de l'hérédité. Et ce n'est pas vous, mon cher Noël, qui irez l'avertir, vous qui, comme moi, seriez si heureux de voir par ce mariage se continuer cette grande et riche maison, qui ne sortirait pas de la famille Dubuquois. Quelle joie pour nous, n'est-ce pas, mon ami? Aussi j'espère bien que vous profiterez de vos relations dans la famille La Guillaumie pour montrer M. Thierry tel qu'il est maintenant. Et cela discrètement, bien entendu, sans avoir l'air de rien savoir de ce projet de mariage et de ce refus. On a confiance en vous; ce que vous diriez de M. Thierry serait d'un grand poids. »

— Quel homme !

V

Marianne et François avaient raison de croire que madame André et madame Charles n'avaient pas renoncé à toute idée de mariage.

Tout d'abord, le refus de La Guillaumie leur avait causé autant de stupéfaction que d'indignation.

— Ces misérables gens !
— Cette sotte fille !
— Ce père vaniteux !
— Cette mère insensée !
— Ils sont donc frappés de démence !
— Ont-ils donc des yeux pour ne pas voir !

Toutes les exclamations, toutes les colères qui pouvaient emporter deux femmes atteintes aussi cruellement dans leur tendresse que dans leur orgueil, et qui, malgré tout, ne pouvaient pas croire ce que le doyen leur avait répété.

Et elles avaient cherché à s'expliquer une pareille réponse, un refus aussi prodigieux.

Elles n'eussent pas été femmes si elles n'avaient pas cherché quelle part l'amour pouvait avoir dans cette réponse invraisemblable; un amour ancien qui aurait rendu Marianne insensible à toute proposition de mariage si belle qu'elle fût. Mais elles n'avaient rien trouvé qui justifiât cette supposition, et le doyen, interrogé, n'avait pu rien leur dire, affirmant au contraire la parfaite innocence de cette jeune fille, « un lis de pureté ». Deux jeunes gens, il est vrai, étaient admis dans la maison, Toussaint et François Noël, mais rien n'indiquait qu'il pût exister un sentiment tendre entre elle et eux : Toussaint, à cause de sa mauvaise réputation établie sur de nombreuses aventures connues de tout le monde; François Noël, parce que s'il l'avait aimée, il l'aurait prise pour femme depuis longtemps. Qui aurait empêché ce mariage? On ne le voyait pas ; François Noël, tel qu'elles le connaissaient, était un garçon désintéressé, et la jeune personne, sans aucune fortune, ne pouvait être que très heureuse d'épouser un homme dans sa position.

Rien de ce côté ne légitimait ce refus, et comme, le premier accès de colère calmé, il fallait bien reconnaître que ces gens n'étaient pas fous, il n'y avait qu'une raison qui pût être admise pour l'expliquer, si mortifiante que fût pour elles cette raison : les accidents dont Thierry avait été victime.

Quelle honte et quel désespoir ! Thierry, l'héritier des Dubuquois, de ce nom glorieux dans l'industrie, de cette fortune connue et enviée, Thierry, leur fils, leur neveu, refusé par cette fille pauvre !

— Alors à qui s'adresser ?

Elles ne pouvaient pas cependant donner pour

femme à Thierry une grossière paysanne ou une misérable intrigante, une fille.

Assurément, il fallait le marier ; mais leur honnêteté et leur dignité, aussi bien que le but qu'elles poursuivaient dans ce mariage, ne leur permettaient pas de lui donner pour femme la première venue. Ce ne serait pas la première venue qui le maintiendrait en prenant sur lui une salutaire influence. Pour ce rôle qui pouvait le sauver, il fallait une femme intelligente, belle, honnête, dévouée et vaillante, — celle précisément que semblait être cette Marianne La Guillaumie, qui s'imposait.

Quant à Thierry lui-même, il n'avait eu ni tous ces tâtonnements ni toutes ces indignations lorsque, avec les plus tendres ménagements, sa mère et sa tante lui avaient fait connaître la réponse apportée par le doyen.

Il ne s'était point fâché, mais sa figure triste s'était encore assombrie.

— Nous aurions dû nous attendre à cela, dit-il désespérément.

— Cette jeune fille a été abusée par de méchants propos, dit madame André.

— Au moins, continua-t-il, ce refus prouve-t-il mieux que tout ce qu'on nous avait dit d'elle que c'est une honnête fille qui a de la fierté et de la dignité.

— Beaucoup trop de fierté, s'écria madame André.

Mais d'un signe furtif madame Charles lui imposa silence. C'était un esprit alerte et avisé, prompt à se décider, tandis que sa sœur, comme tous les gens que le malheur a éprouvés, était au contraire timide et hésitante, n'osant prendre une résolution qu'après l'avoir balancée et pesée. Alors que madame André était encore sous le coup de l'étonnement que lui causaient les paroles de Thierry, déjà madame Charles, frappée par ces paroles qui indiquaient un état que ni l'une ni l'autre n'avaient soupçonné, était décidée à profiter de l'occasion qu'elles semblaient offrir.

— Je trouve que Thierry a raison, dit-elle.

Sa sœur la regarda interdite.

— N'est-ce pas ! s'écria Thierry.

— Certainement le refus de mademoiselle La Guillaumie prouve qu'elle est bien l'honnête fille que nous supposions. Elles sont rares, les jeunes filles qui auraient refusé l'héritier de la maison Dubuquois.

Thierry secoua la tête.

— Je t'affirme qu'elles sont rares, continua madame Charles, très rares, tu peux t'en fier à une femme qui connaît le monde et la vie. Mais cette preuve n'est pas la seule que ce refus si digne et si fier nous donne, il nous montre aussi qu'elle a ajouté foi à ce qu'on a dit de Thierry.

A ce mot Thierry fit un pas vers la porte, car c'était sa ressource de disparaître aussitôt qu'il était menacé d'entendre des choses qui le gêneraient.

Mais sa tante le retint.

— Reste, je t'en prie ; j'espère que quand j'aurai parlé tu ne regretteras pas de m'avoir écoutée.

Après un court moment d'hésitation, il se décida à rester.

— Puisque tu te mets si justement à la place de mademoiselle La Guillaumie, et puisque tu entres si bien dans ses sentiments, tu dois comprendre que ce qu'on a pu lui dire de toi a dicté son refus.

— Je ne le comprends que trop.

— C'est donc sur cela que ce refus s'est formé, sur cela seulement, le point est important à noter. Croyant ce qu'on lui disait, mademoiselle La Guillaumie n'a pas voulu de toi pour son mari, et rien n'a pu la tenter, ni ta fortune, ni ta position, ni la dot que je lui donnais, ni le rang qu'elle tiendrait dans le monde lorsqu'elle serait ta femme, et c'est par là qu'elle est une brave fille, comme tu le remarques très bien. Mais ce qu'on lui a dit de toi, ce qu'elle a cru de toi s'applique au passé, non au présent.

A ce mot, madame André, qui écoutait, aussi mal à l'aise que pouvait l'être son fils, commença à comprendre où sa sœur voulait venir.

— Personne n'a dit à mademoiselle La Guillaumie, continua madame Charles, que tu étais guéri de ces accidents de ta jeunesse ; et il n'y a aucune mauvaise pensée dans ce silence, puisque personne ne connaît ta guérison. Mais qu'elle soit connue ; que tu prennes soin toi-même de l'affirmer, non en parole, mais en action, ne comprends-tu pas que les sentiments de cette jeune fille changeront ? Sois certain, mon cher Thierry, qu'une fille sensée comme mademoiselle La Guillaumie ne refuse pas un pareil mariage sans regrets, et sans se demander plus d'une fois s'il ne serait pas possible de revenir sur ce refus. Offre-lui cette occasion de revenir sur son refus, prouve-lui que ce qu'on a pu lui dire de toi n'est plus vrai aujourd'hui ; montre à tous que ta guérison est solide, et alors ton mariage se fera, j'en suis sûre.

— C'est évident, dit madame André, venant en aide à sa sœur. Il n'y a aucune raison pour qu'il ne se fasse pas. De notre côté nous ne pouvons pas être blessés de ce refus qui, comme tu dis, prouve la délicatesse et la noblesse de la famille La Guillaumie. De la part de mademoiselle Marianne, il n'y a non plus aucun empêchement grave ; elle n'a pas refusé de devenir ta femme parce que tu lui déplaisais, mais simplement parce qu'on lui avait dit de toi, des choses qui n'existent pas. Prouve-lui qu'on l'a trompée, qu'elle s'est trompée, et, comme ta tante, je suis sûre que ton mariage se fera.

Thierry ne répondit rien, mais il fut évident pour la mère et la tante qu'il était touché.

— C'est une inspiration qui m'est venue, dit madame Charles, lorsqu'elle fut seule avec sa sœur.

— Dis que c'est Dieu qui te l'a envoyée pour le sauver. Nous n'avions plus de moyen d'action sur lui, en voilà un qui peut être tout-puissant.

— D'autant plus puissant que, dans l'état où est Thierry, il semble qu'il n'est pas très difficile de le retenir, puisque depuis son retour il n'a éprouvé ni rechutes ni tentations.

VI

Elle se trompait, madame Charles, en disant que depuis son retour Thierry n'avait pas éprouvé de tentations.

Elles avaient été terribles au contraire, ces tentations, et c'était un miracle qu'il eût pu leur résister.

Quand il était à table entre sa mère et sa tante, il causait, il écoutait ; il sentait sur lui le regard de ces deux femmes qui le suivaient avec une si poignante émotion, et il ne pensait pas à boire. D'ailleurs, le bordeaux rouge, excellent au goût mais peu fort, que sa mère faisait servir, n'était pas pour le tenter, car c'était d'alcool, eau-de-vie, absinthe, kirsch qu'il avait soif ; si, au lieu de bordeaux, il eût eu à portée de la main du sauterne, du xérès ou du porto, peut-être eût-il succombé ; heureusement, à l'exception de ce bordeaux ordinaire, il ne paraissait sur la table aucune boisson spiritueuse.

Mais lorsqu'il était seul dans ses promenades, ou dans son appartement, ou même la nuit dans les longues heures d'insomnie, il n'en était plus ainsi.

Alors l'idée de boire de l'alcool se présentait à lui ;

il voulait la chasser, elle revenait, elle s'imposait, elle le dominait.

Que de fois, dans ses courses à travers la campagne, quand il était sorti pour faire de la photographie ou pour chasser, s'imposait-il la loi de prendre un détour pour ne pas suivre un chemin qui le conduirait devant un cabaret où il s'était arrêté quelquefois, avant son départ pour l'Amérique, et où il avait bu de l'eau-de-vie de cidre ! S'il passait devant ce cabaret, aurait-il la force de résister à la tentation qui le pousserait à entrer ? A cette pensée, le souvenir de l'eau-de-vie qu'il avait bue là, celle-là et non une autre, lui revenait et il retrouvait sa saveur âcre et chaude dans sa bouche qui se mouillait pour se dessécher presque aussitôt dans la chaleur d'une soif cruelle.

Que de fois, la nuit, s'était-il réveillé en sursaut, rêvant qu'un bol de punch flambait sur sa table, éclairant sa chambre de belles flammes bleues ; il les voyait, ces flammes, comme il respirait les parfums du punch ; il emplissait son verre, il le portait à ses lèvres, et au moment où dans le spasme de la jouissance, il buvait, il s'éveillait. Et alors il avait beau se tourner et se retourner sur son lit, rester immobile, ne plus respirer, fermer les yeux, il ne retrouvait pas le sommeil. Le punch était une hallucination ; mais la réalité, c'était la sécheresse et la chaleur qui lui brûlaient la gorge, sans que l'eau qu'il essayait de boire parvînt à éteindre ce feu.

Élevé pieusement par deux femmes qui demandaient tout et ramenaient tout à la prière, il se jetait parfois à genoux, et dans le silence de la nuit, prosterné au pied de son lit, il implorait Dieu, la Vierge et les saints, leur demandant de mettre fin à son supplice.

Mais la prière n'était pas plus efficace que l'eau, le feu ne s'éteignait pas, l'envie de boire persistait aussi violente, aussi intense.

L'expérience de plus de dix années et aussi les longues conversations qu'il avait eues avec les médecins enfermés comme lui à l'hôpital de Fort-Hamilton pour soigner leur ivrognerie, lui avaient appris à s'étudier et à connaître son état. A l'avance il savait quand il allait tomber sous le coup de son accès qui s'annonçait par des signes auxquels il ne se trompait pas : son humeur s'assombrissait ; son caractère devenait plus mobile, plus inquiet ; tout le fatiguait, l'ennuyait, l'agaçait ; il n'avait plus de goût pour rien ; il ne mangeait plus ; son estomac se serrait ou se soulevait à la vue des aliments, tandis qu'au contraire il se dilatait de désir si, par hasard, il respirait une odeur alcoolique ou même simplement si son imagination se portait sur une liqueur quelconque, l'eau-de-vie, la chartreuse ; ses nuits étaient troublées par des insomnies éternelles ou bien, quand il s'endormait, c'était pour rêver qu'il était ivre-mort et qu'il goûtait enfin le repos dans cet état d'abrutissement complet ; un sentiment de faiblesse générale l'anéantissait, ne lui laissant de force pour rien, ni physique, ni intellectuelle, ni morale, faisant de lui un enfant ou un vieillard qui a peur de tout.

Mais si débile qu'il se sentît, il lui restait encore assez d'intelligence cependant pour se demander quelle serait la force de l'accès qui s'annonçait ainsi, et comment il en sortirait. Succomberait-il ? Lui resterait-il assez de volonté pour résister ? Heureux, bien heureux sont-ils ceux qui s'imaginent qu'on peut toujours rester maître de sa volonté ! ils n'ont jamais souffert de ces luttes qui se terminent fatalement par la suspension du libre arbitre, et où le misérable qui succombe n'est pas plus responsable de sa déchéance que ne l'est l'aliéné.

Et justement la question terrible et effroyable pour lui qui se posait alors, et qui depuis dix ans s'était chaque jour posée à son esprit, était de savoir s'il était ou n'était pas maître de sa volonté, s'il était ou n'était pas responsable, car elle aboutissait à une autre plus terrible encore qui était de savoir s'il était ce que vulgairement on appelle un ivrogne, ou ce que la science appelle un dipsomane, c'est-à-dire un maniaque de la soif, un malade et un fou, — responsable s'il était ivrogne, irresponsable comme tous les malades s'il était dipsomane.

Peut-être un médecin habile à lire les secrets des troubles nerveux eût-il répondu à cette question ; mais lui n'était pas médecin, et ceux qu'il avait consultés et interrogés avaient toujours formulé leur réponse d'une façon si vague, dans le style des anciens oracles, qu'il n'avait jamais pu savoir à quoi s'en tenir, restant livré après la consultation aux mêmes doutes que ceux qui le torturaient avant.

Au moment où sa mère et son oncle le général lui

avaient proposé d'aller se faire soigner en Amérique, il était arrivé à cette conclusion pour lui à peu près certaine qu'il était un dipsomane, c'est-à-dire un aliéné incurable, sans volonté et sans libre arbitre, esclave de sa maladie, et que par conséquent, s'il ne voulait pas tomber au dernier degré de l'abjection, il n'avait qu'à se loger une balle dans la tête ou à se jeter à l'eau, ce qu'il ferait sûrement un jour, et ce qu'il eût déjà fait sans la crainte de tuer sa mère ; c'était ce qui l'avait décidé à accepter cette proposition : pourquoi ne pas voir et ne pas essayer ?

L'heureux résultat produit par le traitement de l'hôpital avait heureusement modifié cette conviction ; il n'était qu'un ivrogne et avec des efforts persévérants de volonté il pourrait résister aux tentations qui le tourmentaient et même réagir contre son état maladif.

C'était ce qu'il essayait, employant à cela ce qui lui restait d'énergie, mais toujours en cachette pour ne pas effrayer sa mère et sa tante dont il voyait les angoisses.

Il essayait de lire, prenant les livres qu'il croyait les plus amusants, les longs romans d'Alexandre Dumas dans lesquels il se plongeait jusqu'au cou, d'autant plus confiant dans ce remède que le nombre des volumes était plus considérable et pourrait l'absorber plus longtemps.

Quand il ne pouvait plus lire, il retournait à sa photographie, ou bien il partait à pied, et par les chemins les plus déserts, loin des maisons, loin des cabarets surtout, il faisait de longues courses, aussi longues que le permettaient ses jambes vacillantes.

Il ne s'en tenait pas à ces moyens ; il employait aussi ceux dont l'expérience lui avait enseigné l'efficacité, l'hydrothérapie surtout, prenant douches sur douches, et il recourait encore à certains remèdes pharmaceutiques, l'opium, les préparations de quinquina, l'oxyde de zinc, qui, selon ses médecins américains, devaient calmer ses insomnies en même temps que ses hallucinations et, en relevant son appétit, devaient réparer ses forces musculaires et faire disparaître son affaissement moral.

Pendant ses dix-huit mois de séjour à l'hôpital il avait ainsi noté toute une série de formules qui devaient le préserver de nouveaux accès, et quand il se sentait menacé il les mettait en œuvre aussitôt, les essayant les unes après les autres, s'en allant les faire préparer à dix, quinze et vingt lieues pour que les pharmaciens d'Hannebault ne pussent pas dire qu'il se soignait et comment.

Mais de même que l'eau et la prière ne calmaient pas sa soif, de même que les romans les plus intéressants n'enchaînaient pas sa pensée, de même que l'exercice musculaire ne relevait pas ses forces, de même l'hydrothérapie et les médicaments n'étaient ni des spécifiques ni des antidotes, et les tentations devenaient de plus en plus tyranniques, non des désirs, mais de véritables besoins.

Alors, se sentant faiblir, il se demandait ce qu'il devrait faire si, à bout de forces, il lui était décidément impossible de résister plus longtemps ; et il inventait des combinaisons pour qu'on ne sût pas qu'il avait succombé, ni sa mère, ni sa tante, ni personne à Hannebault.

Il s'en irait dans quelque village éloigné, quelque petite ville où il n'était pas connu, et là, dans une chambre d'auberge où il s'enfermerait, il boirait tant qu'il aurait besoin de boire, jusqu'à ce qu'il fût ivre-mort et qu'il trouvât dans cet anéantissement le calme à son tourment.

Mais il n'avait pas plus tôt arrangé ce plan que la réaction de la raison et de la pudeur le lui faisait repousser en lui montrant ses absurdités et ses dangers.

Resterait-il enfermé dans cette chambre? Une fois ivre, ne se livrerait-il pas à toutes les folies des ivrognes? Et alors, si ces folies étaient trop fortes ne serait-il pas reconnu par la police qui l'arrêterait? N'était-il pas déjà assez humilié d'être à ses propres yeux un ivrogne, lui, Thierry Dubuquois, sans avoir encore la honte de lire son aventure dans les journaux avec son nom imprimé au bout?

Et puis, céder aujourd'hui, n'était-ce pas le moyen le plus sûr pour être amené à céder demain? Pendant plus de deux ans, il avait pu ne pas boire. S'il retournait demain à l'alcool, combien serait-il de temps sans vouloir y retourner de nouveau? Il retomberait dans l'état où il était avant son départ pour l'Amérique. Et alors il serait donc bien prouvé qu'il n'avait ni volonté ni libre arbitre et qu'il n'était qu'un malade, — un aliéné.

C'était pour sa raison qu'il luttait, pour sa vie.

Et cette pensée, au moment où il faiblissait, le retenait et lui donnait la force de lutter encore.

VII

Était-il situation plus misérable que la sienne ?

Il avait la jeunesse, la fortune, un nom considérable, honoré et envié dans l'industrie; les siens l'aimaient; pour un peu on l'eût admiré, par cela seul qu'il était le chef de la maison Dubuquois, et lui, objet de mépris et de pitié à ses propres yeux, se faisait horreur !

Ils étaient nombreux à Hannebault, les ivrognes, et, dans l'après-midi du dimanche, lorsqu'il sortait, il en rencontrait plus d'un qui battait les murs ou qui dormait ivre-mort au fond d'un fossé, le nez dans son vomissement, lui montrant ce qu'il avait été lui-même si souvent. Mais c'étaient des paysans, ou bien des ouvriers des usines, en tous cas de pauvres diables qui n'auraient pas manqué d'excuses à donner pour expliquer leur ignominie, s'ils avaient pu parler. Que de raisons n'a-t-il pas pour boire et se saouler, le pauvre diable dont l'estomac n'est pas mieux nourri que le cerveau ! Combien, parmi les ivrognes des chemins, avaient bu le dimanche parce que toute la semaine ils n'avaient eu qu'une nourriture fade et insuffisante, et qu'ils avaient eu besoin d'eau-de-vie comme d'un stimulant et d'un cordial qui relevât leur faiblesse et fit d'eux pour un moment les égaux des forts! Combien s'étaient saoulés pour sortir de leur misère, pour oublier les fatigues de la semaine écoulée en même temps que celles de la semaine à venir, pour jouir par la pensée, ne fût-ce que pendant une heure, de tout ce qu'ils n'auraient jamais, pour croire qu'ils ne travailleraient pas jusqu'à la mort, qu'ils se reposeraient un jour et ne finiraient pas à l'hôpital, eux, leurs femmes et leurs enfants, et les enfants de leurs enfants!

Mais il ne pouvait pas se comparer à ces pauvres diables; ivrogne comme eux, il n'était pas comme eux misérable; comme eux il n'avait pas besoin d'un stimulant qui suppléât au manque de nourriture; comme eux il n'avait pas à sortir de la misère ou à rêver d'une vie heureuse qui ne serait jamais la sienne.

Qu'avait-il à rêver, lui qui avait tout?

Une seule chose : la guérison; et ce ne serait assurément pas en buvant qu'il la trouverait.

Ou bien, si cette guérison était décidément impossible, la folie complète. Les fous ne savent pas, ne luttent pas; ce sont des êtres inconscients, sans volonté, sans remords. Lui, il fallait qu'il voulût, et quand il n'avait pas pu vouloir, quand la volonté lui avait manqué comme le cœur manque dans la défaillance et la syncope, il lui restait le remords et la honte qui remplissaient sa vie consciente et raisonnable.

Cependant, dans cette honte et cette tristesse, le projet de mariage avec Marianne avait été une éclaircie pour lui.

Elle était jolie, cette jeune fille, et d'un type de beauté qu'il avait toujours aimé, non arrogante, non tapageuse, mais calme et sereine, qui vous touchait et vous pénétrait sans vous troubler ou vous intimider. Peut-être s'en fût-il tenu au sentiment de sympathie qu'elle avait suscité en lui pendant le dîner où il l'avait vue pour la première fois, si sa tante ne l'avait pas entretenu de son projet de mariage, car jusqu'à ce jour il n'avait guère pensé qu'il pouvait se marier. Qui voudrait de lui? Des femmes dont il ne voudrait pas lui-même.

Mais les paroles de sa tante avaient modifié ses idées et ce sentiment de sympathie : « Dans ta situation, avec ta fortune, jeune, beau garçon comme tu l'es, tu n'as pas de refus à craindre. » Combien de fois s'était-il répété cela, le jour, la nuit!

Et alors sa tristesse se dissipait. Si c'était le jour, il n'avait plus peur de passer devant la porte d'un cabaret; si c'était la nuit, ses hallucinations ne le tourmentaient plus, et pour les chasser, il n'avait plus besoin de se jeter à genoux. Le souvenir de Marianne qu'il évoquait, son nom qu'il prononçait, avaient plus d'efficacité que la prière.

Sa tante était une personne prudente et avisée; si elle avait parlé ainsi, c'est qu'elle était sûre de ce qu'elle disait; il devait s'en rapporter à elle plutôt qu'à lui-même, plutôt qu'à ses doutes, à ses timidités, à ses hésitations de misérable. Misérable pour lui par ce qu'il savait, peut-être ne l'était-il point pour les autres qui ne savaient pas et qui ne voyaient que les côtés brillants de sa fortune et de sa situation dans le monde.

« Quand donc le passé d'un jeune homme, si plein de folies qu'il ait été, l'a-t-il empêché de se marier? »

C'était aussi une parole qu'il n'avait point oubliée et qu'il devait peser.

Peut-être ne le jugeait-on pas aussi sévèrement qu'il se jugeait lui-même; on est indulgent à la jeunesse, et Dieu merci, il était encore un jeune homme.

Et puis il y avait tant de douceur, tant de bonté dans la physionomie de Marianne, que ce n'était peut-être pas folie d'espérer un miracle de cette douceur et de cette bonté !

Bien souvent il avait entendu vanter le dévouement des femmes, et chaque jour, par ce que sa mère et sa tante étaient pour lui, il voyait jusqu'où il pouvait aller. Était-il donc impossible que cette jeune fille, de qui l'on parlait avec tant d'éloge, voulût se vouer à la tâche de sauver un malheureux?

Car elle le sauverait si elle l'aimait et devenait sa femme. Alors plus de tentations à craindre; elle serait près de lui, elle occuperait son esprit, elle emplirait son cœur. Comment pourrait-il avoir d'autres idées, d'autres désirs que de l'aimer et de lui payer en tendresse et en bonheur ce qu'elle aurait fait pour lui? Comme il l'aimerait!

Oui, sa tante avait raison de vouloir le marier, c'était là le salut évidemment; et raison aussi d'avoir choisi cette jeune fille. Quelle autre qu'elle serait capable de cette œuvre de dévouement?

Et du moment où il avait été question de ce mariage jusqu'à l'heure où sa mère avait dû lui faire connaître la réponse apportée par l'abbé Colombe, il avait vécu de cette espérance, et ce qui n'était que sentiment vague avant que sa tante lui eût démontré que ce mariage était possible, avait pris un caractère de précision et d'exaltation dont il avait été lui-même étonné.

Eh quoi! il l'aimait passionnément, lui qui jusqu'à ce jour n'avait pas su ce qu'était la passion?

Etait-ce possible!

N'était-ce pas déjà un miracle que de lui qui ne s'intéressait à rien, qui ne croyait à rien dans le présent, qui n'espérait rien dans l'avenir, elle eût fait un passionné?

Quels autres n'accomplirait-elle pas lorsqu'elle serait sa femme et qu'elle lui aurait mis la certitude dans l'esprit et la foi dans le cœur! Ce qu'elle voudrait qu'il fît, il le ferait; qu'il fût, il le serait. Si elle était ambitieuse, il serait ambitieux. Si elle aimait les plaisirs du monde, il les aimerait comme elle. Si elle voulait voyager, ils voyageraient. Si elle voulait habiter Paris, ils habiteraient Paris. Que lui importerait à lui? Il n'aurait qu'une pensée : se donner, se donner entièrement pour qu'elle fût maîtresse de sa vie. Cette volonté, ce libre arbitre, cette conscience qu'il n'avait pas, elle les aurait à sa place et ferait de lui un homme que, sans elle, il ne serait jamais.

Aussi, quelle chute lorsque, de ces sommets radieux où ses espérances l'avaient porté sur leurs ailes, le refus de Marianne le rejeta dans la nuit, — cette nuit noire et froide, pleine de cauchemars, dans laquelle il se débattait depuis tant d'années !

Les premiers instants avaient été désespérés ; c'était donc vrai, aucune femme, malgré sa fortune, ne voudrait de lui ; ces rêves si doux qu'il avait caressés en ces derniers jours ne se réaliseraient jamais ; pas d'amour pour lui, pas de bonheur, pas de famille ; quand il aurait perdu sa mère et sa tante, il traînerait solitaire sa misérable vie, honteuse pour lui, méprisable pour tous.

Décidément, cette jeune fille n'était point la femme de dévouement qu'il avait cru ; ou elle n'avait pas compris la tâche qu'elle pouvait accomplir, ou, l'ayant vue, elle n'avait pas le courage de l'entreprendre.

Quand sa tante avait dit que Marianne, abusée par ce qu'elle avait appris du passé, serait éclairée par ce qu'elle verrait elle-même et reviendrait alors sur son refus, il avait été touché, mais il n'avait nullement été convaincu.

Penserait-elle à lui seulement ? S'occuperait-elle de lui, de ce qu'il était, de ce qu'il faisait ?

Depuis son enfance, c'était son habitude d'examiner les gens qui l'approchaient et de les étudier pour tâcher de deviner ce qu'ils pensaient de lui et comment ils le jugeaient. Enfant, ce sentiment d'inquiétude était né chez lui des remords qu'il éprouvait quand il s'était abandonné à quelque escapade, à quelque méchanceté, à quelque fuite dans les bois; jeune homme, il était né des remords plus cruels et de la honte qui le tourmentaient quand il avait succombé à un accès d'ivrognerie. Savait-on la vérité? Le méprisait-on? Le plaignait-on? Justement parce qu'il se voyait tel qu'il était et parce qu'il se méprisait, il eût voulu qu'on le vît autre qu'il n'était ou que tout au moins on eût de l'indulgence et de la sympathie pour lui.

Dans les regards de Marianne, il avait cru lire cette indulgence; sur ce doux visage, cette sympathie; et c'était cette croyance qui lui avait inspiré l'espérance qu'elle serait la femme de dévouement qu'il avait si souvent rêvée.

Mais il s'était trompé : elle n'était point la femme qu'il avait cru, et puisqu'il n'y avait en elle ni cette indulgence ni cette sympathie, ne serait-ce pas folie de s'imaginer maintenant qu'elle pourrait s'intéresser à lui?

VIII

Bien qu'il n'eût que peu d'espoir de voir se réaliser la perspective que sa tante lui avait montrée, Thierry avait fait une fois de plus le serment de ne pas boire : il montrerait à cette jeune fille qu'elle l'avait mal jugé.

Mais il n'avait pas plus tôt fait un serment de ce genre que le doute le prenait sur la question de savoir s'il pourrait le tenir ; déjà il avait si souvent succombé après s'être promis à lui-même de ne pas céder à la tentation, après l'avoir solennellement promis à sa mère et aux siens, à son oncle !

Comme il avait appris à se défier de sa volonté, qui lui manquait toujours juste au moment où il l'appelait à son aide, il voulut cette fois essayer un moyen de résistance ou plutôt de préservation qu'il n'avait jamais employé, le travail : occupé, distrait, fatigué, n'offrirait-il pas moins de prise aux tentations du jour et aux hallucinations de la nuit ?

De travail sérieux il n'en avait qu'un à sa portée, car la photographie, la chasse, les courses à pied ou à cheval n'étaient que de simples distractions qu'il pouvait prendre et quitter comme il voulait, — c'était celui qui s'appliquait aux affaires de la maison de commerce.

Depuis la mort de son père et de son oncle c'étaient sa mère et sa tante qui avaient pris la haute direction de ces affaires, laissant à Strengbach, à François Néel et au chef de la comptabilité le soin des détails, mais intervenant toujours dans les questions importantes pour les décider elles-mêmes.

Quand il fit connaître à sa mère et à sa tante son intention de prendre part à la direction des affaires de la maison, ce fut pour elles la plus grande joie qu'elles eussent éprouvée depuis qu'il était né.

Comment ne pas croire que décidément il était sauvé, et pour toujours ! Quelle meilleure preuve demander que ce besoin de travail se manifestant spontanément !

Thierry savait à combien s'élevait la part de fortune qui lui revenait de son père : mais ce qu'était la fortune, ce qu'étaient les affaires de la maison Dubuquois frères, il ne s'en doutait même pas. Pourquoi s'en fût-il préoccupé ? Il savait qu'il serait un jour l'héritier de sa mère, de sa tante, de son oncle, et que c'était pour lui, pour lui seul, que tout ce monde travaillait et amassait : d'ailleurs son père, dans son testament, avait pris ses précautions pour que, tant que sa veuve vivrait, elle eût avec son frère la direction de leurs affaires, et cela de façon à ce que son fils ne pût pas compromettre la solidité de la maison, si par malheur il ne se corrigeait pas.

Mais du jour où Thierry annonça qu'il voulait travailler, sa mère et sa tante se départirent de la prudente réserve qu'elles avaient gardée avec lui : tout lui fut montré, expliqué, et il éprouva la sensation sur laquelle elles avaient compté : il fut surpris de se voir si riche.

— Voilà ce que tu es, dit la mère fièrement.

— Voilà ce que tu peux, dit la tante.

N'y avait-il pas de quoi être tenté autant par cette belle fortune, que par le rôle qu'elle lui permettait de prendre ? Que fallait-il faire pour qu'il fût ce que l'ambition la plus haute pouvait rêver ? Simplement qu'il voulût être ce qu'était tout le monde.

Il n'y eut pas que la mère et la tante que cette résolution remplit de joie : plus d'un employé, plus d'un ouvrier des usines attachés à la maison Dubuquois par d'anciens liens, souffraient de penser que cette maison, pour laquelle ils avaient tant travaillé, qu'elle était devenue en quelque sorte la leur, sinon leur bien, au moins leur honneur, — dût tomber un jour dans les mains d'un incapable et d'un ivrogne qui la laisserait périr. Aussi, quand on vit Thierry travailler tous les jours, avec sa mère et sa tante; quand on le vit parcourir les ateliers et parler aux chefs de ses ateliers, leur demander des explications, et même leur donner des ordres, il y eut un sentiment de soulagement et en même temps comme une espérance de sécurité.

— La maison ne périrait pas.

— Pourquoi ne ferait-il pas comme tant de jeunes gens riches, qui gaspillent leur argent et leur santé dans leur première jeunesse, et qui, à partir de la trentaine, travaillent de façon à rattraper le temps perdu ? Son père buvait aussi plus qu'il n'aurait fallu, ce qui ne l'avait pas empêché de fonder ces établissements qui étaient la fortune du pays.

Il s'était alors formé autour de Thierry comme un courant de sympathie ; on lui était reconnaissant de sa conversion, et, quand il passait dans les ateliers, il y avait des regards qui s'attachaient sur lui avec une expression qu'il aurait sans doute devinée, si ce n'avait pas été son habitude de marcher les yeux baissés, de peur de lire dans ceux qu'il aurait rencontrés ce qu'on pensait de lui.

Un jour qu'il traversait les ateliers d'impression, il se produisit un incident qui lui montra cependant qu'il pouvait lever les yeux, et que ce ne serait point le mépris qu'il lirait dans tous ceux qui le suivaient.

Il y avait dans cet atelier une famille de lamiers ou de conducteurs de machines à imprimer les indiennes, dont le chef, le père Grab, qui avait été ouvrier dans la vieille fabrique Rœmel, était venu d'Alsace en Normandie lorsque les frères Dubuquois avaient fondé leurs établissements à Hannebault. C'était un vieux patriarche à barbe blanche, dont le fils et les deux petits-fils étaient lamiers comme lui, c'est-à-dire qu'à eux quatre ils étaient à la tête de cet atelier.

Un jour que Thierry passait derrière une machine pour regarder la pièce de calicot qu'on était en train d'imprimer et qui montait tout humide des couleurs que les rouleaux venaient de déposer sur sa blancheur, le père Grab qui conduisait cette machine, l'arrêta, et, se retournant, il se tint debout, essuyant sa main droite à sa culotte de toile, tandis que de la gauche il ôtait sa casquette.

— Monsieur Thierry, dit le père Grab en tendant sa main ouverte, voulez-vous me toucher la main? Nous sommes bien heureux, voilà. Vous excuserez.

Et, se retournant, il remit tout de suite sa machine en marche.

A ce moment même Strengbach arrivait, car il était vraiment extraordinaire pour survenir à point aussitôt qu'il se passait quelque chose ; il n'avait pas entendu ce qui s'était dit, mais il avait vu le lamier serrer la main de Thierry, et cela lui avait déplu. Jamais aucun ouvrier n'avait eu l'idée de lui donner une poignée de main.

— Ces rouleaux ne sont pas réglés, dit-il rudement en regardant filer la pièce d'indienne, arrêtez *tonc!* A quoi *bensez-fous?*

Assurément ce n'était pas la mauvaise humeur qui pouvait le faire parler ainsi. Pourquoi eût-il été de mauvaise humeur, Strengbach ? Parce qu'un ouvrier serrait la main de M. Thierry ? Mais personne plus que lui n'était heureux de voir M. Thierry s'occuper des affaires de la maison.

— Pensez *tonc*, Dubuquois fils, successeur de Dubuquois frères, quel *ponheur!*

S'il y avait un certain nombre d'employés et d'ouvriers pour lesquels cette perspective était une joie, il y en avait d'autres, et c'était la majorité, pour lesquels elle était parfaitement insignifiante, attendu que travailler pour Dubuquois fils ça pour un autre, c'était toujours travailler, et que ce fût ici ou là ce serait toujours la même chose jusqu'à la mort. Mais pour Strengbach, elle était réellement un sujet d'enthousiasme.

— Quel *courache* cela *tonne !* disait-il à tout le monde ; maintenant on sait où l'on *fa !* Dubuquois fils.

Il n'y avait pas qu'aux gens de son entourage que Strengbach montrait son *ponheur*, il le témoignait aussi à Thierry lui-même.

— C'est *blus vort* que moi, disait-il chaque fois qu'il le rencontrait dans les usines, quand je *fous fois vaire fotre fisite, che* ne *beux bas m'embêcher te* me *vrotter* les mains.

Et il se les frottait, les mains, avec frénésie.

— D'autres à *fotre blace chouiraient* tranquillement *te* leur *vortune*, et *che* me *tisais* : « C'est ce que *vera* M. Thierry. » Malgré le chagrin que cela me *vaisait te benser* que *fous* ne seriez pas le successeur *te* Dubuquois *vrères, che* ne *bouvais bas* m'embêcher *te* me *tire* : « C'est *pien* naturel. » M. Thierry sait que les ouvriers sont *te* la canaille, et il ne *feut* pas *fifre* avec eux ; à sa *blace che verais* comme lui. Mais *fous* non. *Fous* ne consultez pas *fotre* agrément, *fous vaites fotre tevoir*. C'est *peau*, c'est noble. *Fous* ne *fous* contentez pas *te* rester au sommet, *fous foulez* tescendre *tant* le *tétail* et *foir* l'ouvrier de près, si laid que cela soit. *Fous* n'avez pas *beur t'avoir* la main *te ver*, qu'il *vaut bour* conduire ces canailles-là. Ce n'est *bas fous* qui laisserez cette besogne à *tes* subalternes comme cela arrive si souvent avec *tes* gens que *che bourrais* nommer et qui se contentent *te* gagner l'argent sans savoir comment on le gagne et à quel prix. Ah! ce n'est pas toujours gai quand il *vaut* punir *tes bauvres pougres* qui rejettent leur *vaute* sur la misère. Ce qu'il y aura *te pon bour fous*, c'est que *fous bourrez vaire pcaucoup de pien*, comme madame *Antré* et madame Charles, non *bour* en être *récombensé*, mais *bour fotre* conscience. Car on *beut* le *tire*, madame *Antré* et madame Charles ne sont *bas récombensées tu pien* qu'elles *vont;* il y en a *blus t'un tans* ces canailles qui souhaite leur ruine et leur mort *bour s'embarer te* leurs usines. Heureusement Strengbach est là *bour feiller*, et quand il n'y sera *blus*, *fous* y serez, et comme lui *fous* aurez une main *te ver*. Je sais *pien* que cela n'est *bas* aussi agréable que *te fivre te sa fortune à Paris*, où l'on ne *foit* rien *te* ces misères, et où, en ne lisant pas sottement les journaux, on *beut* se croire en *baratis*, mais le *tevoir*, n'est-ce pas!

Et Strengbach avait les larmes aux yeux de penser que Thierry, au lieu de vivre de sa fortune à Paris, dans le paradis, aimait mieux être l'homme du devoir à Hannebault, avec ces canailles d'ouvriers.

IX

Quand François avait dit à Marianne que Strengbach spéculait sur l'incapacité de Thierry pour devenir le vrai chef de la maison Dubuquois et s'emparer d'elle, il avait deviné ce caractère.

Ce n'était point, il est vrai, avec cette idée arrêtée que Strengbach était entré chez les frères Dubuquois; mais le chemin qu'il avait parcouru depuis ce jour et le point auquel il était arrivé lui permettaient de croire qu'il pouvait atteindre ce but, que dans les premières années il n'avait même pas entrevu.

C'était au moment où les frères Dubuquois faisaient construire leurs établissements d'Hannebault que Strengbach s'était présenté à eux, leur demandant une petite place, celle qu'ils voudraient lui donner. « Quand on est un exilé, quand on a ni feu ni lieu, on n'a pas le droit d'être exigeant. » Ce qu'ils feraient pour lui, aussi peu qu'ils fissent, il leur en serait reconnaissant jusqu'à la mort; il n'avait pas d'autre recommandation à faire valoir que son titre d'Alsacien qui quitte sa patrie par patriotisme

Jusqu'à ce moment il avait voyagé tantôt en Angleterre, tantôt en Allemagne, où il avait été employé ; avant la guerre, on pouvait bien être employé en Allemagne, n'est-ce pas ? Mais à la guerre il avait quitté sa place, il était accouru en France, où il s'était engagé dans les francs-tireurs, et il avait fait la campagne jusqu'à l'entrée en Suisse de l'armée française. Presque tous ses camarades avaient été tués ; lui avait eu la chance providentielle de n'être même pas blessé. Il attribuait ce miracle à une médaille de la sainte Vierge qu'il portait à son cou. C'était cette médaille qui, après l'avoir sauvé des balles prussiennes, lui avait inspiré l'idée de s'adresser à MM. Dubuquois — des compatriotes, car il était né à Strasbourg, rue de la Nuée-Bleue. Il est vrai qu'il avait quitté cette ville avec ses parents tout enfant; mais il n'en était pas moins Alsacien de naissance, comme il était Français de cœur, prêt à donner sa vie pour ses deux mères : l'Alsace et la France.

Comment ne pas accueillir ce compatriote malheureux? On l'avait employé à la surveillance des travaux de construction.

Il n'avait pas fallu longtemps aux deux frères pour voir qu'ils avaient fait dans Strengbach une acquisition précieuse : il était impossible de montrer plus d'activité, plus de zèle, plus d'empressement. Un peu trop poli peut-être, d'une politesse qui allait jusqu'à l'obséquiosité; mais c'était sans doute la reconnaissance. Il était heureux, ce pauvre diable, d'avoir été accueilli par des gens qui le traitaient en compatriote; et puis n'a-t-on pas les défauts de ses qualités?

En tous cas les qualités étaient telles que les défauts à côté d'elles paraissaient insignifiants. Jamais un reproche à lui adresser; au contraire, à chaque instant, des compliments à lui faire, non seulement pour ce qui était son emploi, mais encore pour ce qui n'était pas son ouvrage, car il avait l'œil à tout, à son travail aussi bien qu'à celui de ses voisins.

Quel bon contremaître il ferait !

Justement il avait travaillé en Saxe, à Chemnitz, dans une filature de coton; en Angleterre, à Manchester, à Preston, dans des tissages, et les renseignements pris dans ces différents pays avaient prouvé que ce qu'il disait était vrai : il avait été à Chemnitz, à Manchester, à Rochdale, à Preston, à Oldham. Il avait été partout, pour s'instruire, disait-il, — aussi n'avait-il pu rester nulle part.

On en avait donc fait un contremaître, et ses services avaient été inappréciables. On n'avait qu'un reproche à lui adresser : c'était de toujours chercher à savoir ce qui ne le regardait point et de fourrer son nez où il n'avait que faire. Après tout, ce n'était peut-être qu'un excès de zèle.

Son ambition alors n'était pourtant pas de devenir le chef des établissements d'Hannebault. Avec les deux frères Dubuquois à la tête de ces établissements, c'eût été folie de sa part; mais il voulait être mieux que contremaître, et c'était pour cela qu'il travaillait. C'était pour cela aussi qu'il collait son oreille aux portes et fourrait son nez dans la correspondance toutes les fois qu'il en trouvait l'occasion, car c'est une force de savoir beaucoup.

Mais, à la mort de M. André Dubuquois, il avait commencé à viser plus haut. Puisque M. André était mort à cinquante ans, M. Charles pouvait bien mourir à soixante, ou, s'il ne mourait point, il pouvait se fatiguer. Dans l'un comme dans l'autre cas, il était important de se préparer.

Et, pour commencer, Strenghach, qu'on n'avait jamais vu à l'église malgré sa médaille de la sainte Vierge, si bien qu'on ne savait même pas s'il était catholique ou protestant, s'était montré d'une ardente dévotion, s'en allant à la messe tous les matins avec un gros livre de prières serré sur son cœur; se confessant tous les samedis, communiant tous les dimanches. N'était-ce pas la route la plus sûre pour toucher le cœur de madame André et de sa sœur, — de madame André surtout, qui allait prendre part à la direction de la maison?

Il y avait à la comptabilité un jeune Anglais pour la correspondance avec l'Angleterre et l'Amérique. Strengbach l'avait fait renvoyer en prouvant que c'était un mauvais employé; et, quand on avait voulu le remplacer, il avait insinué que cela n'était pas bien utile, attendu que lui, Strengbach, pouvait se charger de cette correspondance, puisqu'il parlait et écrivait l'anglais couramment. Il avait pu ainsi s'installer une heure ou deux par jour à la comptabilité, arrivant quand il croyait avoir intérêt à apprendre ce qui se passait à tel moment ou à tel autre, sans qu'on s'étonnât de le voir là.

M. André s'était réservé la direction de la cité ouvrière, ainsi que des magasins de comestibles qui en dépendaient ; lorsqu'il fut mort, Strengbach s'offrit à M. Charles pour l'aider dans cette direction.

— Ce n'est *bas l'avaire t'un* homme occupé comme M. Charles, au moins *tans* le *tétail.*

Et justement, comme M. Charles avait horreur de ce détail de la cité, il avait été heureux de l'abandonner à Strengbach, qui, par là, s'était trouvé avoir aux mains un moyen d'influence de plus sur les ouvriers et à mériter de plus en plus aussi le nom de Torrent-de-Larmes.

Mais que lui importait, ce n'était point de l'amour des ouvriers qu'il prenait souci, — les canailles.

Puis successivement il avait ainsi débarrassé M. Charles de beaucoup d'autres détails :

— Ce n'est *bas l'avaire t'un* homme comme vous.

Quand M. Charles Dubuquois était mort à son tour, les deux veuves n'avaient eu qu'un nom aux lèvres : Strengbach.

— Vous ne nous abandonnerez pas, mon bon Strengbach.

— Oh ! *matame* Charles ! oh ! *matame Antré, bouvez-fous benser,* moi *fous apantonner !* Quand ce ne serait que *bour* la mémoire *te* mes *pienvaideurs !* Je suis à *fous* corps et âme.

C'était ainsi que l'ancien surveillant des maçons était devenu le directeur des établissements Dubuquois.

Alors que n'avait-il pas pu espérer : deux femmes, dont l'une était minée par le chagrin, un homme qui était un alcoolique. L'avenir qui s'ouvrait n'était-il pas vraiment superbe ?

Mais il ne s'était pas laissé affoler, et le Strengbach qu'il était en arrivant à Hannebault, il l'était toujours : aussi humble avec *matame André* et *matame* Charles, aussi simple dans sa tenue, aussi zélé, aussi actif.

Les sabots qu'il chaussait pour surveiller les maçons étaient usés depuis longtemps, mais il les avait remplacés par d'autres tout aussi primitifs et tout aussi grossiers. La veste de drap gris qu'il portait alors était usée aussi, mais elle avait été remplacée par d'autres du même gros drap et de la même coupe.

Ç'avait été une grande faveur, alors qu'il n'était que simple contremaître, d'être logé dans le chalet habité par les principaux employés, et il ne l'avait due qu'à ses habiles manœuvres et aussi à la modestie de ses exigences.

— Le *blus betit* logement sera *pon bour* moi ; un garçon est *doujours pien*.

Ce petit logement, madame André et madame Charles avaient voulu qu'il l'échangeât contre un autre digne de ses nouvelles fonctions quand il était devenu le directeur des établissements ; mais il n'avait pas accepté.

— C'est *pon bour* moi, merci ; un garçon est *doujours pien*.

Comment soupçonner cet homme simple et pieux, ce paysan en sabots, cet employé zélé et actif qui ne parlait que de sa reconnaissance pour ses « *pienvaideurs* » et de son dévouement pour ses « *ponnes tames ?* » Comment admettre que toutes ses manœuvres maintenant n'avaient d'autre but que d'amener « ses *ponnes tames* » à lui abandonner entièrement la direction des établissements, et même à fuir Hannebault pour se réfugier à *Baris*, ce *baratis* de ceux qui ne lisent pas les journaux ?

S'il y avait à Hannebault quelques personnes qui devinaient à peu près les cheminements de Strengbach, elles étaient rares, et encore ne parlaient-elles pas volontiers de leurs observations. Comment se mettre en opposition avec la voix publique qui proclamait sur tous les tons le dévouement et l'abnégation de Strengbach ; et puis celles qui ne croyaient pas à cette abnégation évitaient de se fâcher avec lui précisément parce qu'elles le connaissaient : un mauvais chien, capable de tout, qu'il valait mieux avoir pour ami que pour ennemi.

Quant aux deux sœurs, la croyance au dévouement et à l'abnégation de Strengbach était pour elles article de foi ; on leur eût montré les souterrains qu'il creusait autour d'elles, on les eût éclairées, on les eût prises par la main pour les faire descendre dedans, elles n'auraient rien cru.

— Strengbach un menteur, Strengbach leur ennemi : mais c'était de la folie !

Et Thierry pensait comme elles.

X

Thierry en Amérique, Strengbach était tranquille. Reviendrait-il seulement jamais, l'héritier des Dubuquois ? S'il revenait ne serait-il pas dans le même état qu'au départ ?

Il était revenu cependant, et ce qui semblait plus extraordinaire encore, il était revenu guéri.

Mais Strengbach n'avait pas pu croire à cette guérison ; elle était factice, et certainement elle ne durerait pas. Il n'y avait qu'à attendre : un jour ou l'autre Thierry succomberait : Qui a bu boira.

Il avait donc attendu ; mais il n'avait pas attendu les bras croisés ; au contraire, il avait plus que jamais manœuvré de façon à amener madame André et madame Charles à abandonner Hannebault, où la vie leur serait impossible, et aussi de façon à ce que Thierry prît en dégoût son rôle de chef de maison.

— Ces canailles *d'ouvriers*. Une main de *fer*, il n'y a que ça avec eux.

Ces deux mots revenaient à chaque instant dans tout ce qu'il disait, et toujours il insistait sur la main de fer.

— C'est *matame Antré* et *matame* Charles qui *bertent dout ;* ces canailles comptent sur leur *ponté* et je ne *beux* rien. J'espère, monsieur Thierry, que *fous* aurez une main de *ver ; fous ferrez* comme nous les *verons* marcher à nous *teux*.

Il savait, Torrent-de-Larmes, comme il était détesté par ces canailles, et il voulait que Thierry se fît haïr aussi en se servant d'une main de fer. Pour lui il se moquait parfaitement d'être aimé ou détesté ; mais il n'en serait pas de même assurément de Thierry qui, devant une hostilité générale, prendrait peur sans doute et s'en irait vivre à Paris dans le paradis, si par extraordinaire il ne succombait pas à l'ivrognerie.

Dans sa position les moyens que Strengbach avait pour provoquer cette hostilité étaient nombreux : amendes, retenues, malfaçons, renvois, il avait tout un arsenal qu'il maniait avec cette main de fer dont il parlait sans cesse, mais toujours en rejetant sa sévérité sur madame André et madame Charles, dont le nom intervenait dans toutes les punitions comme autrefois celui du roi en tête des condamnations.

— Que *foulez-vous* que j'y *vasse*, ce serait *drahir* la *conviance* de *matame Antré* et *te madame* Charles ; et moi je suis l'homme *te matame Antré* et *te matame* Charles. Quand je *barle*, c'est comme si elles *barlaient ;* quand je *vais* quelque chose, c'est elles qui le *vont*.

Avec madame André et madame Charles il procédait naturellement d'une manière tout opposée, se plaignant sans cesse des ouvriers, de leur paresse, de leurs exigences, de leurs mauvais sentiments; pas un bon ; tous canailles, tous ayant la haine du patron et ne pensant qu'à le ruiner, qu'à le piller. Et avec sa dure franchise, il grondait madame André et madame Charles d'être *drop ponnes;* c'était leur faute; elles lui enlevaient toute autorité. Si encore elles étaient récompensées de leur bonté. Mais non. C'était précisément ceux pour qui elles faisaient le plus qui étaient les pires. Et toujours il avait des faits d'ingratitude à citer à l'appui de ses rapports.

— S'ils ne mettent *bas* le *veu* aux établissements, ils *fous* assassineront.

Elles protestaient, mais il persistait.

— Comme femmes, certainement on reconnaît que *fous* êtes *ponnes;* mais comme maîtresses de la maison Dubuquois, on vous hait.

Il avait si bien manœuvré qu'il y avait du vrai dans cette distinction : les ouvriers ne pouvaient pas ne pas reconnaître la bonté et la générosité des deux veuves ; mais d'autre part ils ne pouvaient pas non plus, sous la pression de la main de fer de Strengbach, ne pas souffrir de leur dureté dans tout ce qui était discipline. Bonnes en tant que femmes, elles semblaient être, en tant que chefs d'établissement, des tyrans; et cette tyrannie s'exerçait non seulement dans l'atelier, mais encore dans l'intérieur de l'ouvrier, non seulement pour le travail, mais encore pour la liberté personnelle de chacun, en politique, en religion, en tout.

Si les établissements industriels et la maison d'habitation des maîtres et des principaux employés étaient sur le territoire d'Hannebault, la cité ouvrière était bâtie sur une petite commune voisine nommée La Venelle. Avant la fondation des établissements Dubuquois, La Venelle était un petit village rural de 230 habitants, tous travaillant à la terre. Du jour au lendemain, il s'était trouvé transformé en une grosse bourgade ouvrière par le seul fait de la construction de la cité sur la lisière de son territoire, et du même coup son administration s'était transformée aussi. Le jour où il y avait eu des élections municipales, l'ancien conseil, composé de paysans, avait été remplacé par un nouveau dont tous les membres étaient des ouvriers des usines Dubuquois. Comme les deux frères, qui dirigeaient alors leurs établissements, étaient assez indifférents en matière politique, ils ne s'étaient pas occupés de cela. Que leur importait que quelques-uns de leurs ouvriers fussent conseillers municipaux, maire et adjoint ? Mais après leur mort les choses avaient changé. Aussi indifférentes que leurs maris en matière politique, madame André et madame Charles ne l'étaient pas comme eux en matière religieuse, et le jour où leurs ouvriers faisant partie du conseil municipal de La Venelle avaient voté la laïcisation des écoles du village elles s'étaient fâchées, répondant à ce coup d'autorité par un autre ; sur un terrain qu'elles avaient acheté à proximité de la cité elles avaient fait construire à leurs frais des écoles pour les garçons et les filles, à la tête desquelles elles avaient mis des frères et des sœurs. Le conseil municipal faisait ce qu'il voulait;

elles faisaient ce qu'elles voulaient ; chacun avait sa liberté.

Mais il n'entrait pas dans les vues de Strengbach que les choses allassent ainsi : cela eût été trop beau. Successivement il avait renvoyé tous les ouvriers qui faisaient partie du conseil municipal, celui-ci sous un prétexte, celui-là sous un autre, ne disant que tout bas et sans témoins pour l'entendre les raisons vraies de ce renvoi.

— *Fous combrenez*, mon *bauvre* garçon, que ce n'est pas ma *vaute; moi je ne suis que l'homme *te matame Antré* et de *matame* Charles.

Puis avec sympathie et commisération il avait ajouté :

— Comment *afez-fous* été assez *malatroit bour fous* mettre en opposition avec la *voi* religieuse *te* ces *tames ?*

Et quand les expulsés avaient voulu faire observer que madame André et madame Charles ne se plaignaient pas, il avait répondu en haussant les épaules :

— Etes-*fous pêtes*. Est-ce qu'on dit jamais ce qu'on *bense* à ceux qui réclament, mais on me le *tit* à moi, et alors il *vaut fous* en aller.

Comment ne l'eût-on pas cru ? Cela était trop bien d'accord avec la légende : « Bonnes comme femmes ; mais comme patrons, tyrans » pour n'être pas admis, alors surtout que ces renvois successifs avaient fait perdre aux ouvriers le sentiment de la justice. C'était un système général que Strengbach d'ailleurs ne se gênait pas pour formuler : le patron, maître de l'ouvrier, de son travail comme de sa conscience.

Après avoir excité les ouvriers contre madame André et madame Charles, il fallait exciter celles-ci contre les ouvriers, et Strengbach n'avait pas manqué à son rôle.

Il avait fait remarquer que si l'on n'obligeait pas les ouvriers de la cité à envoyer leurs enfants aux écoles bâties pour eux, ils les enverraient à l'école du village, et que les frères et les sœurs se morfondraient à attendre des élèves qui ne viendraient pas.

Tout d'abord, elles avaient refusé; mais en voyant les prévisions de Strengbach se réaliser, sinon complètement, au moins pour un certain nombre d'enfants, elles s'étaient décidées à adopter la mesure qu'il proposait.

— S'ils sentent une main de *ver* ils n'oseront pas résister, avait dit Strengbach.

Et ils avaient si bien senti cette main de fer que très peu en effet avaient osé résister, car Strengbach ne laissait qu'une porte ouverte, celle de la sortie : l'école ou le renvoi. Et le renvoi, c'était celui du pays en même temps que des établissements Dubuquois, car il n'y avait pas à Hannebault d'autres usines où l'on travaillât le coton. Ce n'était pas un indienneur, un fileur, un rattacheur, un bobineur qui pouvait du jour au lendemain se mettre au travail du fer ou du laiton, qui était l'industrie de la contrée.

Mais pour céder on ne s'était pas résigné, et le but que Strengbach poursuivait s'était trouvé en partie atteint: l'hostilité entre les ouvriers et les deux veuves avait pris un caractère de violence qu'elle n'avait pas eu jusqu'à ce moment.

— Bonnes, ces deux femmes ! Hypocrites, voilà le vrai.

— Est-ce que c'est de la bonté d'avoir mis sur le pavé d'excellents ouvriers à qui on ne pouvait reprocher que leurs opinions ?

— Il fallait donc se vendre corps et âme ?

Plus d'un qui aurait vu indifféremment ses enfants aller à l'une ou à l'autre école, sans même se demander jamais si c'était une institutrice primaire ou une sœur qui la dirigeait, était furieux qu'on l'obligeât, sous peine d'expulsion, à les envoyer chez les sœurs, tout comme il aurait été furieux si on l'avait obligé à les envoyer chez l'institutrice laïque.

Quelques gens de bon sens disaient, il est vrai, qu'il fallait accuser Strengbach de ce qui se passait et que c'était « Torrent-de-Larmes » qui seul faisait tout ; mais ils sont rares, les gens de bon sens, et rares aussi sont ceux qui veulent les écouter.

Torrent-de-Larmes était un gredin, mais enfin il n'était qu'un instrument, et celles qui le mettaient en mouvement c'étaient les dames Dubuquois.

XI

Parmi les ouvriers qui soutenaient que Torrent-de-Larmes devait seul porter la responsabilité des mesures de rigueur dont on avait à souffrir depuis la mort de M. Charles Dubuquois, se trouvait le père Grab, le vieux lamier.

Celui-là était le chef du parti Dubuquois et, par conséquent, l'adversaire de Strengbach.

— Vous verrez, disait-il à ceux qui se plaignaient, cela changera quand M. Thierry sera le chef de la maison. Que voulez-vous que fassent deux femmes? Il faut bien qu'elles s'en rapportent à un homme : ce n'est pas leur faute si cet homme est un mauvais chien comme Strengbach. Soyez sûrs que le premier soin de M. Thierry, devenu maître, sera de flanquer Strengbach à la porte.

De là sa manifestation dans l'atelier quand il avait vu que Thierry commençait à vouloir devenir le chef de la maison.

Bien entendu, cette manifestation avait été diversement appréciée par les ouvriers des usines. Pour les uns, elle était toute naturelle, étant donné le caractère du père Grab et son respect pour tout ce qui portait le nom de Dubuquois ; pour les autres, elle était le fait d'un plat domestique ou d'une vieille bête et, à dire vrai, cette opinion était celle du plus grand nombre ; en tous cas, c'était celle que Strengbach avait recommandé à ses espions de répandre.

— Est-il bête, le père Grab ! En quoi cela peut-il l'intéresser que M. Thierry s'occupe ou ne s'occupe pas des affaires de la maison Dubuquois ?

Et cela avait soulevé des discussions qui avaient fait vider et remplir bien des verres, car ceux-là mêmes qui trouvaient que le père Grab était une vieille antiquaille, un bonhomme du temps où les bêtes parlaient, avaient de l'amitié pour lui et presque du respect. Et puis le vieux lamier, qui était beau parleur le verre à la main, provoquait volontiers ses contradicteurs, et alors c'étaient de vrais combats qui s'engageaient sur la question de savoir s'il était de l'intérêt des ouvriers qu'un Dubuquois fût ou ne fût pas à la tête de la maison.

A côté des ouvriers de la vieille école, qui s'inquiétaient de leurs patrons, il y en avait d'autres, appartenant aux écoles nouvelles, pour lesquels le patron n'existait même pas. Que ce fût celui-ci ou que ce fût celui-là, que leur importait ? Leur opinion sur les maîtres était celle de Strengbach sur les ouvriers : « Ces canailles-là » ; et, comme Strengbach voulait les conduire avec une main de fer, ils auraient voulu conduire les patrons mèche allumée : « Quand les brûlera-t-on, ces canailles-là, ou les fera-t-on sauter ? »

Parmi eux se trouvait un jeune ouvrier de la cuisine aux couleurs, appelé Fiquet, qui, venant des environs de Paris, où il avait travaillé dans des fabriques de matières colorantes, à Puteaux et à Saint-Denis, était à Hannebault le représentant le plus avancé des doctrines nouvelles. Comme lui aussi était un beau parleur, toujours prêt à discourir sur toutes choses, avec n'importe qui, il était naturellement devenu le contradicteur habituel du vieux Grab, et c'était entre eux des luttes qui auraient peut-être fait la fortune du cabaret de la mère Hocqueux, où les ouvriers se réunissaient le soir, si tout à coup elles n'avaient pas été brusquement interrompues par l'absence du père Grab.

Un soir qu'on l'attendait à une sorte de réunion publique provoquée par Fiquet, et dans laquelle on devait discuter la question ouvrière, il ne s'était pas présenté. Déjà Fiquet triomphait de l'absence de son principal contradicteur, quand un des petits-fils du vieux lamier vint annoncer que son grand-père était malade. Là-dessus Fiquet s'était mis à rire, en faisant remarquer que cela ressemblait fort à une maladie opportuniste. Mais le jeune Grab ayant expliqué que cette maladie était si peu opportuniste qu'on craignait la rage, il s'était élevé un tel cri de sympathie en faveur du vieux lamier, que Fiquet avait jugé à propos de se tenir coi.

— Était-ce possible ? Comment cela était-il arrivé ?

On ne savait trop : le père Grab n'avait jamais été mordu par un chien ; mais, il y avait déjà six semaines ou deux mois, il avait été griffé par un chat, et le Major prétendait que c'était la bave dont ses griffes étaient empreintes qui avaient communiqué la rage.

— Était-ce possible !

Et au lieu d'une discussion politique ou sociale, c'était une discussion médicale qui s'était engagée, personne ne voulant admettre que les griffes d'un chat peuvent communiquer la rage. Le major Coupe-Toujours n'était qu'un âne ; ce ne serait pas le père Chaudun qui dirait une pareille bêtise.

Cependant, en cette circonstance, M. Coupe-Toujours n'avait pas été un âne : le père Grab était bien enragé, et c'était bien la griffe d'un chat qui avait déterminé la contagion. Depuis quelque temps le vieux lamier se plaignait de maux de tête, d'insomnie, de tristesse, de douleurs vives dans la main qui avait été griffée ; mais il ne s'en était pas autrement inquiété, et cela ne l'avait pas empêché de travailler. Pour qu'on s'aperçût autour de lui et pour qu'il s'aperçût lui-même qu'il était malade, il avait fallu un accès de délire furieux. Appelé dans le cours de cet accès et voyant le père Grab se livrer à des mouvements désordonnés, se débattre, se lever, crier, hurler en poussant des aboiements, le Major n'avait pas pu se tromper dans son diagnostic : c'était la rage, qui ne pouvait être confondue ni avec le tétanos, ni avec le délire alcoolique.

Averti le lendemain matin, Strengbach, qui était venu à la cité pour voir le malade, était arrivé justement au moment où le malheureux était en proie à un nouvel accès rabique, et il avait été témoin de la fin de cet accès. Assurément ce n'était point un caractère faible que Strengbach ni un cœur tendre ; d'autre part il détestait cordialement le vieux lamier, qui n'avait jamais tremblé devant lui. Cependant il avait été bouleversé en voyant le misérable vieillard se tordre sur son lit, tâchant de briser les liens qui l'attachaient, poussant des cris effroyables, la face hideuse, les lèvres écumantes d'une bave rougeâtre qu'il lançait autour de lui, le corps secoué des pieds à la tête, se mordant, se déchirant les mains.

Mais, si bouleversé qu'il fût, Strengbach ne perdait jamais la tête. En assistant à cet horrible spectacle il réfléchissait, et le résultat de ses réflexions était qu'il aurait bien mieux valu que ce fût Thierry qui fût témoin de cette crise ; cela lui aurait appris à vouloir se faire le père de ses ouvriers.

A la vérité, rien n'était perdu ; le vieux n'était pas mort et il aurait plusieurs accès encore probablement avant de mourir.

Strengbach attendit la fin de celui dont il était témoin ; puis, comme le malade, épuisé, était tombé dans cet assoupissement profond que les médecins appellent *coma*, il s'en alla faire une tournée d'inspection dans la cité et revint au bout d'un certain temps : le vieux Grab était abattu sur son lit, entouré de son fils et de ses deux petits-fils et de leurs femmes ; ses pupilles dilatées lançaient des flammes.

Sans trop s'approcher, Strengbach, qui avait laissé la porte entr'ouverte, lui adressa quelques paroles de commisération auxquelles le vieux ne parut pas sensible ; alors, faisant deux pas en avant, Strengbach lui demanda s'il n'avait besoin de rien ; s'il n'avait pas de recommandations à lui adresser ou bien s'il n'en avait pas à adresser à M. Thierry, qui viendrait le voir.

Au nom de Thierry, le père Grab, qui jusque-là n'avait pas laissé voir qu'il comprenait ce qu'on lui disait, fit un signe de la main.

— Oui, dit-il, je voudrais voir M. Thierry.

— Et *pien*, je *fais* l'amener ; il ne refusera pas de *fenir foir* un vieil ouvrier de son grand-*bère*. Je cours le chercher.

Et il était parti en courant comme il le disait, avec ses gros sabots qui claquaient. Sans ralentir le pas il avait continué ainsi jusqu'au chalet. Il ne fallait pas perdre de temps : le vieux n'aurait qu'à mourir. Il importait que Thierry assistât à un de ces accès ; cela le dégoûterait à jamais de son rôle et lui ferait comprendre qu'avec sa fortune il valait bien mieux vivre tranquille à Paris que d'être exposé à assister à l'agonie d'un enragé, d'un cholérique ou d'un typhoïque.

Il est vrai que Thierry pouvait ne pas vouloir assister à cette agonie ; mais alors il importait que ce refus fût connu des ouvriers.

— Savez-vous que M. Thierry a refusé de se rendre au lit de mort d'un de ses ouvriers qui demandait à le voir ?

Cela, habilement colporté et envenimé, serait d'un bon effet ; les partisans que Thierry commençait à se faire baisseraient la tête et changeraient de ton.

— On n'est pas obligé d'assister à la mort de tous ses ouvriers.

— Certainement, mais il y a ouvrier et ouvrier ; quand celui qui exprime ce désir suprême a travaillé toute sa vie pour vous enrichir, a commencé chez votre grand-père, continué chez votre père, et fini chez vous, il est dur de le refuser.

Dans l'un comme dans l'autre cas, qu'il y eût acceptation ou refus, Strengbach avait trouvé là une bonne machine de guerre. Qui lui eût dit la veille que ce vieux coquin, qu'il avait voulu si souvent renvoyer avec ses fils, lui serait utile un jour? Mais tout est utile à ceux qui ont l'habileté de tirer parti des circonstances.

Aux premiers mots de Strengbach, Thierry, qui achevait de déjeuner entre sa mère et sa tante, s'était levé de table.

— J'y vais, dit-il.

— C'est une chose horrible, dit Strengbach, j'ai *vailli* me *drouver* mal.

— Il a demandé à me voir ? dit Thierry.

— Oh! certainement.

— Eh bien, alors, il faut y aller.

— Bien, dit Madame André fièrement, va, mon fils.

Madame Charles ne dit rien, mais elle serra la main de son neveu.

— Soyez *dranquilles*, dit Strengbach, je *feillerai* sur M. Thierry. Le malheureux n'arriverait à lui qu'en me *bassant* sur le corps.

XII

En marchant, Thierry se fit expliquer par Strengbach l'état du père Grab.

On attendait la mort d'un moment à l'autre.

— Hâtons-nous, dit Thierry.

— Oui, hâtons-nous.

Et ils allongèrent le pas.

Mais, tout en se pressant, Strengbach continuait à parler du père Grab.

— Je *fous* en *brie*, monsieur Thierry, soyez *brudent*, j'ai *bromis* de *feiller* sur *fous*.

— Ses enfants ne sont-ils pas autour de lui?

— Oui.

— Eh bien, je peux y être aussi.

— Eux, c'est leur *tevoir ; tes* enfants ne *beuvent bas* abandonner un *bère*, c'est leur *tevoir*.

— C'est le mien aussi.

— Il est *adaché* dans son lit et *solitement, je bense ;* mais enfin il *beut* casser ses liens ; il *faut* mieux être *brudent*, nous nous tiendrons à la *borte*, c'est *blus* sûr ; j'ai *bromis* te *feiller* sur *fous*.

— A-t-il donc mordu quelqu'un?

— Non, grâce à *Tieu* ; mais cela *beut* arriver, et

alors, *fous* savez, c'est la mort. Il y a des *métecins* qui *tisent* que la rage de l'homme n'est *bas* contagieuse ; mais ce sont *tes* ânes. J'ai vu, moi, un homme *mortu bar* un homme enragé et qui est *tevenu* enragé, à Preston, en Angleterre, il y a *touze* ans. Tous les journaux en ont *barlé, fous tevez fous* le rappeler.

Mais Thierry ne se rappelait pas. Au reste, il n'avait pas envie d'élever une discussion sur ce point, car sans rien connaître à la rage, il lui semblait tout naturel que la morsure de l'homme amenât la contagion comme la morsure du chien ou la griffe du chat, — ce qui était le cas du lamier.

D'ailleurs il pensait plus au père Grab qu'à ce que Strengbach lui disait. La poignée de main du vieux lamier l'avait profondément ému, car dans l'état d'inquiétude et de trouble où il se trouvait, elle était une sorte de relèvement pour lui, la preuve qu'on le comprenait et qu'on lui savait gré de ses efforts. De là sa sympathie pour celui qui était venu à lui spontanément, son estime et sa reconnaissance. Et voilà que ce pauvre homme était mourant maintenant d'une mort effroyable! Allait-il écouter les conseils de Strengbach, prudents peut-être, mais à coup sûr peu généreux? Le père Grab était venu à lui ; maintenant c'était à son tour d'aller au père Grab, et tout ce qu'il pourrait faire, il le ferait.

Ils avaient dépassé les établissements industriels et ils approchaient de la cité qui couvre le coteau de ses quatre corps de bâtiments orientés du nord au sud ; mais comme le logement habité par le père Grab était à l'extrémité opposée à celle par laquelle ils arrivaient, ils avaient encore une pente assez longue à gravir.

A cette heure de la journée la cité était déserte; tout le monde, hommes, femmes, enfants, travaillaient; il ne restait dans les logements que quelques femmes qui n'étaient pas ouvrières et les enfants trop jeunes pour aller à l'asile, ou que leurs mères ne voulaient pas porter à la crèche. Tandis que les femmes s'occupaient de leur ménage, cousant sur le pas de leur porte, lavant leur linge, l'étendant dans le jardinet qui précédait chaque logement, les enfants jouaient dans la large allée plantée de tilleuls que suivaient Thierry et Strengbach. Mais en les voyant venir, ils se séparaient et chacun se sauvait près de sa mère, de peur de quelque observation de Torrent-de-Larmes, qui, pour eux, était le diable ou Croquemitaine et qu'ils n'osaient même pas regarder.

— Armez-*fous* le courage, monsieur Thierry, dit Strengbach lorsqu'ils approchèrent du logement du père Grab : il me *semple* que j'entends *tes* cris.

Il s'arrêta pour écouter, mais il se trompait : on n'entendait rien, ni cris ni aucun bruit; les femmes, consternées, se tenaient ensemble, par petits groupes, devant les jardins.

Strengbach eut peur que le père Grab fût mort. Thierry ne serait-il donc venu jusque-là que pour avoir l'honneur de cette démarche?

— Quoi *te* nouveau? demanda-t-il à l'une de ces femmes.

— Toujours dans le même état; le Major, qui vient

de sortir, a dit qu'il n'en avait pas pour longtemps.

— Hâtons-nous, dit Strengbach en pressant le pas.

Le logement du père Grab, comme tous les logements de famille de la cité, était composé de deux pièces au rez-de-chaussée et deux chambres au premier étage. C'était dans l'une de ces chambres que le malheureux était attaché sur son lit.

Au bruit des pas de Thierry et de Strengbach dans l'escalier, la porte de la chambre s'ouvrit, et le fils Grab s'avança pour voir qui arrivait.

— Ah! monsieur Thierry, dit-il, merci d'être venu; le père ne fait que vous demander, ça va le calmer.

— Comment est-il?

Pour toute réponse, le lamier eut un geste désespéré.

C'était Strengbach, qui montait l'escalier le premier pour indiquer le chemin à Thierry; mais, arrivé sur le palier, il s'effaça; il n'y avait plus de chemin à montrer.

Thierry entra, et il allait s'avancer jusqu'au lit du mourant quand il se sentit retenu par Strengbach, et d'une main si ferme qu'il dut s'arrêter.

Un corps était étendu sur le lit, comme cerclé dans une couverture qui l'enveloppait jusqu'au cou; on ne voyait que la tête aux cheveux blancs épars et, dans cette face convulsée, deux yeux de feu.

Autour du lit étaient les petits-fils du père Grab; puis, à l'autre bout de la chambre, trois ou quatre camarades, et dans la pièce voisine, dont la porte était ouverte, quelques femmes.

— C'est M. Thierry, dit l'un des petits-fils.

— Ah ! monsieur Thierry, murmura le vieux tanneur.

Et il fit un mouvement pour se soulever.

— Ne vous agitez pas, dit Thierry, je viens voir comment vous allez.

— Vous voyez.

Ce qu'on voyait était tellement horrible que Thierry se sentait mouillé d'une sueur froide.

— N'avancez bas, murmura Strengbach en le tirant à lui.

Thierry ne savait que dire.

— Monsieur Thierry, dit le père Grab, vous êtes un homme d'être venu ; ça me fait du bien ; je vous recommande mes enfants.

— Soyez tranquille.

— Je le suis pour eux ; mais j'ai quelque chose à vous demander pour moi : monsieur Thierry, voulez-vous m'embrasser ?

Un murmure d'effroi s'éleva parmi les femmes. Strengbach tira plus fort le veston de Thierry ; puis il se fit un moment de silence solennel. Thierry sentit tous les yeux sur lui ; il eut un moment d'horrible anxiété : serait-il un lâche ? aurait-il le courage de son devoir ?

Son hésitation ne fut qu'un éclair : se retournant, il se dégagea de l'étreinte de Strengbach, qui, d'ailleurs desserra la main avec une extrême facilité : puis il s'avança lentement vers le lit.

Toutes les têtes le suivaient ; on ne respirait plus.

Arrivé au lit, il s'arrêta un court instant et, se penchant sur ces yeux qui brûlaient, il embrassa le malheureux au front.

— Merci, monsieur Thierry ; adieu, adieu.

A ce moment, la porte de la chambre s'ouvrit et un courant d'air s'engouffra dans la chambre.

Instantanément le malade fut pris d'un tremblement général, sa face et ses yeux exprimèrent l'horreur, sa bouche se tordit, ses lèvres se couvrirent d'écume, ses membres se raidirent, la couverture fut secouée par des mouvements désordonnés.

— Monsieur Thierry, allez-vous-en, s'écria-t-il. Allez-vous-en.

Thierry avait fait quelques pas en arrière.

— Oui, allons-nous-en, dit Strengbach.

Les petits-fils et le fils de Grab s'étaient rapprochés du lit comme pour contenir leur père ; mais dans un spasme plus violent, il sortit de la couverture et roula à bas du lit, écumant, hurlant.

Un cri s'éleva. Les femmes, qui étaient groupées à la porte de la chambre, se sauvèrent dans le fond, et Strengbach, reculant sur le palier, descendit deux ou trois marches.

Les enfants du moribond et Thierry étaient seuls restés dans la chambre. Il se roula encore pendant quelques secondes ; puis tout à coup il resta immobile, la face collée sur le parquet : il était mort.

Thierry retrouva Strengbach sur le palier.

— C'est horrible, horrible, murmura-t-il, le cœur me manque.

— *Fous n'auriez pas çà l'emprasser, dit-il; fous*

bourrez témoigner que j'ai tout *vait bour fous* empêcher.

Mais Thierry n'écoutait pas, le cœur lui manquait réellement comme il avait dit; il tremblait de tout le corps, la sueur coulait sur son visage décoloré.

— Entrons chez la mère Hocqueux, dit Strengbach après l'avoir regardé un moment, car je ne suis *bas* mieux que vous, je n'ai *blus te* jambes.

Le cabaret de la mère Hocqueux n'était pas bâti dans la cité même, mais juste en face son entrée, de l'autre côté de la route, de sorte qu'en sortant de chez eux les ouvriers n'avaient que deux pas à faire pour trouver son comptoir en étain et ses tables de marbre gris.

Avant que Thierry eût pu lui répondre, Strengbach lui avait pris le bras et l'avait entraîné vers le cabaret, où il l'avait fait asseoir devant une table.

— Donnez-moi un verre d'eau, dit Thierry.

— Un flacon de kirsch, du vrai, commanda Strengbach.

Et, le flacon apporté, il versa du kirsch dans l'eau que Thierry venait de se servir.

— Cela nous remontera, dit-il, il ne *vaut bas* que nous ayons l'air *te téfaillir tevant* ces gens; quoiqu'à notre *blace* il y en a plus d'un qui se serait *drouvé* mal

Thierry porta le verre à ses lèvres et d'un trait le vida.

FIN DU PREMIER VOLUME

www.ingramcontent.com/pod-product-compliance
Lightning Source LLC
Chambersburg PA
CBHW050730170426
43202CB00013B/2250